WERNER FULD

»Dies sind nun also die letzten Zeilen ...«

Die letzten Briefe großer Persönlichkeiten

Krüger Verlag

Originalausgabe
Erschienen im Krüger Verlag, einem Unternehmen
der S. Fischer Verlag GmbH, Frankfurt am Main
© S. Fischer Verlag GmbH, Frankfurt am Main 2007
Satz: Pinkuin Satz und Datentechnik, Berlin
Druck und Bindung: Clausen & Bosse, Leck
Printed in Germany 2007
ISBN 978-3-8105-0675-7

Letzte Briefe
von

Joseph II. von Österreich *47* / Maria Theresia von Österreich *44* / Maximilian von Österreich *161*/Rudolf von Österreich *182* / Nicolò Paganini *140* / Johann Philipp Palm *88* / Jules Pascin *234* / Jean Paul *122* / Liselotte von der Pfalz *38* / Jean-Marie Roland de la Platière *58* / Jeanne Marie Roland de la Platière *56* / Friedrich II. von Preußen *45* / Friedrich Wilhelm I. von Preußen *40* / Luise von Preußen (geb. von Mecklenburg-Strelitz) *97* / Marcel Proust *224* / Huguette Prunier *276* / Giacomo Puccini *229* / Hermann von Pückler-Muskau *165* / Wilhelm Raabe *210* / Walther Rathenau *223* / Erich Maria Remarque *294* / Rainer Maria Rilke *231* / Jean Arthur Rimbaud *188* / Philipp Otto Runge *99* / George Sand *170* / Antoine de Saint-Exupéry *274* / Friedrich Schiller *82* / Heinrich Schliemann *187* / Elfriede Scholz (geb. Remark) *270* / Arthur Schopenhauer *153* / Franz Schubert *124* / Fiete Schulze *235* / Harro Schulze-Boysen *253* / Clara Schumann *193* / Robert Schumann *149* / Robert Falcon Scott *212* / Rudolf Seiffert *278* / Bedřich Smetana *177* / Baruch de Spinoza *33* / Esther Srul *251* / Anne Louise Germaine de Staël *113* / Edith Stein *250* / Gerhard Steinig *242* / Charlotte Stieglitz *134* / Adalbert Stifter *163* / Theodor Storm *180* / Maria Stuart *24* / Lars Bager Svane *265* / Mordechaj Tamarof Tenenbaum *264* / Hunter S. Thompson *303* / Martin Toler *304* / Georg Trakl *219* / Anton Tschechow *203* / Kurt Tucholsky *237* /

Vorwort

Dieses Buch versammelt letzte Briefe aus fast fünfhundert Jahren. Keiner der Briefe war ursprünglich zur Publikation bestimmt, und nicht immer sind sie im Bewusstsein des endgültigen Abschieds verfasst. Es überwiegt jedoch die Zahl derer, die im Wissen um das Ende geschrieben wurden. Die Erfahrung der Unwiderruflichkeit dieses Augenblicks verleiht ihnen einen Ton jenseits jeder Verstellung oder diplomatischen Rücksicht.

Obwohl die Verfasser an Herkommen, Bildung, Alter und Lebensweg unterschiedlicher nicht sein könnten, so ist nahezu allen Briefen doch eines gemeinsam – jene würdevolle Gelassenheit, die wir auch von Totenmasken kennen. Für die hinterbliebenen Empfänger mag dies der überraschende Trost gewesen sein. Aber auch dem persönlich unbeteiligten Leser teilt sich eine ruhige Überlegenheit mit, die diese Briefe unabhängig von ihrer Entstehungszeit zu intimen Zeugnissen der Tröstung und der Zuversicht machen: »Seien Sie beruhigt«, schrieb sogar der Agnostiker Gottfried Benn, »wir werden nicht fallen, wir werden steigen.«

In ihren Briefen wachsen manche im Angesicht des Endes über sich hinaus und beweisen eine menschliche Größe, die ihnen das Leben wohl nie abverlangt hätte. Besonders die Äußerungen junger Menschen zeigen häufig eine Reife, die über ihr tatsächliches Lebensalter hinausweist. Plötzlich tritt alles Unwichtige zurück, und die elementaren Bindungen nehmen wieder den ersten Rang ein. Als Motto könnte der Sammlung ein Satz aus den Psalmen (90, 9 ff) dienen: »Wir bringen unsere Jahre hin mit Geschwätz. Lehre uns, dass wir sterben müssen, damit wir klug werden.« Diese Briefe des Abschieds sind also auch eine Schule des Lebens.

Bei manchen in Unkenntnis des nahen Endes geschriebenen Sätzen stutzt der heutige Leser vielleicht – etwa, wenn Michelangelo fast wütend meint: »Weiter habe ich nichts zu sagen«, wenn Adolph von Menzel scheinbar hilflos ruft: »Die letzte Stunde ist vor der Tür!!!«, oder wenn der greise Fontante seinen letzten Brief mit den Worten beginnt: »Dies ist nun der letzte Brief ...« Aber solche Formulierungen sind der jeweiligen Situation geschuldet; Menzel beispielsweise schrieb seinen Brief in der letzten Stunde des ablaufenden Jahres. Das Diktat eines großen Unbekannten wird man hier nicht finden. Häufig machen wir um den Tod ein Mysterium, doch in diesen Briefen sehen wir, dass es ein solches Geheimnis nicht gibt.

Die Diskussionen der Philosophen über die Unsterblichkeit der Seele finden hier kaum Widerhall. Die christliche Hoffnung auf ein wie immer geartetes Weiterleben nach dem Tod erscheint früh nur noch als ironische Nebenbemerkung. Offenbar geht die theologische und philosophische Theorie an der Realität des Todes spurlos vorüber. Auch das in der Frühzeit noch deutlich artikulierte Gottvertrauen auf ein gnädiges Ende wird mit der Zeit schwächer.

Nachdem Wieland 1753 eine Reihe erdichteter »Briefe von Verstorbenen an hinterlassene Freunde« veröffentlicht hatte, gab es mehrere Nachahmer: Die Pfarrersgattin Henriette Wilmsen erwähnt im Vorwort zu ihrem Buch *Briefe von Sterbenden an ihre hinterlassenen Freunde* (1778) einige ähnliche Publikationen – das Genre erfreute sich offenbar einer gewissen Beliebtheit. Gemeinsam ist ihnen nicht nur, dass sie ausschließlich fiktive Briefe enthalten, sondern dass die Wieland nachfolgenden Autoren die erdichtete Abschiedsgeste dazu benutzten, das nachlassende Gottvertrauen durch moralisierende Traktate zu stärken.

Erst 1934 erschien in Deutschland die erste Sammlung authentischer letzter Briefe, der bis heute nur wenige folgten. Ich habe diese Ausgaben dankbar konsultiert, mit den Quellen verglichen und Irrtümer korrigiert, soweit es nötig war. Eine nicht geringe Zahl letzter Briefe ist hier neu hinzugekommen. Den Rechteinhabern danke ich für die großzügig gewährten Abdruckgenehmigungen. Die den Briefen vorangestellten biographischen Notizen sollen dem Leser in aller Kürze Informationen über die Lebens- und Todesumstände der Briefschreiber vermitteln, da ich nicht nur bekannte und prominente Namen in diese Sammlung aufgenommen habe.

Werner Fuld

LUCREZIA BORGIA
18. April 1480 – 24. Juni 1519

Die Tochter des berüchtigten Borgia-Papstes Alexander VI. war schon als Kind zweimal verlobt worden, bevor sie als Dreizehnjährige einen Sforza heiraten und sich vier Jahre später von ihm scheiden lassen musste, um nach dem Willen ihres Vaters die Ehe mit einem natürlichen Sohn des Königs von Neapel einzugehen. Der Gatte jedoch wurde, angeblich aus Eifersucht, von ihrem Bruder Cesare ermordet. Im Jahr danach heiratete sie den Herzog von Ferrara, mit dem sie drei Söhne hatte. Als mäzenatische Fürstin gewann sie hohes Ansehen in Ferrara. In Rom hingegen lancierte der verstoßene Sforza Gerüchte über ihre Lasterhaftigkeit, die von der Nachwelt lange geglaubt wurden.

An Papst Leo X.

Heiligster Vater
und mein zu verehrender Herr!
Mit aller nur möglichen Ehrfurcht küsse ich die heiligen Füße Ew. Seligkeit und empfehle mich demutsvoll ihrer heiligen Gnade.

Nachdem ich durch eine schwierige Schwangerschaft mehr als zwei Monate viel gelitten hatte, gebar ich, wie es Gott gefiel, am Vierzehnten dieses Monats in der Morgenfrühe eine Tochter und hoffte, nach dieser Geburt auch von meinem Leiden befreit zu sein.

Doch das Gegenteil ist eingetreten, so daß ich nun der Natur meinen Tribut zahlen muß. Und so groß ist die Gunst, die unser gnädigster Schöpfer mir schenkt, daß ich das Ende meines Lebens erkenne, und fühle, wie ich in wenigen Stunden ihm entronnen sein werde, nachdem ich zuvor die heiligen Sakramente der Kirche empfangen habe. Und an diesem Punkte erinnere ich mich, obwohl eine Sünderin, dennoch als Christin, Ew. Heiligkeit zu bitten, daß Sie in Ihrer Gnade geruhen, mir auch aus dem geistlichen Schatz eine Unterstützung zuzuwenden, indem Sie meiner armen Seele die heilige Benediktion erteilen.

Und so bitte ich Sie in Demut und empfehle Ew. Heiligen Gnade meinen Herrn Gemahl und meine Kinder, die alle Ew. Heiligkeit Diener sind.

In Ferrara, am zweiundzwanzigsten Juni, in der vierzehnten Stunde.

Ew. Heiligkeit demütige Dienerin Lucrezia von Este

THOMAS MORUS
7. Februar 1478 – 6. Juli 1535

Nach der Trennung der englischen Landeskirche von Rom durch Heinrich VIII. trat Thomas Morus 1532 aus Protest von seinem Amt als Lordkanzler zurück. Der Katholik verweigerte 1534 den von seinem König verlangten Ergebenheitseid und wurde deswegen des Hochverrats angeklagt. Im Verfahren warf er den Richtern vor, dass er nur aufgrund einer falschen Anklage und eines Gesetzes, das den Gesetzen Gottes widerspreche, vor ihnen stehe. Sie verurteilten ihn zum Tode durch das Beil. Am Vorabend der Hinrichtung schrieb er mit Kohle einen letzten Brief an seine Tochter.

An Margaret Roper

Im Tower zu London

5. Juli, 1535

Meine gute Tochter, der Herr segne Dich, Deinen Gatten, Deinen kleinen Sohn, alle die Deinen, alle meine Kinder und Patenkinder und alle unsere Freunde. Empfiehl mich auch meiner guten Tochter Cecily, sobald Du Gelegenheit dazu findest. Der Herr tröste sie; ich schicke ihr und allen ihren Kindern meinen Segen und bitte sie, mich in ihren Gebeten nicht zu vergessen. Gib ihr auch das beiliegende Tuch zurück. Gott tröste ihren Mann, meinen Schwiegersohn. Meine gute Tochter Dauncey hat das auf Pergament gemalte Bild der Lady Coniars, das Du mir brachtest; deren Name steht auf der Rückseite. Sag Elizabeth, sie möge der Dame das Bild in meinem Namen und zur Erinnerung an mich zurückgeben und sie auch um ein Gebet für mich bitten.

Dorothy Coly habe ich sehr ins Herz geschlossen. Ich bitte Dich, sei gut zu ihr. Ob sie es wohl war, von der Du mir berichtet hast? Wenn nicht, so nimm Dich auch der anderen in ihrem Leide an. Gib auch der braven Jane Aleyne ein paar gute Worte; sie bat mich dieser Tage, Dir auszurichten, Du möchtest Dich doch ihrer annehmen.

Ich werde Dir sicherlich zur Last, meine gute Margaret; es würde mir leid tun, wenn das noch länger als bis morgen dauern sollte. Aber morgen ist Vigil von St. Thomas und Oktav von St. Peter; ich möchte gerne an diesem Tag sterben, das würde gut passen.

Ich habe Deine Liebe zu mir nie so geschätzt wie damals, als Du mich das letzte Mal küßtest. Ich freute mich so sehr, daß Du Dich nicht um die Konventionen der Welt kümmerst. Leb wohl, mein liebes Kind; bete für mich, wie ich es für Dich und alle unsere Freunde tue, damit wir uns zu den Freuden des Himmels wiederfinden dürfen. Ich danke Dir für alles, was Du für mich auf Dich genommen hast.

Gib meiner guten Tochter Clement ihre Rechentafel zurück. Mit Gott segne ich sie, meinen Patensohn und alle die Ihren.

Grüße mir auch meinen Sohn, John More. Ich habe seine natürliche Art so gern. Der Herr segne ihn und seine Frau, meine Tochter; er möge sie immer von Herzen lieben, weil sie es verdient. Wenn meine Ländereien in seinen Besitz kommen, soll er mein Testament auch in bezug auf seine Schwester Dauncey beachten. Der Herr segne auch Thomas und Austen, und alle Kinder, die meinem Sohn noch geschenkt werden.

KATHARINA VON ENGLAND
Dezember 1485 – 7. Januar 1536

Die Tochter Ferdinands von Aragonien und Isabellas von Kastilien wurde 1501 mit dem Prinzen von Wales, dem Sohn Heinrichs VII., verheiratet, doch dieser starb vor dem Vollzug der Ehe. Um die Mitgift nicht herausgeben zu müssen, verlobte Heinrich VII. sie mit seinem zweiten Sohn, der sie nach seiner Thronbesteigung als Heinrich VIII. im Jahr 1509 heiratete. Seine Neigung zu Anna Boleyn veranlasste ihn 1529, bei Papst Clemens VII. die Scheidung zu beantragen, da, wie er nun behauptete, die Ehe mit seiner Schwägerin gar nicht erlaubt sei. Da der Papst Katharinas Neffen Karl V. nicht verärgern wollte, verweigerte er die Scheidung. Daraufhin ließ Heinrich VIII. seine Ehe 1533 durch einen englischen Geistlichen für ungültig erklären und bereitete damit den Bruch der englischen Kirche mit Rom vor.

Königin Katharina von England an Heinrich VIII.

(1. Januar 1536.)
Sire, mein liebster König, Herr und Gemahl, ich stehe im Begriffe, meine Seele in die Hände der göttlichen Barmherzigkeit zu übergeben; und also wird sie bald von diesem Körper erlöst sein, dem Sie so viel Leiden und Schmerzen verursacht haben. Aber so groß diese auch immer waren, so haben sie doch niemals vermocht, die Liebe, die ich jederzeit für Sie hegte und die bis ins Grab dauern wird, erkalten zu lassen, geschweige gar sie auszulöschen. Dies nötigt mich, heute diesen Brief an Sie zu schreiben, um Sie als Ihre Gemahlin zu ermahnen und als eine Christin zu erinnern, daß Sie an Ihre ewige Seligkeit denken, die Ihnen doch teurer sein soll, als die vergängliche Krone, die Sie tragen, und alle Schätze und alle Hoheit der Welt. Ich habe nie verfehlt, den Vater des Lichts für Sie, mein liebster Gemahl und

mein König, anzuflehen, daß er Ihnen gute Gedanken zum Heil Ihrer eingebe, und Sie von den sinnlichen Vergnügungen abziehe, die mich so viel Tränen und Kränkungen gekostet und die Sie selbst in einen Abgrund von Unordnungen und Unruhen gestürzt haben. Übrigens verzeihe ich von Herzen alles, was Sie mir zuleide getan haben und bitte Gott, daß er Ihnen nach seiner unendlichen Barmherzigkeit auch verzeihen wolle. Ehe ich noch meinen letzten Seufzer ausstoße, will ich Sie flehentlich gebeten haben, mir eine Gnade nicht abzuschlagen, die mir zu bewilligen alle Gesetze des Himmels und der Erde Sie verpflichten; ich meine, daß Sie für die Prinzessin Maria, Ihre und meine Tochter, sorgen möchten. Haben Sie sich auch gegen mich nicht als guter Ehemann beweisen wollen, so beweisen Sie sich doch wenigstens gegen sie als ein guter Vater. Ich ersuche Sie auch, für meine drei Kammerfräulein und für meine Bedienten zu sorgen, die mir so treulich gedient haben. Seien Sie so großmütig und lassen Sie ihnen vollends auszahlen, was ihnen von ihrem Gehalte rückständig geblieben ist und geben Sie ihnen den Sold noch für ein Jahr dazu, um sie doch einigermaßen für das, was ich ihnen schuldig bin, zu belohnen. Ich schließe und versichere Sie, daß ich Sie noch von Herzen liebe und das einzige, was ich wünschte, um ruhig aus der Welt zu gehen, wäre, Sie zu sehen, und in Ihren Armen zu sterben.

MARTIN LUTHER
10. November 1483 – 18. Februar 1546

Die verfeindeten Brüder Gebhard und Albrecht von Mansfeld hatten ihn gebeten, ihren Streit zu schlichten. Also fuhr Luther nach Eisleben und konnte in Verhandlungen mit den gräflichen Räten in einigen Fragen einen Vergleich erreichen. An seine Frau schrieb er am Sonntag, dem 14. Februar, dass er die endgültige Versöhnung der Brüder erwarte und in der kommenden Woche heimzukehren hoffe. Doch am letzten Tag der Verhandlungen verschlechterte sich sein Gesundheitszustand; Luther fühlte den nahenden Tod und sagte zu dem anwesenden Arzt: »Ich werde hier in Eisleben, wo ich geboren und getauft bin, bleiben.« Er begann zu beten und starb am frühen Morgen. Auf seinem Tisch fand sich seine letzte schriftliche Botschaft an die Nachwelt:

Wir sind Bettler; das ist wahr. 16. Februar 1546.

An seine Frau

Meiner freundlichen, lieben Hausfrauen, Katharin Lutherin von Bora zu Wittenberg zu Händen.

Gnade und Friede im Herrn. Liebe Käthe! Wir hoffen, diese Woche wieder heim zu kommen, ob Gott will. Gott hat groß Gnade hier erzeigt; denn die Herrn durch ihre Räthe fast alles verglichen haben, bis auf zween Artikel oder drey, unter welchen ist, daß die zween Brüder Graf Gebhard und Graf Albrecht wiederum Brüder werden, welches ich heute soll furnehmen, und will sie mir zu

Gast bitten, daß sie auch miteinander reden; denn sie bis daher stumm gewest, und mit Schriften sich hart verbittert haben. Sonst sind die jungen Herren fröhlich, fahren zusammen mit den Narren-Glocklin auf Schlitten, und die Fräulin auch, und bringen einander Mumschanz, und sind guter Ding, auch Graf Gebhards Sohn. Also muß man greifen, daß Gott ist exauditor precum.

Ich schicke dir Forellen, so mir die Gräfin Albrichts geschenkt hat: die ist von Herzen froh der Einigkeit. Deine Sohnichen sind noch zu Mansfeld. Jacob Luther will sie wohl versorgen. Wir haben hie zu essen und trinken als die Herrn, und man wartet unser gar schön, und allzu schön, daß wir euer wohl vergessen mochten zu Wittenberg. So ficht mich der Stein auch nicht an. Aber D. Jonas Bein wäre schier quad geworden, so hats Löcher gewonnen auf dem Schienbein; aber Gott wird auch helfen.

Solches alles magst du M. Philipps anzeigen, D. Pomer und D. Creuziger. Hie ist das Gerucht herkommen, daß D. Martinus sey weggeführt, wie man zu Leipzig und zu Magdeburg redet. Solches erdichten die Naseweisen, deine Landsleute. Etliche sagen, der Kaiser sey dreißig Meil Wegs von hinnen bei Soest in Westphalen. Etliche, daß der Franzose Knecht annehme, der Landgraf auch. Aber laß sagen und singen: wir wollen warten, was Gott thuen wird. Hiermit Gott befohlen.

Zu Eisleben am Sonntag Valentini, (14. Februar.) 1546. M. Luther

MICHELANGELO BUONARROTI

6. März 1475 – 18. Februar 1564

Die letzten Tage des fast Neunzigjährigen hat Vasari nach einem Besuch überliefert: Er schlug eine Pietà aus dem Marmor, wollte das unvollendete Werk dem Besucher aber nicht zeigen und warf die Lampe zu Boden. »Ich bin so alt, daß mich der Tod oft an der Kappe faßt und mich mahnt. So wie diese Lampe, so werde ich fallen und verlöschen.« Das war zehn Tage vor seinem Ende, bevor er sich im eisigen Winterregen die tödliche Lungenentzündung zuzog. Die Pietà blieb unvollendet. Den letzten Brief hatte der wortkarge Greis an seinen Neffen Lionardo gerichtet.

Lionardo!

Ich habe Deine Sendung mit den zwölf Frühjahrskäsen erhalten. Sie sind gut, ich danke Dir dafür und freue mich, daß es Euch gut geht. Auch mir geht es gut. Der Grund, weshalb ich in der letzten Zeit mehrere Deiner Briefe nicht beantwortet habe, war, daß meine Hand mir nicht mehr gehorcht. Von nun an werde ich andere schreiben lassen und selbst nur unterschreiben. <u>Weiter habe ich nichts zu sagen.</u>

Aus Rom,

am 28. Dezember 1563

Ich, Michelangiolo Buonarroti

JEAN CALVIN
10. Juli 1509 – 27. Mai 1564

Guillaume Farel war der wichtigste Mitarbeiter des religiösen Despoten Calvin. Als Reformator der romanischen Schweiz konnte er 1536 den eigentlich nur zu einem Besuch in Genf weilenden Calvin zum Bleiben überreden. Beide etablierten dort eine theokratische Schreckensherrschaft, die zahlreichen Glaubensgegnern das Leben kostete. Farel starb ein Jahr nach dem zwanzig Jahre jüngeren Calvin, der an ihn seinen letzten Brief gerichtet hatte.

An Farel in Neuchâtel

Leb wohl, bester, trefflichster Bruder, und wenn Gott will, daß Du mich überlebst, so lebe eingedenk unserer engen Freundschaft, die, wie sie der Kirche nützlich, so auch uns im Himmel Frucht bringen wird. Mache Dir keine Mühe meinetwegen; ich kann schon nur noch röcheln und warte beständig darauf, daß mir der Atem ausgeht. Genug, daß ich in Christo lebe und sterbe, der den Seinen Gewinn ist im Leben wie im Tode. Nochmals leb wohl samt den Brüdern!

LAMORAL GRAF VON EGMONT
18. November 1522 – 5. Juni 1568

Der spanische König Philipp II. machte den aus einem alten niederländischen Adelsgeschlecht stammenden und in vielen Schlachten erprobten Grafen im Jahr 1559 zum

Statthalter von Flandern. Bald gehörte er mit dem Grafen Horn zu den Kritikern der streng katholischen Politik Philipps und wollte eine niederländische Verwaltung mit mehr religiöser Toleranz durchsetzen, um die Unzufriedenheit im Volk zu ersticken. Seine Mission in Spanien (1565) blieb erfolglos, die Unruhen eskalierten 1566 zum offenen Aufstand, in dem sich Egmont an die Seite des katholischen Königs stellte und in seiner Provinz Flandern die Protestanten verfolgen ließ. Dennoch wurde er als Rebell und Hochverräter verhaftet, verurteilt und mit dem Grafen Horn auf dem Marktplatz in Brüssel enthauptet. Bis zuletzt hatte er, der Loyalität bewiesen hatte und diese nun auch von seinem König erwartete, auf eine Begnadigung gehofft und noch auf dem Weg zum Schafott nach einer entsprechenden Nachricht gefragt. Der letzte Brief an seinen Dienstherrn zeigt Egmont im Angesicht des Todes als selbstbewussten, der Obrigkeit schuldlos ausgelieferten Menschen.

An Philipp II.

Ew. Majestät!
Das Urteil, das Ew. Majestät gegen mich zu fällen geruht hat, habe ich heute in der Frühe vernommen, und so, wie ich nie etwas gegen die Person und den Dienst Ew. Majestät, nie auch etwas gegen die wahre katholische Heilslehre unternommen habe, so fasse ich mich in Geduld gegen die Schickung Gottes. Und wenn ich während der gegenwärtigen Wirren manches getan haben sollte, was anders schien, so geschah das in red-

lichster Absicht im Dienste Ew. Majestät, so wie es die Zeitumstände geboten. So bitte ich Ew. Majestät, mir zu vergeben und bitte auch, in Erinnerung an meine früheren Dienste, um gnädiges Erbarmen für mein Weib, meine armen Kinder und für mein ganzes Gesinde. Auf diese Hoffnung mich verlassend will ich der Gnade Gottes mich empfehlen.

Brüssel, in Todesbereitschaft, am fünften Juni, im fünfzehnhundertachtundsechzigsten Jahre.

Ew. Majestät gehorsamer und treuer Diener
Lamoral Egmont

MARIA STUART
8. Dezember 1542 – 18. Februar 1587

Bis zu ihrer Hinrichtung war sie in eine Kette von Aufständen, Intrigen und Mordanschlägen verwickelt, in der sie keineswegs das Opfer, sondern nachweislich die treibende Kraft war. Nachdem ihr Mann Lord Darnley aus Eifersucht ihren Privatsekretär hatte ermorden lassen, warf sie sich in die Arme des Earl of Bothwell, der Darnley samt seinem Haus in die Luft sprengte. Sie wurde als Anstifterin angeklagt, und als sie im Verhör auch die Mitwisserschaft an einer katholischen Verschwörung gegen die Königin gestand, war ihr Schicksal besiegelt.

An König Heinrich III. von Frankreich

Am 8. Februar 1587 Mein Herr Bruder!
Ich, die ich durch Gottes Fügung und um meiner Sün-

den willen einst in die Arme der Königin, meiner Cousine geeilt war, bin nun nach fast zwanzig Jahren des Herzeleids durch sie und ihre Regierung zum Tode verurteilt und habe, nachdem ich eben für mein Testament alle meine mir einst abgenommenen Papiere zurückgefordert habe, eigentlich nichts mehr, was mir noch nützen könnte ...

Heute nach dem Mittagessen hat man mir mein Urteil verkündet, kraft dessen ich morgen in der Frühe um acht Uhr wie eine Verbrecherin hingerichtet werden soll. Ich habe kaum die Zeit, Ihnen über das Geschehene einen langen Bericht abzufassen, wofern Sie aber meinen Arzt und meine armen Diener anhören wollen, werden Sie erfahren, wie ich durch Gottes Gnade den Tod verachte und darauf bestehe, ihn unschuldig zu erleiden. Mein Glaube und das Festhalten an dem mir durch die Krone überkommenen Königlichen Recht sind die beiden wahren Gründe meiner Verurteilung. Darum hat man mir auch meinen geistlichen Beistand entzogen, den ich nun, obwohl er im Hause weilt, zur Ablegung meiner Beichte und zum Empfang der Sterbesakramente nicht zur mir kommen lassen darf. Dafür haben sie mich dringend gebeten, geistlichen Zuspruch anzunehmen aus dem Munde eines ihrer Priester, den sie zu diesem Zweck gleich mitbrachten. Der hiermit Beauftragte und seine Begleiter – zumeist Untertanen von Ihnen – werden mein Benehmen bei diesem Akte bezeugen.

Es bleibt mir nun eine Bitte, die ich an Sie als allerchristlichsten König, als Vetter, Verbündeten und als Mann richte, der mir immer seine Liebe beteuert hat: bekräftigen Sie nun Ihre Tugend und trösten Sie mich, indem Sie meine armen Diener entschädigen und sie bei ihren Gehältern belassen. Lassen Sie ferner für eine Königin beten, die einst die Allerchristlichste genannt wurde und nun, all ihrer irdischen Habe entblößt, im katholischen Glauben stirbt. Was meinen Sohn anbetrifft, so empfehle ich ihn, da ich für ihn ja nicht sorgen kann, Ihnen nach Maßgabe seines Verdienstes. Und endlich habe ich mir erlaubt, Ihnen zwei seltene Steine zu schicken, die Ihnen Gesundheit und Wohlbefinden gewährleisten sollen – dies mit dem Wunsche für ein langes und glückhaftes Leben. Sie werden sie annehmen als das Geschenk Ihrer Base, die damit ihren guten Willen zu bekunden wünscht. Noch einmal empfehle ich Ihnen mein Gesinde. Auch soll man für meine arme Seele und zu Ehren Jesu Christi, den ich morgen beim Sterben für Sie bitten werde, eine Messe stiften und Almosen im erforderlichen Umfang spenden.

Mittwoch, zwei Stunden nach Mitternacht.

Ihre in Liebe zugetane Schwester　　Maria, Königin

FRANCIS BACON

22. Januar 1561 – 9. April 1626

In der Geschichte der Philosophie gilt er als entschiedener Gegner überlieferter Vorurteile und als Vertreter der reinen Empirie. Er handelte auch nach diesen Grundsätzen: Durch die Protektion des mit ihm befreundeten Grafen Essex gelang ihm als Rechtsanwalt ein rascher Aufstieg am englischen Hof. Als Essex in Ungnade fiel, verfasste

Bacon die Anklage gegen ihn. Später musste er für kurze Zeit selbst in den Tower, weil er als Richter Geschenke angenommen hatte. Nach der Begnadigung widmete er sich den Naturwissenschaften; sein Hauptwerk »Novum organum scientiarum« erschien 1620. Er starb an einer Lungenentzündung, die er sich bei einem Experiment mit Schnee zugezogen hatte: Er wollte herausfinden, ob der menschliche Körper durch Kälte konserviert werden kann.

An den Earl of Arundel and Surrey

Mein herzlich guter Lord!
Ich war nahe daran das selbe Schicksal zu finden wie Cajus Plinius d. A., der sein Leben bei einem Experiment über den Brand im Berge Vesuv verlor. So wollte auch ich eins von den zwei Experimenten ausführen, wie man den menschlichen Körper erhält und was er aushält. Das Experiment selbst gelang ausgezeichnet; aber auf der Reise (zwischen London und Highgate) befiel mich so starkes Erbrechen, daß ich nicht wußte, ob es von dem Stein, einem Zuviel an Essen, einer Erkältung oder tatsächlich von allen drei herrührte. Als ich bis zu Euer Lordschaft Haus gekommen war, war ich nicht mehr fähig umzukehren und mußte hier Quartier nehmen, wo der Verwalter eifrig um mich besorgt ist. Ich bin sicher, Euer Lordschaft werden es ihm nicht allein verzeihen, sondern noch anrechnen. Das Haus Euer Lordschaft war tatsächlich ein Glück für mich und ich küsse Eure edlen Hände, die mir diesen Empfang, des bin ich sicher, bereiteten.

Ich weiß, daß es unschicklich ist, Euer Lordschaft mit anderer Hand als meiner eigenen zu schreiben; aber meine Finger sind durch die Krankheit so geworden, als gehörten sie gar nicht zu meiner Hand, und ich kann kaum mehr eine Feder halten.

PAUL FLEMING
5. Oktober 1609 – 2. April 1640

Er starb früh, konnte aber auf ein ungewöhnlich reiches Leben zurückblicken. Mit einundzwanzig Jahren schon zum Dichter gekrönt, unternahm der studierte Mediziner ab 1633 als Mitglied der Gesandtschaft Herzog Friedrichs III. von Holstein zwei ausgedehnte Reisen nach Russland und Persien. Er kehrte 1639 nach Reval zurück, wo er sich mit einer angesehenen Kaufmannstochter verlobte, stellte die erste große Ausgabe seiner *Deutschen Gedichte* zusammen und wollte sich als Arzt niederlassen. Den Erfolg seiner zur Blüte der Barocklyrik zählenden Gedichte hat er nicht mehr erlebt. Er starb an einer Lungenentzündung. Drei Tage vor seinem Ende verfasste er als letzte schriftliche Äußerung seine eigene Grabschrift.

Grabschrift

(Herrn Pauli Flemingi, der Medizin Doktor, Grabschrift, so er sich selbst gemacht in Hamburg, am 28. Tag des März 1640 auf seinem Totenbett, drei Tage vor seinem seligen Hinsterben)

Ich war an Kunst und Gut und Stande groß und reich.
Des Glückes lieber Sohn. Von Eltern guter Ehren.
Frei. Meine. Konnte mich aus eignen Mitteln nähren.
Mein Schall flog über weit. Kein Landsmann sang mir
   gleich.

Von Reisen hochgepreist. Für keiner Mühe bleich.
Jung, wachsam, unbesorgt. Man wird mich nennen
   hören,
Bis daß die letzte Glut dies alles wird zerstören.
Dies, deutsche Klarien, dies Ganze dank ich Euch.
Verzeiht mir, bin ich's wert, Gott, Vater, Liebste,
   Freunde!
Ich sag Euch gute Nacht und trete willig ab.
Sonst alles ist getan bis an das schwarze Grab.

Was frei dem Tode steht, das tu er seinem Feinde.
Was bin ich viel besorgt, den Odem aufzugeben?
An mir ist minder nichts, das lebet, als mein Leben.

KARL KASPAR REICHSFREIHERR VON DER
LEYEN-HOHENGEROLDSECK,
ERZBISCHOF UND KURFÜRST VON TRIER
18. Dezember 1618 – 1. Juni 1676

Aus dieser katholischen Familie ist bereits 1145 ein Bischof
von Lüttich nachweisbar. Kaiser Leopold I. verlieh dem
Autor des Briefes 1653 die Reichsfreiherrenwürde; daraus
erklären sich Anhänglichkeit und tiefe Dankbarkeit im Ton
des Schreibens, das der Kaiser zwar einer Antwort würdig-
te, die den Sterbenden jedoch nicht mehr erreichte.

An Kaiser Leopold I.

Die Hand des Allerhöchsten hat mich gerühret und mit einer so schweren und gefährlichen Krankheit heimgesucht, welche, wie von seiner unendlichen Güte ich anders nicht als zu meiner Seelen Trost in christlicher Geduld williglich aufnehme. Also das göttliche heiligste Verhängnis über die Stunde meines in seiner Allmacht Händen ruhenden Hinscheidens mit unerschrokkener Resignation erwartend, nehme ich zuvor von Euer Kayserlichen Majestät hiemit in gehorsamem Respekt meinen demüthigsten letzten Abschied, danke Derselben über alle mir, meinem Erzstift und Familie Zeit meiner vier und zwanzigsjährigen Administration des Erzbischofs- und Churfürstenthums Trier bezeigten Kaiserlichen hohen Gnaden, Schutz und Protektion ganz unterthänigst und bitte die höchste Majestät Gottes inniglich, Selbige Euer Kayserliche Majestät und dero höchstlöblichstes Erzhaus, hiegegen weilen mir anders zu demerieren keine Kräfte mehr übrig, mit allen ersinnlichen, selbst verlangenden hohen Wohlfahrigkeiten, beständigen Increment so mildest gesegnen, als gegen ihre Feinde förders glücklich obsiegen, mithin auch in Bälde der Christenheit einen allgemeinen, sicheren und reputierlichen Frieden gütigst gedeihen lassen wolle, welchen ich wohl hätte wünschen mögen erleben zu können, um meinem allzu hart bedrängten und bis aufs äußerste gedrückten Erzstift seine Dedomagierung bey den anstehenden Friedenstraktaten zu befördern. Wanns aber dem allwaltenden Gott mit mir anders zu verhängen beliebet, consoliert mich so meine zu Euer Kayserlichen Majestät unterthänigst gesetzte Confidenz, daß Sie hierunter Dieses Garantierung auf alleweg allergnädigst über sich nehmen werden, als michs hingegen auch nicht weniger erfreut, Ew. Kayserlichen Majestät als meinem höchsten Oberhaupt jederzeit die unterthänigste treueste Devotion unabwendig erwiesen zu haben, wozu mich meine Pflichten ohnedas angewiesen, daß Sie darmit hoffentlich allergnädigst vergnüget, und umso mehrers forthin bewogen seyn mögen, sich nicht nur besagtem meinem Erzstift, sondern auch meinem vorhin erwählten und confirmierten Successorn, welcher in meine Fusstapen tretend mit nicht weniger allerunterthänigster Treu und Devotion gegen Ew. Kayserliche Majestät verpflichtet seyn, und dann meine Familie, denen Freyherrn von der Leyen zu Kayserlichen mildesten hohen Hulden recommandiert, auch mir und ihnen zu einiger ungnad nicht seyn zu lassen, wann dieselbe außer meines Wissens jemahlen beleidigt haben sollte; worumb dann Ew. Kayserliche Majestät allergehorsamst bittend von Deroselben mich abereins in diesen letzten zeilen demütigst licentiere und dem allgütigsten Gott meine Seele, dessen Schutz aber Ew. Kayserlichen Majestät zu langfristlicher Gesundheit, glückhafter Regierung und allem hohen Kayserlichen Aufnehmen in tiefster Veneration befehle.

Gegeben in meiner Vestung
Ehrenbreitenstein 19. May 1676
Karl Kaspar

2. Juli 1630 – 17. Juli 1676

Ihrem selbstbewussten Brief ist nicht abzulesen, dass diese berühmte Giftmörderin ihre Taten bereute. Seit 1651 mit einem Kavallerieobersten verheiratet, unterhielt sie ein Liebesverhältnis mit dem Rittmeister Jean Baptiste de Sainte-Croix, dem sie ihre Kenntnisse in der Kunst der Giftmischerei verdankte. Neben vielen anderen Personen vergiftete sie auch ihren Vater und ihre Geschwister, um sich das gesamte Familienvermögen anzueignen. Als die Mordserie nach dem (natürlichen) Tod des Geliebten durch einen Zufall entdeckt wurde, floh die Täterin in ein Kloster bei Lüttich, wo sie jedoch entdeckt, nach Frankreich zurückgebracht und nach ihrem umfassenden Geständnis enthauptet wurde.

Die Marquise de Brinvilliers an ihren Gatten

(16. Juli 1676)

Im Begriffe, meine Seele Gott zu überantworten, habe ich Sie noch meiner Liebe versichern wollen, die Ihnen bis zum letzten Augenblicke meines Lebens gehören wird. Ich bitte Sie um Verzeihung, für alles, was ich, entgegen meiner Pflicht und Schuldigkeit Ihnen angetan. Ich sterbe einen ehrlichen Tod, den mir meine Feinde zugezogen. Doch vergebe ich ihnen und bitte auch Sie, ihnen zu vergeben. So hoffe ich auch, daß Sie mir die Schande, die auf Sie zurückfallen könnte, verzeihen werden. Doch bedenken Sie, daß wir nur für eine kleine Weile hier auf Erden sind und daß Sie binnen kurzem vielleicht selbst genaue Rechenschaft über alle Ihre Handlungen, selbst über müßige Stunden, ablegen müssen, wie ich nun in der Lage bin es zu tun. Sorgen Sie für unsere irdischen Angelegenheiten und für unsere Kinder, lassen Sie sie in der Furcht Gottes erziehen und gehen Sie ihnen selbst mit gutem Beispiel voran. Holen Sie hierüber den Rat von Marillac und Frau Consté ein. Lassen Sie für mich so viele Gebete als möglich lesen und seien Sie überzeugt, daß ich sterbe als von ganzem Herzen die Ihrige.

Mad. d'Aubray

BARUCH DE SPINOZA
24. November 1632 – 21. Februar 1677

Als dreiundzwanzigjähriger Talmudschüler wurde er wegen »schrecklicher Irrlehren« aus der Amsterdamer jüdischen Gemeinde ausgestoßen und mit dem »Großen Bannfluch« belegt. Um sich ganz seinem radikalen philosophischen Werk widmen zu können, lehnte er jede Anstellung ab, lebte in ärmlichsten Verhältnissen von den Zuwendungen weniger Freunde und von dem Geld, das er sich mit dem Schleifen optischer Gläser verdiente. Das ständige Einatmen des Glasstaubs beschleunigte seinen Tod durch Tuberkulose. Der in dem Brief erwähnte *Tractatus politicus* blieb unvollendet.

An einen Ungenannten

Lieber Freund!
Ihren lieben Brief habe ich gestern erhalten. Herzlichen Dank für die unermüdliche Sorge, die Sie um mich tragen. Ich hätte diese Gelegenheit usw. nicht vorübergehen lassen, wenn ich nicht mit einer Sache beschäftigt wäre, die ich für nützlich halte und die Ihnen, wie ich glaube, noch mehr Freude machen wird, nämlich mit der Abfassung einer Abhandlung über den Staat, die ich vor einiger Zeit auf Ihre Anregung hin begonnen habe. Von dieser Abhandlung sind bereits sechs Kapitel fertig. Das erste enthält gewissermaßen die Einleitung zu dem Werke selbst, das zweite handelt vom Naturrecht, das dritte vom Recht der höchsten Gewalten, das vierte von den Staatsgeschäften, die zum Verwaltungskreis der höchsten Gewalten gehören, das fünfte davon, was das Letzte und Höchste ist, das die Gesellschaft ins Auge fassen muß, und das sechste, wie eine monarchische Regierung eingerichtet werden muß, damit sie nicht in Tyrannei verfällt. Gegenwärtig behandle ich das siebente Kapitel, in dem ich alle Teile des vorhergehenden sechsten Kapitels, die sich auf die Ordnung einer wohleingerichteten Monarchie beziehen, methodisch darlege. Sodann werde ich zur aristokratischen und zur Volksregierung, schließlich zu den Gesetzen und anderen speciellen Fragen der Staatslehre übergehen. Und nun leben Sie wohl usw.

PHILIPP CHRISTOPH GRAF VON KÖNIGSMARCK
14. März 1665 – 1. Juli 1694

Der reiselustige Schwede war einer der typischen Abenteurer und Schlachtenbummler jener Zeit. Bedenkenlos wechselte er von Land zu Land seine Dienstherren, bis er als Oberst beim Kurfürsten von Hannover landete und ein heftiges Liebesverhältnis mit Prinzessin Sophie Dorothea begann, die allerdings leider schon mit dem Kurprinzen Georg, dem späteren englischen König, verheiratet war. Ihre 1847 veröffentlichten Liebesbillets galten lange Zeit als Fälschung des Hofes, mit der man den Ehebruch beweisen und die Strafe nachträglich legitimieren wollte: Sophie Dorothea wurde unter Arrest gestellt und musste den Rest ihres Lebens auf Schloss Ahlden verbringen. Ihr Liebhaber jedoch verschwand spurlos in der Nacht vom ersten zum zweiten Juli – wahrscheinlich wurde er im Auftrag des Kurfürsten auf dem nächtlichen Gang zu seiner Geliebten abgefangen, ermordet und seine Leiche spurlos beseitigt. Sein letzter Brief an die Geliebte zeigt den Abenteurer im heroisch stilisierten Bewusstsein der Lebensgefahr.

Marschall Podewils war der erste, der mir einen Wink gab, ich möge doch auf mein Benehmen achten, da er aus guter Quelle wisse, daß man uns beobachte.

Ich habe nicht Gewalt über mich, Sie zu lassen, und wenn nicht der Tod darüber entscheidet – ich werde es nie tun.

Sollte ich gerädert, massakriert und vergiftet oder lebendig verbrannt werden, so werde ich es nicht tun und nicht tun können.

JOHN LOCKE
29. August 1632 – 28. Oktober 1704
Unser gesamtes Denken beruht auf Erfahrungen. Dieser scheinbar einfache Satz hat die Erkenntnistheorie revolutioniert und den psychologischen Empirismus begründet. Aber auch die pädagogischen, staatsrechtlichen und rechtsphilosophischen Schriften Lockes hinterließen in der Folgezeit ihre Spuren: Von ihm stammt der Gedanke, die Staatsgewalten zu teilen, den dann Montesquieu verbreitete.

An P. King

Oates, 1. Juni 1704.

Seit dem 20. bekam ich von Ihnen keinen Brief mehr. Da fällt mir ein, daß jetzt eine Sitzungsperiode zu Ende geht, wo es immer genug für Sie zu tun gibt und Sie wohl die Absicht haben rasch zu mir herzukommen; was auch besser ist als auf Entfernung Briefe zu schreiben. Ich bitte Sie herzlichst, richten Sie es doch so ein, daß Sie die ganze nächste Woche bei mir verbringen können. Soweit ich unparteiisch urteilen kann, dürfte es die letzte Woche sein, die wir miteinander zubringen werden; denn wenn ich mich nicht sehr täusche, bleibt mir nicht viel Zeit mehr in dieser Welt. Diese angenehme und mich sonst kräftigende Jahreszeit hat mir diesmal keine Besserung gebracht: im Gegenteil, meine Atemnot und meine Unruhe nimmt täglich zu; mein Magen wird ohne ersichtlichen Grund merklich schwach und alle Anzeichen deuten darauf hin, daß die Auflösung dieser Hülle nicht mehr fern ist.

Weigern Sie mir nicht die Hilfe, die letzten Stunden meines Lebens so leicht als möglich zu verbringen, im Gespräch mit einem, der mir nicht bloß der Nächste sondern auch der Teuerste in der Welt ist. Ich habe viel mit Ihnen zu sprechen von Dingen, über die ich mit sonst niemandem auf der Welt sprechen kann. Deswegen sage ich nochmals, schlagen Sie mir meine Bitte nicht ab. In solcher Zeit ist nichts so wünschenswert als das Gespräch mit einem Freund, den man liebt und auf den man sich verlassen kann. Diese Woche sind Sie Ihrer Geschäfte ledig; aber auch sonst würden Sie vielleicht keinen Grund haben zu bereuen, mir ein oder zwei Tage geschenkt zu haben. Beeilen Sie sich also, Samstag schon zeitig hier zu sein. Ich sehne mich Sie zu sehen. In meinem letzten Brief schrieb ich, Sie möchten doch einige Kirschen mitbringen und nun fürchte ich, es könnte Ihnen beschwerlich fallen. Und dann haben die Dinge, die unsere Sinne erfreuen bei mir zum großen Teil den Reiz verloren. Machen Sie sich also keine Mühe damit. Solche Wünsche sind gewöhnlich nur ein Versuch der Phantasie, an einem Ding Gefallen zu finden, den sie an einem anderen verloren hat und sie sucht vergebens nach einem Vergnügen, dem die Hinfälligkeit des Körpers ein Ziel gesetzt hat. Aber wenn Sie bei mir sein werden, werde ich alle diese Dinge vergessen.

Ich bin lieber Vetter herzlichst der Ihre

J. Locke.

ELISABETH CHARLOTTE HERZOGIN VON ORLEANS
27. Mai 1652 – 8. Dezember 1722

Ohne ihre Briefe wüsste man sehr viel weniger vom alltäglichen Leben am Hofe Ludwigs XIV., mit dessen Bruder die gebürtige Heidelbergerin 1671 verheiratet wurde. Sie hielt die Verbindung zur Heimat aufrecht; mit spitzer Feder, unverhohlener Neugier und Freude an Hofintrigen und Familientratsch unterhielt sie die ferne Verwandtschaft. Noch aus ihrem letzten, an die Stiefschwester Louise gerichteten Brief lässt sich erkennen, dass Elisabeth eine beherzte und couragierte Frau war. Als die Königsgruft von St. Denis im Oktober 1793 von den französischen Revolutionären zerstört wurde, sind auch ihre Gebeine entfernt und vernichtet worden.

A madame Louise, raugräffin zu Pfaltz,
a Franckforth

St. Clou,
den 3. December 1722.

Hertzallerliebste Louise, die zeytung, so ich Euch heutt von meiner gesundtheit zu sagen habe, werden Euch woll gar nicht gegenfahlen. Ich werde taglich ellender, mogte woll ein schlimm endt nehmen, aber ich bin, gott lob, zu allem bereit, bitte nur den allmachtigen, mir gedult zu verleyen in meinen großen schmertzen, so ich nacht undt tag außstehen muß, so woll durch meine erschreckliche schwachheit, alß auch sonsten mein ellender leben. Ob ich noch davon kommen werde, mag gott wißen; die zeit wirdts lehren, aber ich bin noch nicht so übel geweßen, alß nun. Hier haben wir kein heßlich wetter, fengt doch heitte ein wenig an, zu regnen mitt einem kleinen regen. Ich glaube nicht, daß einig wetter mehr gesundt vor mich sein wirdt. Die zeit, liebe Louise, wirdt baldt erweißen, waß auß dießem allen werden wirdt. Komme ich davon, so werdet Ihr mich allezeit finden, wie ich bißher geweßen. Nimbt mich gott zu sich, müst Ihr Euch in dem getrösten, daß ich ohne reu noch leydt sterbe, die welt gern verlaße in der hoffnung, daß mein erloßer, so vor mich gestorben undt aufferstandten ist, mich nicht verlaßen wirdt, undt wie ich ihm treu geblieben, daß er sich auch meiner ahn meinem letzten endt erbarmen wirdt. Auffdieß vertrauen lebe undt sterbe ich, lieb Louise! Es mag im überigen gehen, wie gott will. Es seindt viel leutte, so sich nun über husten undt schnupen beklagen; ich bin kränker, alß dieß, undt werde tagtlich ärger. Ich wünsche, daß, ich wünsche, liebe Louise, daß Euer neue geselschaffterin dem von Solmß ... Da bringt man mir noch ein liebes schreiben von Euch vom 21. November, nr 83, kan aber ohnmoglich drauff andtwortten, bin gar zu krankck dießen ... Aber, aber erhelt mir gott daß leben biß übermorgen, werde ich andtwortten, nun aber nur sagen, daß ich Euch biß ahn mein endt von hertzen lieb behalte.

Elisabeth Charlotte

FRIEDRICH WILHELM I. VON PREUSSEN
14. August 1688 – 31. Mai 1740

Er tat sich schwer mit dem Sterben, wütete gegen den Tod und die Angst und die Schmerzen, aber nach der Auflehnung wurde er ruhig, verschenkte an seine treuesten Gefährten Pferde, Waffen und die Jagdhunde. Dann nahm er einen Spiegel zur Hand, um sich selbst beim Sterben zu beobachten. Sein letztes Schreiben, gerichtet an seinen Freund Leopold Fürst von Dessau, ist nur im letzten Satz von seiner eigenen Hand, kenntlich an der eigenwilligen Orthographie.

An Fürst Leopold von Dessau

... Noch kann Ich aber nichts gewisses von Besserung melden, doch muß es in vierzehn Tagen auf eine oder die andere Art ein Ende haben. Ich werde indessen Ev. Liebden bezeugtes redliches Mitleiden niemals vergessen, sondern bis in mein Grab mit treuer Amitié verbleiben.

Gott weis wie es mir gehet ich kann nit lehben noch sterben ich habe gantz mein verstandt verloren den(n) ich so viel Mali(g)nitet in leibe habe als Mögl(ich) ist das ein Mens(ch) haben kann.

Der bin ich bis in toht
F. Wilhelm

LUISE GOTTSCHED
11. April 1713 – 26. Juni 1762

An der Seite ihres Mannes hatte sie seine Kämpfe gegen Shakespeare und die moderne Literatur eines Klopstock, Herder und Lessing mitgefochten und durchlitten. Als eine der ersten Frauen schrieb sie selbst Theaterstücke, wurde als »Gottschedin« berühmt und arbeitete sich als Co-Autorin auf für ihren doktrinären Mann, der mit seinen starren poetischen Regeln zum Gespött einer ganzen Generation wurde. Früh gealtert, müde und enttäuscht, legte sie sich zum Sterben. Ihren letzten Brief richtete sie an ihre Freundin Frau von Runkel.

Leipzig, den 10. Juni 1762.

Liebste Freundin,

Diesesmal muß ich mich einer fremden Hand bedienen, um Ihnen zu sagen, daß ich zu allem untüchtig bin. Erschrecken Sie nicht; freylich bin ich matt, sehr matt, aber nach Aussage des Arztes soll ich meinem Ende noch nicht so nahe seyn, als ich es wünsche. Meine Niece macht diesesmal meinen Secretair; ich verspreche Ihnen aber nächstens eine ausführliche Antwort mit eigner Hand, die Ihr letzter, mir so werter Brief in aller Absicht verdient. Unterdessen bitte ich Sie, liebste Freundin, behalten Sie mich auch krank, auch meinen Freunden unnütz, noch lieb. Und sollte diese Krankheit mich von der Welt nehmen, so weyhen Sie manchmal eine freundschaftliche Träne dem Andenken Ihrer Freundin, die lebend und sterbend Ihnen ganz ergeben bleibt.

Gottsched

VIKTOR VON MEDULLA
Gest. 6. 5. 1774 (?)

Nach dem Brand der Anna-Amalia-Bibliothek in Weimar wurde in einem der zu restaurierenden Bände auf dem Vorsatzblatt die nachfolgende Notiz gefunden. Vermutlich stammt sie von dem herzoglichen Adjutanten Viktor von Medulla, der sich in der Nacht des Schlossbrandes 1774 im Gebäude befand. Die Adressatin könnte nach neueren Forschungen Christina von Stevens gewesen sein, eine jüngere Freundin der Friederike von Riedesel, in deren Tagebüchern sie mehrfach erwähnt ist. Friederike war ab 1780 die dritte Hofdame von Herzogin Louise. Nach dem Brand fehlte von den beiden jede Spur.

Geliebte, das Feuer hat mir den Weg zu Dir versperrt. Ich sterbe mit der Hoffnung Du habest Dich retten können. Welch eine Wendung des Schicksals, wo (unleserl.) sehe die Flammen in ihnen mein Glück unseren Traum wie er uns hoch auf die Spitzen trug die wahrhaft glücklichsten Momente meines Lebens verdanke ich Dir (unleserl.) es einen Retter aus dieser Lage gibt, wollen wir gemeinsam in die Zukunft (unleserl.) Für mich wünsche ich sonsten nichts. In Eile und in Ewigkeit Dein

JULIE DE LESPINASSE
9. November 1732 – 23. Mai 1776

Sie war der ebenso schöne wie geistreiche Mittelpunkt der abendlichen Gesellschaften bei Madame du Deffand, als deren Gesellschafterin sie angestellt war. Die Hausherrin entließ sie aus Eifersucht auf Julies Attraktivität, doch durch die Fürsprache ihrer Verehrer, besonders d'Alemberts, erhielt sie eine Pension vom König und versammelte sofort in ihrem eigenen Salon alle berühmten Männer von Paris. Die leidenschaftlichen Briefe an ihren zwölf Jahre jüngeren Geliebten Guibert gehören heute zu den Klassikern der französischen Literatur.

An Graf Hippolyte de Guibert

Dienstag, vier Uhr, Mai 1776

Mein Freund, ich liebe Sie; das ist ein Linderungsmittel, das meinen Schmerz betäubt. Es hängt nur von Ihnen ab, es in Gift zu verwandeln und von allen Giften wird es am raschesten und stärksten wirken.

Ach! ich fühle mich so ohnmächtig zu leben, daß ich nahe daran bin Ihr Mitleid und Ihre Großmut anzuflehen, mir diese Hilfe zu gönnen. Sie würden einem schmerzhaften Todeskampf ein Ende setzen, der bald schwer auf Ihrer Seele lasten wird.

O, mein Freund, lassen Sie mich Ihnen meine Ruhe verdanken, haben Sie den Mut, ein einziges Mal hart zu sein.

Ich vergehe, adieu.

FRANÇOIS MARIE AROUET, GEN. VOLTAIRE
21. November 1694 – 30. Mai 1778

Im Triumph war der berühmte Philosoph und Aufklärer nach fast achtundzwanzig Jahren im Schweizer Exil nach Paris zurückgekehrt. Er war inzwischen eine Art Volksheld geworden; er musste hunderte Besucher empfangen und erlitt vor Anstrengung einen Blutsturz. Aber noch einmal erholte sich der über Achtzigjährige, nahm an einer Sitzung der Akademie teil und erlebte die umjubelte Premiere seines letzten Theaterstücks. Dann versagte sein Körper. Er rief mit dem für ihn typischen ironischen Understatement seinen alten Freund und Arzt Tronchin zu Hilfe; vier Tage später war er tot.

An Théodore Tronchin

26. Mai 1778

Der Patient der rue de Beaume hat Fieber. Sein irdischer Leib hat geschwollene Beine, auf denen sich rote Flecken zeigen. Er hat die ganze Nacht und auch jetzt noch unter krampfartigen Hustenanfällen zu leiden gehabt. Dreimal hat er Blut gespuckt. Er bittet um Verzeihung, daß er um eines Kadavers willen noch so viel Mühe verursacht.

MARIA THERESIA, KAISERIN VON ÖSTERREICH
13. Mai 1717 – 29. November 1780

Regelmäßig pflegte sie in der Kapuzinergruft den Sarkophag ihres Gatten zu besuchen. Bei ihrem letzten Besuch riss, als sie die Gruft wieder verlassen wollte, ein Aufzugseil, und sie musste Stunden in dem modrig kalten Gewölbe ausharren. »Der Franzl lässt mich nicht los, ich soll zu ihm«, soll sie gesagt haben. Bereits am nächsten Tag zeigten sich die ersten Symptome einer Lungenentzündung. Sie machte sich über ihren Zustand keine Illusionen; bewusst nahm sie Abschied und entschuldigte sich in ihrem letzten Brief an die abwesenden Kinder fast für den Schrecken, den ein Eilbote mit der schlechten Nachricht bei ihnen ausgelöst haben musste.

An ihre Kinder

Nov. 1780

Meine mehr als zärtlich geliebten und geschätzten Kinder. Ich bin trostlos wegen des Kuriers, den man Euch gestern schicken mußte, denn ich fühle den Eindruck, den er Euch gemacht haben muß, weil ich ja die ganze Größe Eurer Anhänglichkeit an mich kenne. Stellt Euch meine Unruhe vor; es gereicht mir zum Trost, daß Ihr Christen und tugendhaft seid und stets das Glück in Euch selbst findet. Gott erhalte Euch, ich gebe Euch beiden sowie Euren lieben zehn Kindern meinen Segen.

Maria Theresia

FRIEDRICH II. VON PREUSSEN
24. Januar 1712 – 17. August 1786

Der durch Strapazen, Krankheiten und zuletzt durch eine falsche Diät des Schweizer Arztes Zimmermann ausgemergelte Körper versagte langsam den Dienst. Der König fürchtete den Tod nicht, hielt ihn aber für ein Ärgernis und wollte ihn, wie er sagte, am liebsten »mit der Faust wegschlagen«. In seiner letzten Nacht, eine Woche nach seinem Brief an die Schwester, ließ er sich aus dem Buch Hiob vorlesen, bis zu der Stelle: »Ich bin nackt von meiner Mutter Leib gekommen, nackt werde ich wieder dahinfahren.« Mit dieser Aussicht war der König keineswegs einverstanden und protestierte: »Das ist nicht wahr. Ich werde meine Uniform tragen.«

An seine Schwester, die Herzogin von Braunschweig

(Sanssouci,) 10. August 1786

Meine verehrungswürdige Schwester, der Arzt aus Hannover hat sich bei Euch in Ansehen setzen wollen, aber die Wahrheit ist, daß er mir nichts genützt hat. Die alten müssen den jungen Leuten Platz machen, damit jede Generation ihren Platz findet und wenn man recht erwägt, was eigentlich das Leben ist, so besteht es darin, seine Mitbürger sterben und geboren werden zu sehen. Inzwischen fühle ich mich ein wenig erleichtert seit einigen Tagen. Mein Herz bleibt Ihnen unveränderlich zugethan, meine gute Schwester. Mit der höchsten Achtung, meine verehrungswürdige Schwester, Ihr ergebenster Diener und treuer Bruder

Friedrich

JOSEPH II., KAISER VON ÖSTERREICH
15. März 1741 – 20. Februar 1790

Eines der höchst seltenen Beispiele nicht diplomatischer, sondern aufrichtig freundschaftlicher Dankbarkeit und Ehrlichkeit eines Herrschers: Franz Moritz Graf von Lacy, fast zwanzig Jahre älter als sein Kaiser, war nicht allein ein kampferprobter Soldat, sondern vor allem als Präsident des Hofkriegsrats der Organisator der österreichischen Armee – ihre Erfolge waren sein Verdienst, und das Ansehen des Kaisers beruhte auf diesen Erfolgen. Auch unter dem Nachfolger Leopold II. und in den ersten Regierungsjahren von Franz I. lag die oberste Leitung der Armee noch bei Lacy, der 1801 starb. Dieser Brief wird ihm mehr bedeutet haben als alle seine Orden.

Wien, am 19. Februar 1790.

Mein lieber Marschall Lacy!

Nur die Unmöglichkeit, mit meiner zitternden Hand diese wenigen Zeilen zu schreiben, zwingt mich, eine fremde Hand zu Hilfe zu rufen. Mit großen Schritten sehe ich den Augenblick nahen, der uns trennen muß. Ich würde sehr undankbar aus dieser Welt scheiden, wenn ich Ihnen, mein lieber Freund, hier nicht alle Gefühle der Ihnen aus so vielen Gründen gebührenden Dankbarkeit wiederholte, zu denen ich mich vor der ganzen Welt freudig bekannt habe. Ja, wenn ich etwas geworden bin, so schulde ich es Ihnen, denn Sie haben mich dazu gemacht. Sie haben mich erleuchtet, haben mich die Menschen kennen gelehrt, und überdies schuldet Ihnen das ganze Heer sein Dasein, sein Ansehen und seine Achtung.

Die Verläßlichkeit Ihrer Ratschläge in allen Lagen, die persönliche Anhänglichkeit, die Sie bei keiner Gelegenheit, groß oder klein, haben vermissen lassen, das alles macht es, mein lieber Marschall, daß ich Ihnen meinen Dank nicht oft genug wiederholen kann. Ich habe Sie Tränen für mich vergießen sehen. Die Tränen eines großen Mannes und eines Weisen sind eine schöne Rechtfertigung. Empfangen Sie meine Abschiedsgrüße. Ich umarme Sie zärtlich. Das Einzige, was ich mit Bedauern auf der Welt zurücklasse, ist die kleine Anzahl von Freunden, deren bester Sie sicher sind. Erinnern Sie sich meiner, Ihres aufrichtigen Freundes und liebevollen

Joseph.

WOLFGANG AMADEUS MOZART
27. Januar 1756 – 5. Dezember 1791

Der letzte Brief des Fünfunddreißigjährigen, geschrieben an seine Frau Constanze drei Wochen vor dem plötzlichen Ende, lässt keinerlei Rückschlüsse auf die Umstände seines Todes zu. Viel wurde darüber spekuliert, ob Mozart ermordet wurde, vielleicht von den Freimaurern, vielleicht von seinem Kollegen Salieri. Und gab es einen Zusammenhang zwischen seinem Tod und dem unbekannten Auftraggeber des *Requiem*? Solche haltlosen Vermutungen haben den Tod des jungen Genies mit einer Aura des Mysteriösen umgeben, die seinem Leben gänzlich fehlte.

An seine Frau

Liebstes bestes Weibchen

Gestern Donnerstag den 13ten ist Hofer mit mir hinaus zum Carl, wir speisten daraus, dann fuhren wir herein, um 6 Uhr hohlte ich Salieri und den Cavalieri mit den Wagen ab, und führte sie in die Loge – dann gieng ich geschwind die Mama und den Carl abzuhohlen, welche unterdessen bey Hofer gelassen habe. Du kannst nicht glauben, wie artig beide waren, – wie sehr ihnen nicht nur meine Musick, sondern das Buch und alles zusammen gefiel. – Sie sagten beide ein Opera, – würdig bey der größten festivität vor dem größten Monarchen aufzuführen, – und Sie würden sie gewis sehr oft sehen, den sie haben noch kein schöneres und angenehmeres Spectacel gesehen. – Er hörte und sah mit aller Aufmerksamkeit und von der Sinfonie bis zum letzten Chor, war kein Stück, welches ihm nicht ein bravo oder bello entlockte, und sie konnten fast nicht fertig werden, sich über diese Gefälligkeit bei mir zu bedanken. Sie waren allzeit gesinnt gestern in die Oper zu gehen. Sie hatten aber um 4 Uhr schon hinein sitzen müssen – da sahen und hörten Sie aber mit Ruhe. – Nach dem Theater ließ ich sie nach Hause führen, und ich supirte mit Carl bei Hofer. – Dan fuhr ich mit ihm nach Hause, allwo wir beyde herrlich schliefen. Dem Carl hab ich keine geringe Freude gemacht, daß ich ihm in die Oper abgeholt habe. – Er sieht herrlich aber daß übrige ist leider Elend! – einen guten Bauern mögen sie wohl der Welt erziehen! – aber genug, ich habe weil Montag erst die großen Studien (daß Gott erbarm) den Carl bis Sonntag nach Tisch ausgebeten; ich habe gesagt, daß du ihm gerne sehen möchtest – Morgen Sonntag komme ich mit ihm hinaus zu dier – dan kannst du ihn behalten, oder ich führe ihn Sonntag nach Tisch wieder zu Hecker; – überlege es, wegen einen Monath, kann er eben nicht verdorben werden, denke ich! – unterdessen kann die Geschichte wegen den Piaristen zu Stande kommen, woran wirklich gearbeitet wird. – übrigens ist er zwar nicht schlechter, aber auch um kein Haar besser als er immer war. er hat die nähmlichen Unform, plaget gerne wie sonst, und lernt fast noch weniger gern, weil er daraus nichts als vormittags 5 und nach Tisch 5 Stunden im Garten herumgeht, wie er mir selbst gestanden hat, mit einem Wort die Kinder thuen nichts, als Essen, trinken, schlafen und spazieren gehen, eben ist Leitgeb und Hofer bei mir; – ersterer bleibt bey mir beym Essen, ich habe meinen treuen Kameraden Primus eben um ein Essen ins Bürgerspital geschickt; – mit dem Kerl bin ich recht zufrieden ein einziges Mahl hat er mich angesetzt, daß ich gezwungen war bey Hofer zu schlafen, welches mich sehr seckirte, weil sie mir zu lange schlafen, ich bin am liebsten zu Hause, weil ich meine Ordnung schon gewohnt bin dieß einzige Mahl hat mich ordentlich übeler Humor angeregt. Gestern ist mir der Reise nach Bernstorf der ganze Tag darauf gegangen, darum konnte ich dir nicht schreiben – aber daß du mir 2 Tage nicht geschrieben, ist unverzeihlich, heute hoffe aber gewiß Nachricht von dir zu erhalten. und Morgen selbst mit dir zu sprechen, und dich von Herzen zu küssen. Lebe wohl Ewig dein   Mozart

d. 14.8br.791.

Die Sophie küsse ich tausendmahl, mit N. N. mache was du willst. adieu.

CHARLOTTE DE CORDAY D'ARMONT
27. Juli 1768 – 17. Juli 1793

Trotz ihrer Herkunft aus einem uralten normannischen Adelsgeschlecht begeisterte sie sich anfangs für die Ideale der Französischen Revolution. Umso mehr litt sie unter dem Abgleiten in den willkürlichen Terror. Den Entschluss, den Anführer Jean-Paul Marat zu ermorden, fasste sie nach ihrem eigenen Geständnis, nachdem der Konvent die Verhaftung von über dreißig Girondisten beschlossen hatte. Zu einigen von ihnen, die in ihre Heimatstadt Caen geflohen waren, hatte sie direkten Kontakt, vor allem zu Buzot, der wahrscheinlich ihr Geliebter war. Heimlich verließ sie das Haus, hinterließ dem Vater einen Brief, in dem sie eine Reise nach England vorgab, und traf am 11. Juli in Paris ein. Zwei Tage später bekam sie Zutritt zu Marat, der gerade in der Wanne Linderung von seiner Krätze suchte. Sie sprachen kurz über die Girondisten, und Marat kündete an, sie alle guillotinieren zu lassen. Daraufhin stieß ihm Charlotte ein Messer in die Brust. Sie wurde festgenommen, am 17. Juli zum Tode verurteilt und noch am selben Tag hingerichtet.

Conciergerie, 16. Juli.

Vergeben Sie, lieber Papa, daß ich ohne Einwilligung über mein Leben verfügte. Ich habe viele unschuldige Opfer gerächt und manchem Unglück vorgebeugt – erwacht einmal das Volk aus seinem Wahn, so wird es dieser Befreiung von einem Tyrannen sich freuen.

Habe ich Sie zu überzeugen versucht, daß ich nach England reiste, so geschah es doch nur, weil ich mein Inkognito wahren wollte, ich habe ja gesehn, wie unmöglich das war. Ich hoffe, man belästigt Sie nun nicht und in jedem Falle werden Sie ja in Caen Verteidiger finden. Zu dem meinigen habe ich Gustaphe Douclet gewählt, es geschah ja, da solche Tat sich nicht verteidigen läßt, nur der Form halber. Leben Sie wohl, lieber Papa, ich bitte Sie, mich zu vergessen oder vielmehr, sich meines Schicksales zu freuen. Seine Ursache ist schön. Ich umarme von Herzen meine geliebte Schwester, ebenso alle meine Verwandten.

Vergessen Sie nie Corneilles Vers: Verbrechen nur, nicht das Schafott wirkt Schande. Morgen um acht Uhr werde ich abgeurteilt.

Corday

MARIE ANTOINETTE, KÖNIGIN VON FRANKREICH
2. November 1755 – 16. Oktober 1793

Sechs Monate nach der Hinrichtung ihres Mannes Ludwig XVI. wurde ihr der Prozess gemacht. Ein Hauptpunkt der Anklage war, dass Marie Antoinette und ihre mitinhaftierte Schwägerin Elisabeth den neunjährigen Sohn der Königin sexuell missbraucht haben sollten. Das Kind sagte im Prozess entsprechend aus, war aber dazu gezwungen worden, wie man heute weiß. An diese schwer belastete Schwägerin richtet sich Marie Antoinettes letzter Brief, morgens um vier Uhr dreißig vor der Hinrichtung verfasst und unvollendet, weil die übermüdete Verurteilte über dem Papier einschlief. Der Kerkermeister, der sie wenig später zur Hinrichtung abholte, lieferte den Brief nicht an die Adressatin ab, sondern er gelangte durch abenteuerliche Umwege einundzwanzig Jahre später in den Besitz Ludwigs XVIII. Elisabeth wurde kurz nach der Königin guillotiniert. Beider Körper landeten in einem anonymen Grab. Der gerettete Brief wurde als Zeugnis moralischer Größe bis ins 20. Jahrhundert bei allen der ermordeten Königin gewidmeten Seelenmessen von den Kanzeln Frankreichs verlesen.

An Madame Elisabeth,
Schwester des hingerichteten Königs

Dir, liebe Schwester, schreibe ich zum letzten Male. Soeben wurde ich ... nicht zu dem schmachvollen Tode der Verbrecher, sondern zum Wiedersehn mit Deinem Bruder verurteilt, und unschuldig, wie er selbst, hoffe ich ihm im Tode zu gleichen. Ich bin so ruhig, wie man es immer ist, wenn das Gewissen den Menschen nicht anklagt. Tief bedaure ich, meine armen Kinder allein zu lassen ... Du weißt, ich habe nur für sie und für Dich gelebt, meine gute, geliebte Schwester. In welcher Lage lasse ich Dich zurück – Dich, die Du doch, um bei uns zu bleiben, alles hingegeben hast! Durch die Plädoyers im Prozesse habe ich erfahren, daß man meine Tochter von Dir getrennt hat. Ach das arme Kind, ich wage es nicht, ihm zu schreiben, sie würde meinen Brief überdies ja gar nicht erhalten – weiß ich doch nicht einmal, ob dieser hier Dich erreichen wird. Empfange Du für sie beide meinen Segen. Ich hoffe, daß sie später einmal bei Dir sein und ganz Deine liebevolle Sorgfalt genießen werden – mögen sie dann beide an das denken, was ich sie immer gelehrt habe: daß genaueste Pflichterfüllung das wichtigste Lebensfundament bildet, daß endlich die Freundschaft und das Zutrauen, das sie für einander hegen, sie glücklich machen wird. Möge meine Tochter als die Ältere eingedenk sein, daß sie ihrem Bruder immer mit den Ratschlägen ihrer größeren Erfahrung beizustehen hat. Mag mein Sohn hinwieder seiner Schwester alle Fürsorge und alle Dienste erweisen, wie sie sich aus der Freundschaft ergeben. Mögen sie endlich eingedenk sein, daß sie stets in ihrem Leben nur durch Eintracht glücklich sein werden und mögen sie sich uns zum Beispiel nehmen! Wieviel Tröstung hat uns unsere Freundschaft in allen unseren Leiden gebracht! Man genießt doppelt jedes Glück, wenn man es mit einem Freunde teilen kann. Und wo kann man einen hingebenderen und zärtlicheren Freund finden, als in der eigenen Familie? Möge mein Sohn niemals die letzten Worte seines Vaters vergessen, die ich mit Vorbedacht wiederhole: niemals danach trachten, unseren Tod zu rächen.

Ich muß mit Dir über ein Ding reden, das mir sehr wehe tut. Ich weiß, wieviel Kummer Dir dieses Kind bereitet hat. Verzeih ihm, liebe Schwester, denk' an seine große Jugend und denke daran, wie leicht es ist, ein Kind zu der Aussage zu bestimmen, die man hören will. Ich hoffe auf den Tag, da er um so mehr den Wert unserer Liebe und Zärtlichkeit begreifen wird.

Ich muß Dir noch einen letzten Gedanken anvertrauen. Ich sterbe im apostolischen katholischen Glauben, der Religion meiner Väter, in der ich erzogen wurde und zu der ich mich immer bekannt habe. Da ich keinerlei geistlichen Zuspruch zu erwarten habe, da ich nicht weiß, ob es hier noch Priester dieser Religion gibt und da auch dieser Ort hier sie allzu großen Gefahren aussetzen würde, so bitte ich Gott von Herzen um Vergebung all meiner Sünden, die ich begangen habe, seit ich lebe. Ich hoffe, daß er in seiner Güte meine letzten Gebete erhören wird samt allen, die ich schon lange an ihn richtete, auf daß meine Seele seines Erbarmens und seiner Güte teilhaftig werde.

Ich bitte alle meine Bekannten und sonderlich Dich, liebe Schwester, um Vergebung für alles Leid, das ich unwissentlich ihnen zugefügt habe, ich verzeihe allen meinen Feinden alles Böse, das ich durch sie erlitten habe. Ich sage allen meinen Brüdern und Schwestern Lebewohl. Ich hatte doch Freunde. Und der Gedanke, von ihnen für immer getrennt zu werden und die Gewißheit ihres Schmerzes gehören zu den größten Leiden, die ich sterbend auf mich nehmen muß. Mögen sie wenigstens wissen, daß ich in meinen letzten Gedanken ihrer gedacht habe.

Lebe wohl, liebe, gute Schwester! Mag dieser Brief Dich erreichen, magst Du mich nie vergessen! Von ganzem Herzen umarme ich Dich samt den lieben Kindern ... ach, wie herzzerreißend ist es, sie für immer zu verlassen! Leb wohl, leb wohl ...

JEANNE MARIE (MANON) ROLAND DE LA PLATIÈRE
17. März 1754 – 8. November 1793

Durch die Beschäftigung mit der Antike wuchs ihre Begeisterung für demokratische Ideen. Seit 1780 war sie mit einem hochrangigen Politiker verheiratet, der mit den Girondisten sympathisierte und nach dem Sturz Ludwigs XVI. ins Innenministerium berufen wurde. Die Girondisten konnten ihre Macht jedoch nur ein Jahr lang halten; bei ihrem Sturz wurde das Ehepaar auf die Verhaftungsliste gesetzt. Er entkam nach Rouen mit einer Gruppe Gleichgesinnter, sie wurde wegen ihrer Korrespondenz mit den Flüchtigen verhaftet und endete unter der Guillotine. Als ihr Mann eine Woche danach die Nachricht von ihrer Hinrichtung erhielt, beging er Selbstmord.

An François Nicolas Buzot

Wie oft lese ich Deine Zeilen wieder! Ich presse sie an mein Herz, ich bedecke sie mit meinen Küssen. Ich erhoffte keine mehr. Umsonst ließ ich um Nachrichten von Dir bei Frau Cholet fragen, ich schrieb einmal an Herrn Le Tellier in Evreux, damit Du ein Lebenszeichen von mir erhältst, aber die Postverbindung ist unterbrochen.

Ich wollte Dir nichts direkt schicken, weil Dein Name genügt, daß der Brief unterschlagen werde, und ich Dich überdies belasten könnte. Stolz und ruhig kam ich hierher, mit Wünschen für die Verteidiger der Freiheit und einiger Hoffnung für sie. Als ich von dem Haftbefehl hörte, der gegen die zweiundzwanzig erlassen wurde, rief ich aus: »Mein Vaterland ist verloren!« Ich befand mich in schmerzlichster Angst, bevor ich über Deine Flucht Gewißheit hatte, und der gegen Dich ausgegebene Haftbefehl ängstigt mich von neuem. Sie schulden wohl Deinem Mute diese Scheußlichkeit; seitdem ich weiß, daß Du in Calvados bist, gewinne ich meine Ruhe wieder. Fahre in Deinen edlen Bemühungen fort, mein Freund. Brutus verzweifelte in der Schlacht bei Philippi zu früh an der Rettung Roms. Solange ein Republikaner noch atmet, frei ist, seinen Mut hat, muß, kann er nützlich sein. Der Süden Frankreichs bietet Dir für alle Fälle Zuflucht und wird das Asyl der ehrenhaften Männer sein. Dorthin mußt Du deine Blick wenden und Deine Schritte lenken. Dort wirst Du leben müssen, um Deinesgleichen zu dienen und Deine Tugenden zu betätigen.

Ich selbst werde ruhig zu warten wissen, bis die Herrschaft der Gerechtigkeit zurückkehrt, oder werde die letzten Gewalttaten der Tyrannei so auf mich nehmen, daß auch mein Beispiel nicht ohne Nutzen sein wird. Wenn ich etwas gefürchtet habe, so war es nur, Du könntest unüberlegt Dich für mich bemühen.

Mein Freund! Rettest Du unser Vaterland, so bewirkst Du auch mein Heil. Ich werde mein Leben zufrieden aushauchen, wenn ich weiß, daß Du dem Vaterlande erfolgreich dienst. Tod, Qualen, Leiden bedeuten für mich nichts, ich bin allen gewachsen. Sei unbesorgt, ich werde bis zu meiner letzten Stunde leben, ohne auch nur einen Augenblick in der Unruhe unwürdiger Aufregung zu verlieren ...

Unbesorgt! Wir können nicht aufhören, der Gefühle

wert zu sein, die wir uns gegenseitig einflößten. So kann man nicht unglücklich werden. Lebe wohl, mein Freund, lebe wohl, mein Vielgeliebter!

JEAN-MARIE ROLAND DE LA PLATIÈRE
18. Februar 1734 – 10. November 1793

Der Mann von Jeanne Marie Roland erstach sich in einem Wald bei Rouen. Den folgenden Zettel fand man bei seiner Leiche.

»Wer du auch seist, der du mich hier findest, ehre meinen Tod. Mein ganzes Leben diente nur dem Zweck, nützlich zu sein. Ich starb, wie ich lebte: tugendhaft und ehrlich. Nicht aus Furcht verließ ich meinen Zufluchtsort, sondern aus Entrüstung, als ich erfuhr, daß mein Weib gemordet wurde. Ich wollte nicht länger auf einer Erde leben, die von Blut besudelt ist.«

FRANÇOIS NICOLAS LÉONARD BUZOT
1. März 1760 – 18. Juni 1794

Auf die Nachricht von der Hinrichtung Manon Rolands tötete sich auch der Adressat ihres letzten Briefes in der Nähe von St.-Emilion. Sein Abschiedsbrief wurde bei seiner erst am 7. Juli 1794 entdeckten Leiche gefunden.

... Es ist zu Ende; mein Herz ist all den Gefühlen, die es erdrücken, nicht mehr gewachsen. Es gibt noch grausamere, die ich schweigend in mich zu fressen verpflichtet bin! Großer Gott! was bleibt mir noch zu leiden übrig? und was bleibt mir von mir selbst? Du gabst dem Unglücklichen die Hoffnung, und die Hoffnung selbst hat mich verlassen! Ach, an diesen Orten, wo die wohltätige Menschlichkeit mich mit der zarten und zuvorkommenden Güte aufgenommen hat, der eine edle und hohe Seele danken darf, ohne ihren Stolz zu kränken, finde ich nichts mehr in mir als die Isolierung der Verlassenheit und die Verzweiflung, kein zärtliches, ehrenhaftes Gefühl mehr hegen zu können; kein Herz mehr, das es erwidern und mein Leben mit seiner holden Glut erwärmen könnte. Alles ist für mich verloren, für immer verloren! Wie schrecklich sind diese Worte! Sie tauchen mich hinunter ins Nichts. Und Du, arme Unselige, mein Weib, wo bist Du? was wird aus Dir werden? Wie wirst Du verlassen sein auf der Erde! denn, ich fühle es, wir werden uns nicht wiedersehen! Es gilt zu enden, es gilt sich zu trennen! Ah, wenn die schauderhafte Nachricht von meinem Tode bei Dir anlangt. laß Deinen Mut nicht zu Boden drükken; meine Asche braucht keine unfruchtbaren Tränen! Ich danke den guten Menschen, die Dir geholfen, die Dich getröstet haben! Möge der Himmel ihre zärtliche Freundschaft lohnen! Ich beschwöre sie, weiter für Dich zu sorgen, Dir mit ihren Anstrengungen zur Seite zu stehen, sowie es an der Zeit sein wird, Deine Rechte auf meine beschlagnahmten Güter geltend zu machen. Und auch Du, mein treuer Diener, guter Joseph! ich habe den Anteil, den Du im Unglück an mir genommen hast, nicht vergessen; Du wolltest mein Exil, meine Leiden, meine Gefahren und meinen Tod mit mir teilen. Ehrenwerter junger Mann, ich danke Dir! Der Himmel spende Dir seinen Segen! Fahre fort, meiner Frau zu dienen. Meine Frau war gut zu euch allen, Ihr wißt es, Espérance, Joseph und Du, gute Marie, die sich meiner Kindheit angenommen hat, wahrlich zu einem besseren Geschick! Meine Freunde, ich kann Euch nicht mehr helfen, aber ich liebe Euch immer; denket an mich, redet von mir mit Eurer guten Herrin. Wenn Ihr manchmal beisammen sein werdet, an dem verlassenen Herd, wo Ihr mich nicht mehr finden werdet, da werdet Ihr weinen, meine Freunde, weinen über mein grausames Los! Aber trösten muß Euch, daß ich recht gelebt, meine Laufbahn ehrenhaft beschritten und nun vollbracht habe in der Liebe zur Tugend, zur Freiheit, zum französischen Volk, das mir den Tod bereitet hat. Auch Ihr, edelmütige Seelen, die Ihr in diesen gräßlichen Zeiten der Verderbnis und Barbarei noch eine wackere und gefühlvolle Seele Euer eigen nennt, Ihr, die Ihr mich in meinen langen und unheilbaren Übeln unterstützt, aufgenommen, getröstet habt, empfangt meinen Dank und mein letztes Lebewohl. Ich kann Euch hier nicht nennen, denn Euer Edelmut wäre ein Verbrechen; aber die Tugend ist ihr eigener Lohn, und die Erinnerung an das Gute, das man getan hat, bringt der Seele eine süße Freude, deren Seligkeit die Tyrannei nicht ändern kann. Lebt wohl Ihr alle, lebt wohl!!

JÉRÔME PETION DE VILLENEUVE
3. Januar 1756 – 18. Juni 1794

Zusammen mit Buzot und Robespierre gehörte er zu den radikalsten Republikanern. Als Präsident des Jakobinerclubs putschte der redegewandte Advokat die Massen auf und beantragte im Namen der Pariser am 3. August 1792 in der Nationalversammlung die Absetzung des Königs. Wegen seiner Kontakte zu den Girondisten wurde er von den Jakobinern verhaftet, konnte jedoch vor der drohenden Hinrichtung mit seinen Freunden fliehen. Zusammen mit Buzot brachte er sich nach der Niederlage der föderalistischen Truppen auf einem Feld bei St.-Emilion um. Der Abschiedsbrief an seinen Sohn ist eine wütende Anklage gegen jenen politischen Radikalismus, den er selbst geschürt und gefördert hatte.

Liebes Kind, Gegenstand meiner teuersten Hoffnungen, Trost meiner Tage, armes Kind, was wird aus Dir werden? Ach, vielleicht wirst Du Deinen Vater niemals wiedersehen, diesen Vater, der Dich liebt, der Dich anbetet, der über Deine jungen Jahre wachen, Dir Führer und Stütze sein wollte. – Möchten die Bösewichte, die mich verfolgt haben, ihren Zorn nicht auch auf Dich fallen lassen! Ich hinterlasse Dir nichts als ein fleckenloses Andenken. Das kleine Erbe, das ich besaß, ist diesen Räubern zur Beute geworden. Undankbarkeit, Ungerechtigkeit und Unglück aller Art, das war der Lohn für die Dienste, die ich meinem Land geleistet habe. Ich habe hier die Skizze all dieses Unglückes entworfen. Dir übergeb ich sie; lerne an meinem Beispiel, das widrige

Geschick tapfer zu ertragen. Ich habe viel gelitten. Ich hätte noch mehr erduldet, ohne von meinem Geschick mich erdrücken zu lassen. Der gute Mensch hat mitten im Unglück Tröstungen und Genüsse, die der Schlechte nicht einmal im Wohlstand kennt.

Mein Freund, lasse Dich nie von den Ereignissen zu Boden drücken. Mache Dich, soviel Du nur kannst, unabhängig von Menschen und Sachen; mache Dir wenig Bedürfnisse, das ist das sicherste Mittel, zu dieser Unabhängigkeit zu gelangen; sei mäßig, um stark zu sein; sei mäßig, um Herr über Dich selbst zu sein. Habe Strenge in den Sitten, Stolz im Charakter; sei offen, frei und edelmütig. Biegsamkeit im Auftreten, Verstellung und Schmeichelei würden Dir zu mehr Anhängern verhelfen, würden Dir leichter den Weg zu Ehren und Glück eröffnen; aber verachte diese Sklavenwege; wirst Du weniger gefallen, so behältst Du dafür das Gefühl Deiner Würde. Zähle wenig auf Freundschaft; zähle wenig auf Dankbarkeit; die wahren Freunde sind selten, und die Wohltaten erzeugen fast immer Undankbare.

Tu das Gute um des Guten willen, tu es, weil Du ein Mensch bist; sei menschlich und edel, Sklave Deines Worts, unerschütterlich in Deinen Grundsätzen, laß lieber Dich betrügen, als daß Du jemals die andern betrügst; liebe die Freiheit über alles.

Der Gedanke soll Deinem Geist oft gegenwärtig sein, daß Du nur einen Augenblick zu leben hast; ich kann Dir nicht sagen, wie tröstlich dieser Gedanke ist, wie er die Seele erhebt, wie er den Menschen über all die kleinen Leidenschaften stellt, die ihn herabwürdigen und quälen; wie er ihn mit Verachtung auf all die Nichtigkeiten blicken läßt, denen er sonst so eifersüchtigen Wert beilegt, auf all die Gegenstände seines ewigen Suchens und Quälens, wie dieser Gedanke die Übel mildert, die unser Dasein bestürmen! Die Gewohnheit, an den Tod zu denken, läßt ihn uns kaltblütig ins Auge fassen, und einer der größten Triumphe, die der Mensch über sich selbst erlangen kann, ist das: sterben lernen. Mein Freund, ich unternehme es hier nicht, Dir die Regeln Deines Verhaltens zu entwerfen, das Du in der Welt üben sollst, ich werfe Dir flüchtig ein paar allgemeine, einfache und elementare Ideen hin. Du wirst in meinen Papieren eine Anweisung finden, die ich für Deinen Gebrauch gemacht habe. Ich habe in diesem Werke die Früchte meiner schwachen Erfahrung niedergelegt; ich wünsche, sie mögen Dir von Nutzen sein.

Ich schließe mit einem Wunsch, dem glühendsten meines Herzens, dessen Vollziehung ich Dir auftrage. Niederträchtige Menschen haben mich mit der wildesten Blutgier verfolgt; sie haben alle sozialen Gesetze mit Füßen getreten und einen Preis auf meinen Kopf gesetzt; sie haben die Ruchlosigkeit gehabt, meinen Freunden vom Henker den Kopf abschlagen zu lassen, sie haben eine noch ärgere Missetat begangen, sie haben die Freiheiten vernichtet und das Vaterland unter ein Joch gedrückt, das in der Geschichte der Völker kein Beispiel hat. Räche mich, räche meine Freunde, räche Dein Vaterland.

Ich habe nur eingewilligt, noch einige Augenblicke zu leben, um zu sehen, wie diese Ruchlosen ihre Strafe erleiden oder, wenn sie dem Racheschwert des Gesetzes entgehen sollten, um sie mit meinen eigenen Händen der göttlichen Gerechtigkeit als Opfer darzubringen. Die größte meiner Folterqualen wäre, denken zu müssen, daß so arge Missetaten ungestraft blieben; die Rache ist hier die heiligste der Pflichten. Die Verzeihung wäre der strafbarste Akt. Hüte Dich, Dich von dem Anschein der Größe fangen zu lassen, der im Vergessen der Kränkungen liegt, es ist keineswegs groß, ungerecht zu sein, die Gerechtigkeit ist die wahre Tugend; sonst wären die Bösewichter ja die einzigen auf der Erde, die in Ruhe die Frucht ihrer Verbrechen genössen; eine sträfliche Verachtung oder falscher Edelmut würde sie vor den Strafen schützen, die an die Missetaten geknüpft sind, während der gute Mensch alles zu leiden hätte! Fern von uns diese abscheuliche, trostlose Lehre, die das Verbrechen begünstigt und der Unschuld verhängnisvoll ist! Mein Sohn, entweder werden die Henker Deines Vaters und Deines Landes der Strenge des Gesetzes überantwortet und büßen ihre zahlreichen Attentate auf dem Blutgerüst, oder Du hast die Pflicht, Dein Vaterland von ihnen zu befreien. Sie haben alle Bande der Gesellschaft zerschnitten; ihre Verbrechen sind derart, daß keine gewöhnlichen Regeln mehr auf sie anwendbar sind. Sie sind Ungeheuer, von denen die Erde zu reinigen jeder befugt ist. Durch ein bis auf unsere Tage unerhörtes Dekret, das vor Entsetzen schaudern läßt, haben sie meine Freunde und mich, indem sie uns außer das Gesetz stellten und jeden Bürger in einen Henker verwandelten, um uns zu ermorden, aus der Gesellschaft isoliert, sie haben alle Verträge zwischen sich und uns zerrissen, nichts ist uns mehr geblieben als das Recht der Natur; Du bist ich; so bist Du befugt, diese Rechte gegen sie anzuwenden.

Wenn aber noch ein Schatten von Gerechtigkeit auf Erden bleibt, wenn Gerichte sich dieser Kannibalen bemächtigen, dann laß das Gesetz seinen Gang gehen; tu noch mehr, fordre, daß das Gesetz mit den schützenden Formen funktioniere, die ihm eigen sind; daß diese Ungeheuer keineswegs vor Ausnahmegerichte gestellt werden; daß man nicht das grauenhafte Beispiel nachahme, das sie gegeben haben, als sie so viele Unschuldige von Blutrichtern, die ihnen verkauft waren, nach dem Gutdünken ihrer Launen schlachten ließen.

Mein Freund, ich bin nicht mehr unruhig –, daß mein Wunsch erfüllt werde. Ich habe ihn Dir ausgesprochen, er wird erfüllt werden, ich werde ruhig sterben.

Sei glücklicher als ich.

CAMILLE DESMOULINS

2. März 1760 – 5. April 1794

Er war einer der Initiatoren des Sturms auf die Bastille (1789) und seit 1791 der engste Mitarbeiter Dantons. Nie hatte er gedacht, dass die von ihm angeführte Revolution seinen Tod fordern würde. Als Danton die Macht entglitt, bedeutete dies auch das Ende seines begabten Redenschreibers. Mit Danton zusammen wurde er guillotiniert.

An seine Frau Lucile

1. April 1794

... In diesem Augenblick komme ich vom Verhör durch die Kommissare der Regierung. Es wurde mir nur die Frage vorgelegt, ob ich mich gegen die Republik verschworen hätte. Welche Lächerlichkeit! Kann man den reinsten Republikanismus so beschimpfen! Ich sehe, welches Los mich erwartet. Leb wohl.

Du siehst in mir ein Beispiel der Barbarei und der Undankbarkeit der Menschen. Meine letzten Augenblicke sollen Dir keine Schande machen. Du siehst, daß meine Furcht begründet war, daß meine Ahnungen immer wahr gesagt haben. Ich habe eine Frau gehabt, die himmlisch war um ihrer Tugenden willen; ich war ein guter Mann, ein guter Sohn; ich wäre auch ein guter Vater geworden. Ich nehme die Achtung und das Bedauern aller wahren Republikaner, aller Menschen, die Tugend und Freiheit lieben, mit ins Grab. Ich sterbe mit vierunddreißig Jahren, aber es ist ein Wunder, daß ich in diesen fünf Jahren an so vielen Abgründen der Revolution vorbeigegangen bin, ohne hineinzustürzen, und daß ich noch da bin und meinen Kopf beruhigt auf das Kissen meiner Schriften lege; wohl sind ihrer zu viele, aber sie atmen alle die nämliche Menschenliebe, das nämliche Verlangen, meine Mitbürger glücklich und frei zu machen, und das Beil der Tyrannen wird sie nicht treffen. Ich sehe wohl, daß die Macht alle Menschen berauscht und daß alle wie Dionys von Syrakus sagen: »Die Tyrannei ist eine schöne Grabschrift.« Aber tröste Dich, verlassene Witwe! Die Grabschrift Deines armen Camille ist glorreicher: es ist die der Tyrannentöter Brutus und Cato. O meine liebe Lucile! Ich war dazu geschaffen, Verse zu machen, die Unglücklichen zu verteidigen, Dich glücklich zu machen, mit Deiner Mutter und meinem Vater und ein paar Menschen nach unserem Herzen ein Otahaiti zu gründen. Ich hatte von einer Republik geträumt, vor der jeder Mensch gekniet wäre. Ich konnte nicht glauben, daß die Menschen so wild und ungerecht sind. Wie konnte ich denken, daß ein paar Scherze in meinen Schriften, gegen Kollegen, die mich gereizt hatten, das Andenken an meine Verdienste verlöschen würden! Ich verhehle es mir nicht, ich sterbe als Opfer für diese Scherze und für meine Freundschaft zu Danton. Ich danke meinen Mördern, daß sie mich mit ihm und Philippeaux sterben lassen; und da meine Kollegen feige genug gewesen sind, uns preiszugeben und ihr Ohr Verleumdungen zu leihen, die ich keineswegs kenne, die aber ganz sicher die gröbsten sind, so darf ich sagen: Wir sterben als Opfer unseres Mutes, weil wir zwei Verräter angezeigt haben, und unserer Liebe zur Wahrheit. Wir dürfen ruhig das Zeugnis mit uns nehmen, daß wir als die letzten Republikaner zugrunde gehen. Verzeihung, Geliebte, mein wahrhaftes Leben, das ich in dem Augenblick, wo man uns getrennt hat, verloren habe, jetzt beschäftigt mich nur noch mein Andenken. Ich sollte mich vielmehr damit beschäftigen, es Dich vergessen zu lassen. Meine Lucile, mein guter Lulu! Lebe für Horaz, sprich ihm von mir. Du wirst ihm sagen, was er von mir nicht hören kann, daß ich ihn sehr geliebt habe. Obwohl ich zur Richtstätte muß, glaube ich, daß es einen Gott gibt. Mein Blut wird meine Fehler, die Schwächen der

Menschlichkeit tilgen; und was ich Gutes gehabt habe, meine Tugenden, meine Freiheitsliebe, wird Gott belohnen. Ich werde Dich einst wiedersehen, o Lucile! Empfindsam wie ich war, ist da der Tod, der mich vom Anblick so vieler Verbrecher befreit, ein so großes Unglück? Leb wohl, mein Leben, meine Seele, meine Gottheit auf Erden. Ich hinterlasse Dir gute Freunde, alles, was es an tugendhaften und fühlenden Menschen gibt. Ich sehe sie, meine Vielgeliebte! Meine Lucile! Meine gebundenen Hände umarmen Dich, und mein Kopf läßt noch, wenn er vom Rumpfe getrennt ist, seine sterbenden Augen auf Dir ruhen.

SEBASTIAN ROCH-NICOLAS CHAMFORT
6. April 1741 – 13. April 1794

Berühmt wurde er erst zehn Jahre nach seinem Tod, als man unter geänderten politischen Umständen es wagen konnte, seine scharfzüngigen Anekdoten und Aphorismen zu veröffentlichen. Sein in Deutschland unbekanntes Werk ist eine an Sarkasmus kaum zu überbietende Skandalgeschichte der Französischen Revolution, der er sich zunächst begeistert angeschlossen hatte. Als Mitglied der Académie Française brachte er es kurzzeitig zum Leiter der Pariser Nationalbibliothek. Er kannte den Terror der fundamentalistischen Revolutionsgarden und verübte, als er wegen mangelnder revolutionärer Aktivität zum Verhör abgeholt werden sollte, einen Selbstmordversuch, an dessen Folgen er starb. Er konnte die folgende Erklärung nur noch diktieren, unterschrieb sie aber selbst.

Ich, Sebastian Roch-Nicolas Chamfort erkläre, daß ich lieber als freier Mann sterbe, als mich wie ein Sklave ins Gefängnis abführen zu lassen. Sollte man ungeachtet meines gegenwärtigen Zustandes mich mit Gewalt dorthin schleppen wollen, erkläre ich, noch genügend Kraft zu besitzen, um zu vollenden, was ich begonnen habe. Ich bin ein freier Mann; lebend wird man mich niemals ins Gefängnis bringen.

ANTOINE LAURENT DE LAVOISIER
26. August 1743 – 8. Mai 1794

Er war ein so vielseitiger Naturwissenschaftler, dass seine bahnbrechenden Entdeckungen den Zeitgenossen gar nicht auffielen. Steuerverwalter, Leiter der Schießpulverfabrikation, Direktor des Nationalschatzes und Erneuerer der Maß- und Gewichtssysteme – diese Tätigkeiten nahm man wahr, nicht jedoch die Fülle chemischer Entdeckungen und Entwicklungen, die ihn zum Begründer der neuzeitlichen Chemie machten. Wegen einer angeblichen, Jahre zurückliegenden Erpressung wurde er das Opfer des revolutionären Terrors.

An seinen Vetter Augez de Villers

7. Mai nachts.
Ich habe eine ziemlich lange und vor allem glückliche Laufbahn hinter mir und glaube, man wird meinen Namen mit Trauer und Ehren nennen. Was kann ich mehr wünschen. Die Ereignisse, in die ich verstrickt

bin, werden mir wahrscheinlich die Beschwerden des Alters ersparen. Ich werde in meiner vollen Kraft sterben, was einer von vielen Vorteilen ist, die ich genossen habe. Wenn mich etwas bedrückt, so ist es nur, daß ich für meine Familie nicht mehr tun konnte, von allem entblößt bin und weder ihr noch Ihnen ein Unterpfand meiner Anhänglichkeit und Dankbarkeit geben kann. Es ist also wahr, daß die Übung aller sozialen Tugenden, wichtige dem Vaterlande geleistete Dienste, eine Lebensarbeit nützlich angewandt für die Entwicklung der Humanität und des menschlichen Wissens nicht genügen, um uns vor dem schrecklichen Ende, wie ein Verbrecher unterzugehen, zu bewahren.

Ich schreibe Ihnen heute, denn morgen schon wird es mir vielleicht nicht mehr gestattet sein, und es ist ein süßer Trost mich mit Ihnen und den Personen, die mir in diesen letzten Augenblicken teuer sind, zu befassen. Vergessen Sie nicht, daß dieser Brief allen denen gehört, die Anteil an mir nehmen. Es ist wahrscheinlich der letzte, den ich Ihnen schreiben werde.

Lavoisier.

GOTTFRIED AUGUST BÜRGER
31. Dezember 1747 – 8. Juni 1794
Eine tragische Gestalt: Früh erfolgreich mit Balladen wie »Lenore«, die auch scharfe sozialkritische Motive gegen Adel und Militär enthielten, trank sich der gelernte Jurist zuerst als Amtmann, dann als unbesoldeter Professor

durch drei bizarre Ehen, womit man in Berlin berühmt, aber in Göttingen nur unglücklich werden konnte –, und dann wurde er durch einen einzigen bösartigen Verriss seines Konkurrenten Schiller (»Über Bürgers Gedichte«, 1791), der ihm nicht nur seinen Erfolg vorwarf, sondern auch den »sinnlichen, oft gemeinsinnlichen Charakter«, vernichtet und praktisch seines Lebenswerks beraubt. An Goethe schrieb er: »Ich bin tot ..., ich bin in kalten Wasserfluten versoffen und versaufe täglich mehr und sterbe täglich mehr, und meine Lebenskräfte sind ausgetrocknet oder erstarrt bis auf die Galle.« Die Olympier indes waren froh, einen Konkurrenten erledigt zu haben, deshalb kümmerte sie das Schicksal Bürgers nicht. Sein letzter Brief resümiert die Situation des inzwischen völlig verarmten Dichters, dem die Nachwelt die unsterblichen Münchhausen-Geschichten verdankt.

An Professor Heyne in Göttingen

Göttingen,
den 16. März 1794.

Theuerster Herr Hofrath!
Ich kann und darf noch nicht wieder ausgehen; muß Euer Wohlgeb. also meine dringende Bitte schriftlich an das Herz legen, so gern ich dieß auch mit besserer Fülle der Motive mündlich getan hätte.

Bester Mann, Sie äußerten neulich eine so wahre Rührung, eine so herzliche Theilnahme an meinem traurigen Schicksale, daß es mir seitdem zu einem süßen Troste gereicht hat. Ich rede also unbefangen, und unbekümmert um die Wahl der Worte zu Ihnen, wie mir das volle, aufrichtige Herz gebietet ...

Ich kann ohne Gehalt, besonders nach meinen letzten Fatalitäten, durchaus hier nicht länger bestehen. Wird es mir noch länger entzogen, so muß ich gewiß und wahrhaftig meine Professorstelle niederlegen; und ich bin nach reifer Überlegung dazu entschlossen, so fatal auch der Schritt in manchen Rücksichten ist ... Ich muß, ich muß meine Stelle verlassen, um von hier weg, auf irgend ein bequemes, wohlfeiles Dorf ziehen und daselbst eingeschränkt von meinem Wenigen, wie ein armer Dorfpastor von seiner Drei bis Vierhundert Thaler Pfarre leben zu können. Hier in Göttingen kann ich, ohne den Professorstand verächtlich zu machen, eine Familie von sechs Personen auf keine Weise unter 600 Rth. jährlich durchbringen ...

Ich weiß wohl, daß ich in meinen jüngern Jahren durch mancherlei Verkettungen, durch Leidenschaften und Unbesonnenheiten hingerissen, die doch die gutmütige billige Menschlichkeit gern entschuldigen dürfte, manchen unnützen Streich begangen, dagegen manches nützliche unterlassen und mich dadurch in einen fatalen Mißkredit gesetzt habe. Aber nie haben wohl einem Menschen seine Gebrechen und Fehltritte mehr Nachtheil gebracht, keinem sind sie wohl in den verzerrtesten Karricatur-Zeichnungen länger mit lautem Geschrei nachgetragen worden, als mir ... Theuerster Mann, ich schmeichle mir, wenn Sie mich näherer Bekanntschaft würdigen wollten, Sie würden meinem Charakter, meinen Gesinnungen Ihre Achtung – selbst Ihre Freundschaft nicht versagen. –

Ich muß abbrechen, weil ich unvermerkt schon so viel, und wirklich nicht zum Vortheil meiner Gesundheit dahingeschrieben habe. Aber wie vieles hätte ich nicht noch zu sagen und Rath zu fragen! ... Sie sind mir gewiß nicht abgeneigt. Desto eher darf ich meine Beschwörung wiederholen. Lassen Sie es sich zu Herzen gehen, was Krankheit, Niedergeschlagenheit des Geistes, Kummer und Noth sind!

Ich danke gehorsamst für die Nachricht von meinem Neveu und bin mit der unwandelbarsten Anhänglichkeit und Verehrung

Ew. Wohlgeboren
gehorsamster Diener
B.

FRANÇOISE-THÉRÈSE CHOISEUL-STAINVILLE, FÜRSTIN VON MONACO
8. Dezember 1766 – 26. Juli 1794

Die fünfundzwanzigjährige Schwiegertochter von Honorius II., Fürst von Monaco, wurde allein aufgrund ihres Namens ein Opfer des Revolutionsregimes. Sie gehörte nämlich zur französischen Familie Choiseul, deren bekanntester Vertreter der verdienstvolle Außenminister Etienne-François, Herzog von Choiseul und Marquis von Stainville (1719 – 1785) gewesen war. Trotz seiner diplomatischen Fähigkeiten war er als Günstling der Madame Pompadour beim Volk verhasst. Thérèse berief sich in der Verhandlung formal zu Unrecht auf ihre auswärtige Herkunft, weil das Fürstentum Monaco seit 1731 französisches Herrschaftsgebiet war. Nach der Verurteilung erklärte sie, schwanger zu sein, und wurde in das Gefängnis zurückgebracht. Warum sie nicht länger als einen Tag bei dieser Notlüge blieb, ist unbekannt. Schon einen Tag später traf das Todesurteil ihre Ankläger.

An Fouquier-Tinville

Eilt sehr.
Ich teile Ihnen mit, Bürger, daß ich nicht schwanger bin. Ich habe Ihnen das persönlich sagen wollen; da ich nicht hoffen kann, daß Sie kommen, melde ich es Ihnen auf diesem Wege. Ich habe meinen Mund mit dieser Lüge keineswegs aus Furcht vor dem Tode oder um ihn zu vermeiden, beschmutzt, sondern um mir noch einen Tag zu leben zu schenken, damit ich mir selbst die Haare abschneiden konnte und sie nicht von der Hand des Henkers abgeschnitten wegschenken muß. Sie sind das einzige Vermächtnis, das ich meinen Kindern hinterlassen kann; das soll sie wenigstens rein erhalten.
Thérèse Choiseul-Stainville-Joseph-Grimaldi-Monaco,
eine fremde Fürstin, die an der Ungerechtigkeit
der französischen Richter stirbt.

GIACOMO CHEVALIER DE SEINGALT
GEN. CASANOVA
2. April 1725 – 4. Juni 1798
Im Lauf seines abenteuerlichen Lebens war er Arzt, Jurist, Alchemist, Diplomat, Spieler und schließlich auch Schrift-

steller – im Gedächtnis geblieben ist er aber fälschlich nur als Frauenheld. Er hat mehrere Millionen Euro verschenkt, verspielt, verlebt, vor allem für Bestechung und Frauen, oft für beides gleichzeitig. Für ihn selbst blieb nichts. Mit sechzig Jahren war er ein armer Mann und musste sich vom Grafen Waldstein im böhmischen Dux als Bibliothekar anstellen lassen. In dieser finsteren Einöde hat er noch dreizehn Jahre gelebt und täglich an seinen berühmten Memoiren gearbeitet. Dass ihn Elisa von der Recke besuchen wollte, ist nicht verwunderlich: Sie sammelte berühmte Männer von Berlin bis St. Petersburg, seit sie selbst nach ihrer Entlarvung des Scharlatans Cagliostro eine europäische Berühmtheit geworden war. Ihre Tagebücher zeigen sie als nüchterne, moralisch wenig tolerante Person. Die letzte Krankheit Casanovas, die ihren Besuch verhinderte, dürfte beide vor einer Enttäuschung bewahrt haben.

Dux,
am Freitag zu Mittag (1798).

Gnädige Frau!

Die Natur hat mich durch eine schmerzliche Krankheit zu einem langsamen Tod verurteilt, aber Gott sei Dank ihr Ende ist nicht entfernt. Da ich keine Nahrung nehmen kann, ist meine Schwäche derart übertrieben worden, daß ich mein Bett nicht mehr verlassen kann. Ohne das, gnädige Frau, würde ich Ihnen meine Schuldigkeit erweisen. Herr Sprengtporten hat mich über Ihre Ankunft hier unterrichtet, und ich hoffte damals, mich wieder herzustellen, aber gegenwärtig ringe ich mit dem Tode. Bis zu meinem letzten Augenblick, gnädige Frau, werde ich die Ehre haben zu sein, Ihr sehr ergebener und sehr gehorsamer Diener

Casanova

Erinnerungen täuschen: Vierzig Jahre nach dem Tod des Freundes schrieb Ludwig Tieck, Novalis sei »der gesundeste, frohsinnigste Mensch« gewesen, der »unerwartet an der Schwindsucht« gestorben wäre. In Wahrheit stammte er, wie Caroline Schlegel schrieb, aus einem »sehr belasteten Haus«, und tatsächlich hat Novalis im engen Umfeld seines kurzen Daseins wenig mehr erfahren als Siechtum, Depressionen, Selbstmord und Hypochondrie. Er selbst kränkelte lebenslang, und für die Freunde war sein früher Lungentod absehbar. Seine Schriften sind vom Todesgedanken durchdrungen und versuchen, ihn auf christlich-logische Weise aufzuheben. Solche Poesie der Gegensätze, die vom brillanten Aphorismus bis zum konservativen Traktat reicht, hat Novalis zu einem der am häufigsten missverstandenen Autoren der deutschen Geistesgeschichte gemacht. Sein letzter bekannter Brief galt seinem Lehrer, dem Kreisamtmann Just, der auch sein erster Biograph wurde.

Weißenfels: den 1ten Februar 1801.

Sonntag

Nach einer langen Pause wieder ein freundlich Wörtchen. Die Zwischenzeit war der Mittheilung nicht günstig. Erst jetzt scheint es mir wieder vorwärts zu gehen. Die Milch scheint mir gut zu bekommen, deren alleiniger Genuß jetzt meine Kur ausmacht. Mein Vater holte mich von Dresden ab, welchen Aufenthalt ich sehr gern verließ. Ich bedurfte Ruhe, und Julie auch, die mit herreißte und bey mir bleibet. Ich habe in Dresden viel lehrreiche Erfahrungen gemacht. Mit dem Schreiben geht's noch schlecht, aber Lesen, Denken und Theilnehmen kann ich wieder etwas. Grüßen Sie Ihre Frau und Nichte herzlich. Ich freue mich erstaunend, Sie zu sehen, was doch auf die Messe geschieht. Behalten Sie mich alle recht lieb und denken Sie oft an

Ihren Sie innigst liebenden Freund
Friedrich von Hardenberg.

JOHANN WILHELM LUDWIG GLEIM
2. April 1719 – 18. Februar 1803

Schon zu seinen Lebzeiten wollte kein Verleger mehr seine Gedichte drucken. Das Publikum war dem alten Gleim weggestorben; als Leser hatte er nur noch wenig Freunde. Dennoch sprachen auch die jüngeren Dichterkollegen voller Hochachtung vom »Vater Gleim«, weil er viele von ihnen, wie z.B. Jean Paul, uneigennützig gefördert und unterstützt hatte. Nicht durch seine zu Recht vergessenen Gedichte, sondern durch seine literarische Vermittlertätigkeit leistete er einen wichtigen Beitrag zur Literaturgeschichte.

Halberstadt, den 24. Jan. 1803.
Ich sterbe, lieber Klopstock! – Als ein Sterbender sag'
ich: In diesem Leben haben wir für und miteinander
nicht genug gelebt; in jenem wollen wir's nachholen.
Die Muse hat mich bis an den Rand des Grabes begleitet und steht noch bei mir. – Gedichte, vom alten
Gleim auf seinem Sterbebette, werden jetzt zum Ab-
druck für wenige Leser ins Reine geschrieben. Ein Ex-
emplar von den Nachtgedichten send' ich nur meinem
Klopstock, weil ich glaube, daß er allein nichts An-
stößiges in ihnen finden wird. Mehr zu dictieren, fällt
mir schwer.

Grüßen Sie die Freundin Ihres Herzens, den lieben
Victor und seine verständige Hausfrau, die sich meiner
erinnert haben, die drei Reimarus, die Freundin zu Ham
und Alle, die meinen Klopstock lieben. –

Ich lasse mich in meinem Garten begraben. Um das
Grab herum stehn in Marmor die Urnen meiner mir
vorangegangenen Freunde. –

Tante Nichte empfiehlt sich ihrem Klopstock. –

FRIEDRICH GOTTLIEB KLOPSTOCK
2. Juli 1724 – 14. März 1803

Wie Gleim war auch Klopstock noch zu Lebzeiten eine ana-
chronistische Gestalt geworden. Sein *Messias* war zuerst
1748 erschienen und hatte für Klopstocks Ruhm gesorgt,
aber seither war die Literatur über ihn hinweggegangen.
Bekannter als seine eigenen Gedichte waren inzwischen
Lessings Zeilen: »Wer wird nicht einen Klopstock loben?

Doch wird ihn jeder lesen? – Nein!« Aber er fühlte sich immer noch als Praeceptor Germaniae, rügte Goethe wegen seines unmoralischen Lebenswandels, was sich dieser entschieden verbat, bemäkelte den *Götz* genauso wie den *Faust* und merkte nicht, dass seine Meinung niemanden mehr kümmerte. Am Ende konnte er, wie sein letzter Brief zeigt, nicht einmal mehr seine Arztrechnung bezahlen und musste bei seinem Gönner betteln.

An den Markgrafen von Baden

Hamburg den 10. Nov. 1802
Durchlauchtiger Markgraf, gnädiger Fürst und Herr!
Ich bin, seit dem Anfang des Mays, bald krank, bald kränklich gewesen, kurz, ich merke, daß ich das letzte Jahr vor dem achtzigsten erreicht habe. Dieß mein Befinden hat dann leider gemacht, daß ich die vortreffliche Tochter von Ew. Hochfürstlichen Durchlaucht nicht gesehen habe. Aber meine Frau hat Sie gesehen, und gegen diese hat Sie sich so liebenswürdig betragen, daß ich mein Nichtsehen beynah vergessen konte.

Ich bin so glücklich gewesen, veranlassen zu können, daß der Kaiser von Rußland, den ich liebe, mir für die Ode (die ich beylege) kein Geschenk gemacht hat, wie verschiedene Gelehrte und Künstler von ihm erhalten haben, Denn er hat gesehn, daß jene Ode solche Absichten nicht hatte, sondern daß sie allein durch liebende Verehrung entstanden war. Vor einiger Zeit besuchte mich der russische Oberkammerherr, und es war mir kein kleines Vergnügen, daß er die eben angekommenen, sehr getroffenen Gipsabbildungen des Kaisers und seiner Gemahn bey mir fand, und ich nun so gute Gelegenheit hatte, von ihm und von ihr, recht nach Herzenslust zu sprechen.

Mich verlangt sehr danach, von Ew. Durchlaucht zu hören, ob ich meinen Wunsch, griechische M. S. aus der großsultanischen Folterkammer zu bekommen, nun völlig aufgeben, und also geduldig zusehen soll, daß sie der englische Gesandte in Konstantinopel, der auch sein Auge darauf geworfen hat, in Besitz nehme, oder ob ich mir noch einige Hoffnung machen darf, sie durch den russischen Gesandten zu erhalten.

Der Prinz von Wallis hat, wie Ew. hochfürstliche Durchlaucht wissen, einen Gelehrten nach Neapoli geschickt, und der läßt die herkulanischen M. S. aufrollen, oder vielmehr die beinahe verbrannten in kleinen Theilen abnehmen. Vor ziemlich langer Zeit stand mir der Sinn auch nach diesen M. S. Die Königin war mir auch gar nicht abgeneigt. Aber da Sie zuletzt erfuhr, (ich hatte es in Wien so zu machen gewußt, daß auch die Prinzessin Christine, Herzogin von S. T. die Sache befördern wollte), daß an den M. S. gleichwol etwas gelegen seyn könte, geriethen meine Wünsche, die freylich eines Ausländers, auf Einmal unter die zahllosen unerfüllten.

Ew. Durchlaucht vermuten gewiß von mir, ohne daß ich es Ihnen sage, daß mir Ihr weises Betragen, bey Ihren Besitznehmungen, nicht wenig Freude mache; aber erlauben Sie gleichwol, daß ich es Ihnen sage. Mein vortrefflicher Arzt, der zugleich mein Freund ist, besucht mich seit dem Anfang des Mays beinah alle Tage; allein wegen der hiesigen Theurung fast aller Sachen, die schon lange gedauert hat und noch fortdauert, bin ich nicht im Stande, mich gegen ihn, der es doch bedarf, erkenntlich zu bezeigen. Dieß drückt mich; aber nach meiner Denkart drückt es mich auch, gegen Ew. Durchlaucht hiervon Erwähnung zu thun. Ich überlasse mich indeß mit Ruhe Ihrer edlen Art zu verfahren.

Ew. Durchlaucht wissen, mit welcher Verehrung und Liebe ich immer war und seyn werde

Der Ihrige
Klopstock

JOHANN GOTTFRIED HERDER
25. August 1744 – 18. Dezember 1803

Ihm unterstanden als Oberkonsistorialrat in Weimar nicht nur die Kirchen, sondern auch die Schulen. Die mit diesem Amt verbundenen Pflichten und Rücksichten drückten ihn und machten ihn reizbar. Er war mit allem unzufrieden; am Ende bereute er, nicht ein anderes Leben gewählt zu haben. Oft musste Goethe, der ihn nach Weimar geholt hatte, wieder in Ordnung bringen, was Herders schwarze Galle vergiftet hatte. Aber er wurde auch selbst das Opfer dieser scharfen Zunge: Nach einer Lesung der »Natürlichen Tochter« habe Herder geschwiegen, so sagen die Quellen, und Goethe fragte ihn direkt, ob ihm das Stück nicht gefallen hätte. »Oh doch«, habe Herder geantwortet, »am Ende ist mir aber doch dein natürlicher Sohn lieber als deine ›Natürliche Tochter‹.« Damit war auch diese schon häufig gefährdete Freundschaft beendet. Herder starb nach einem langsamen Zusammenbruch aller Lebensfunktionen; sein letzter Brief galt nicht seinen Neigungen, sondern der Pflicht.

An Karl August Böttiger

Weimar, November 1803

Ueberbringer dieses, Johannes Wilhelm Schwarz, aus Gebstedt, ein mit Talenten zur Musik, die er fast ohne Unterricht erlernt hat, vorzüglich begabter u. sonst Hoffnungsvoller Mensch ist ins Seminarium aufgenommen worden. Ob er nun gleich im Latein noch zurück ist, so wird er, da das Seminarium mit Secunda verknüpft seyn soll, in diese Claße gesetzt werden müßen. Alle Anzeigen u. das Zeugniß Cantoris geben von ihm eine sehr gute Hoffnung.

Herder.

Euer Wohlgeboren werden die Güte haben, dem Hrn. Conrector Schwabe über die besondre Beschaffenheit dieses Subjekts mündlich Nachricht zu geben.

FRIEDRICH SCHILLER
10. November 1759 – 9. Mai 1805

Fast alle seine Dramen spielen außerhalb Deutschlands, das er selbst nie verlassen hat. Die Erfahrung musste, wie stets in seinem Leben, hinter die Idee zurücktreten. So hielt er es auch mit seinem Körper: Es sei der Geist, der sich den Körper schafft, heißt es in »Wallensteins Tod«. Anders als durch unbedingten Willen kann man sich kaum erklären, wie Schiller seine Krankheiten so lange überleben konnte. Die Obduktion jedenfalls ergab ein katastrophales Bild: Das Herz »ohne Muskelsubstanz« und in kleine Stücke zerfallend, die Leber brandig, die Gallenblase auf das Doppelte vergrößert, beide Nieren »in ihrer Substanz aufgelöst und völlig verwachsen«, die Lungenflügel »brandig, breiig und ganz desorganisiert«. Aber am 1. Mai ging Schiller noch wie gewohnt ins Theater und hielt den Schüttelfrost, an dem er anschließend litt, für unbedeutend. Sein Zustand verschlimmerte sich jedoch; am Vorabend seines Todes antwortete er auf die Frage, wie es ihm gehe: »Immer besser, immer heiterer.« Sein letzter Brief spricht die Ahnung aus, dass es nicht mehr lange weitergehen wird, und ignoriert sie zugleich.

An Gottfried Körner

Weimar, 25. April (Montag) 1805.
Die beßere Jahreszeit läßt sich endlich auch bei uns fühlen und bringt wieder Muth und Stimmung; aber ich werde Mühe haben, die harten Stöße, seit neun Monaten, zu verwinden und ich fürchte, daß doch etwas davon zurückbleibt; die Natur hilft sich zwischen 40 und 50 nicht mehr als im 30sten Jahr. Indessen will ich mich ganz zufrieden geben, wenn mir nur Leben und leidliche Gesundheit bis zum 50. Jahr aushält.

Goethe war sehr krank an einer Nierencholik mit heftigen Krämpfen, welche zweymal zurückkehrte. D. Stark zweifelt, ihn ganz herstellen zu können. Jetzt hat er sich wieder ganz leidlich erhohlt, er ging so eben aus meinem Zimmer, wo er von einer Reise nach Dresden sprach, die er diesen Sommer zu machen Lust hat. Arbeiten kann er in seinen jetzigen Gesundheitsumständen freilich nicht, und gar nichts vornehmen ist wider seine Natur. So ist ihm am besten geraten, wenn er unter Kunstanschauungen lebt, die ihm einen gebildeten Stoff entgegenbringen.

Er hat diesen Winter doch nicht unthätig zugebracht.

Außer einigen sehr geistvollen Recensionen in der Jenaischen Zeitung hat er ein ungedrucktes Mscrpt Diderots, welches uns ein glücklicher Zufall in die Hände brachte, übersetzt und mit Anmerkungen begleitet; Es kommt unter dem Titel: Rameaus Neffe bei Göschen heraus und ich schicke Dirs, sobald es gedruckt ist. Diderots Geist lebt ganz darinn, und auch Goethe hat den seinigen darinn abgedruckt. Es ist ein Gespräch, welches der (fingierte) Neffe des Musicus Rameau mit Diderot führt; dieser Neffe ist das Ideal eines Heroen unter dieser Klasse, und indem er sich schildert, macht er zugleich die Satyre der Societät, und der Welt, in der er lebt und gedeiht. Diderot hat darinn auf eine recht leichtfertige Art die Feinde der Encyclopädisten durchgehechelt, besonders Palissot, und alle guten Schriftsteller seiner Zeit an dem Gesindel der Winkelcritiker gerächt – dabei trägt er über den großen Streit der Musiker zu seiner Zeit seine Herzensmeinung vor, und sagt sehr viel vortreffliches darüber.

Außer dieser Arbeit hat Goethe auch ungedruckte Briefe von Winkelmann drucken lassen und mit seinen Zusätzen und Bemerkungen begleitet. Auch diese Schrift wird Ostern herauskommen. Poetisches ist nichts entstanden.

Ich bin zwar jetzt ziemlich fleißig, aber die lange Entwöhnung von der Arbeit und die noch zurückgebliebene Schwäche lassen mich doch nur langsam fortschreiten. Wenn ich Dir auch gleich meinen Gegenstand nennte, so würdest Du Dir doch keine Idee von meinem Stücke machen können, weil alles auf die Art ankommt, wie ich den Stoff nehme und nicht wie er wirklich ist. Der Stoff ist historisch und so wie ich ihn nehme, hat er volle tragische Größe und könnte in gewissem Sinn das Gegenstück zu der Jungfrau von Orleans heißen, ob er gleich in allen Theilen davon verschieden ist.

Von Hubers Wittwe mußt Du Dich losmachen, sobald Du kannst. Mit diesen schlechten Naturen beschmutzt man sich nur und ist nichts als Verdruß zu gewinnen. – Welche Impertinenz hatte das Weib, sich nur an Dich zu wenden, sie kann noch mehr thun, wenn Du sie nicht abschreckst.

Ist Dir der Necker'sche Nachlaß, den seine Tochter herausgab, zu Gesicht gekommen? Wo nicht, so will ich Dir ihn schicken. Es wird Dich doch interessieren, diese Schrift zu lesen, die alle Kläffer in Paris gegen Madame Staël in Bewegung sezte. – Sie lobt ihren Vater freilich zu unverschämt, aber es steht ihr nicht übel. – Das Buch enthält gerade nicht viel wichtiges aber doch manches curiose, worunter ein kleiner Roman von dem alten Necker eine seltsame Figur macht.

Herzlich grüßen wir euch alle. – Lebewohl

Dein
Schiller

HORATIO NELSON
29. September 1758 – 21. Okt. 1805

Die Tapferkeit dieses englischen Admirals ist ebenso legendär wie seine romantische Liebe zu Lady Emma Hamilton, der Gattin des britischen Botschafters in Neapel. Als Oberbefehlshaber der britischen Flotte im Mittelmeer vernichtete er die französische Flotte in der Seeschlacht bei Abukir (1798) und verlor dabei seinen rechten Arm. Die Schlacht von Trafalgar (1805), in der er die vereinigte französisch-spanische Flotte schlug und dadurch die britische Seeherrschaft sicherte, wurde sein Schicksal: In seiner Paradeuniform und geschmückt mit den höchsten Orden stellte er sich den französischen Gewehrfeuern und wurde tödlich getroffen. Als man ihn in die Kajüte trug, fand man seinen letzten, in der Todeserwartung geschriebenen Brief, in dem er seine Geliebte und ihre Tochter dem Schutz des Vaterlandes anvertraute. Sein letzter Wunsch an den Kapitän war, man möge seinen Leichnam nicht, wie es üblich war, ins Meer werfen, sondern ihn in der heimatlichen Erde bestatten. So geschah es.

An Emma Lady Hamilton

19. Oktober.

Meine geliebteste Emma, teure Herzensfreundin – es wurde signalisiert, daß die vereinigten Flotten des Feindes aus dem Hafen auslaufen. Es ist ziemlich windstill und ich habe daher keine Hoffnung, sie vor morgen vor Augen zu bekommen. Möge der Schlachtengott mein Unternehmen mit Erfolg krönen; aber was auch geschieht, mein Name soll Dir und Horatia, euch Beiden, die ich liebe wie mein eigenes Leben, immer teuer bleiben. Das wird mein letztes Schreiben an Dich vor der Schlacht sein. Ich hoffe, Gott wird mir Leben schenken, um meinen Brief nach der Schlacht beenden zu können. Der Himmel segne Dich. Das bittet

Dein Nelson and Brontë.

An Horatia Nelson Thompson,

Mein teuerster Engel – ich freute mich, als ich Deinen Brief vom 19. September erhielt und hörte, daß Du ein braves Mädchen bist; liebe meine teure Lady Hamilton, die Dich so innig liebt. Gib ihr einen Kuß für mich. Die vereinigten Flotten des Feindes kommen, wie mir gemeldet wird, jetzt aus dem Hafen von Cadiz heraus; deswegen beantworte ich rasch Deinen Brief, liebe Horatia, damit Du siehst, daß Du in meinen Gedanken immer obenan stehst. Ich bin sicher, Du wirst für meine Sicherheit, den Sieg und baldige Heimkehr zur guten Merton und unserer liebsten Lady Hamilton beten. Sei ein gutes Mädchen. Denke, was Miß Conner Dir sagt. Nimm, liebe Horatia, den inbrünstigen Segen Deines Vaters

Nelson and Brontë.

18. November 1768 – 26. August 1806
Während der Besatzung durch Napoleon hatte der Buchhändler und Verleger in Nürnberg eine anonyme anti-
französische Flugschrift gedruckt mit dem Titel »Deutschland in seiner tiefsten Erniedrigung«. Als schärfsten Satz
enthielt sie die Aufforderung: »Weine laut auf, biederer,
edler Deutscher!« Napoleon verstand dies als Aufruf zum
Widerstand, und da er des Autors nicht habhaft werden
konnte, ließ er den Verleger verhaften. Vermutlich hätte
Palm sein eigenes Leben durch Benennung des bis heute
anonymen Autors retten können. Er tat es nicht und wurde erschossen.

An seine Frau

Herzens-Schatz! Herzlich geliebte Kinder!
Von Menschen, aber nicht von Gott verlassen, urtheilte
mein hiesiges Militärgericht über mich, nachdem ich
nur 2 Verhöre hatte, und gefragt wurde: ob ich politische Schriften verbreitet hätte; ich sagte was ich wußte,
daß höchstens nur pr. Spedition zufälliger Weise der-
gleichen könnte versandt worden sein, aber nicht mit
meinem Willen und Wissen.

Auf dies richtete man mich vom Leben zum Tod,
ohne Defensor. Ich bat mir dazu, welcher aber nicht
erschien; indessen vor Gott wird er mir erscheinen.

Dir Herzens-Frau sage 1000 Dank für Deine Liebe,
tröste Dich mit Gott, und vergesse mich nicht. – Ich
habe auf der Welt nun nichts mehr zu sagen; aber dort

desto mehr. Lebe wohl, Du und Deine Kinder, Gott segne Dich und sie.

Empfehle mich dem Herrn und der Frau Schwägerin und allen Freunden, denen ich für ihre Güte und Liebe danke.

Nochmals lebe wohl. Dort sehen wir uns wieder.

Dein herzlicher Gatte, und meiner Kinder Vater

Joh. Phil. Palm.

Braunau, im Gefängnis am 26. Aug. 1806.
Eine halbe Stunde vor meinem Ende.

UNBEKANNTER PREUSSISCHER OFFIZIER
Gefallen am 14. Oktober 1806

Nach der verheerenden Niederlage der preußischen Truppen gegen Napoleon bei Jena am 14. Oktober wurde dieser Brief von einem Bewohner des Dorfes Vierzehnheiligen auf dem benachbarten Schlachtfeld im Ranzen des getöteten Soldaten gefunden. Nach den in dem Brief erwähnten Details dürfte es sich um einen Ordonnanz des Stabes Hohenlohe gehandelt haben, der wahrscheinlich der Berliner Garnison angehört hatte. Knapp zwei Wochen nach der Schlacht zog Napoleon kampflos in Berlin ein.

Kapellendorf, Montag nachts.

Dies ist, meine Blanche, nun wohl der letzte Brief vor dem großen Spiel der Würfel und der letzte vielleicht, den ich, hingestreckt am Lagerfeuer und umgeben von dem Lärm der allenthalben schon erwachenden Armee Dir schreibe. Arme elende Zeilen, flattert denn hinweg über den Abgrund zwischen Leben und Tod, umarmt statt meiner die Geliebte!

Ach wie gern hätte ich Dir in den letzten bewegten Tagen geschrieben, wären die Ereignisse, die mannigfachen Rufe der kriegerischen Pflicht, die Schicksalsschläge nicht allzu schnell einander gefolgt! Ritte hierhin und dorthin, durch das rauhe Gebirg, durch das Gedräng der Bagagen und ermattete Truppen, die nicht immer gutwillig und oft genug verdrossen und verstört schienen. Vorgestern schickte mich der Fürst, Versprengte vom Bataillon Rabenau zu sammeln, das bei der Saalfelder Affäre engagiert gewesen war – ach, wie brach mein Herz beim Anblick dieser Männer, in deren Augen noch das Entsetzen war! Wie gedachte ich des Prinzen, der auf Adlersfittichen Preußens glanzvollste Hoffnungen trug und nun dahingemäht ist wie so viele Gefährten! Ach meine Blanche, schwer ist mein Herz, und noch schwerer ist, Dir zu sagen, wie ahnungsvoll es ist. Gestern Abend war ich bei der Avantgarde, sah in die dämmrigen Nebel des Tales hinab, spürte dort vielfach geheimnisvolles Werden und wußte: es ist das Schicksal, das uns allen von dort aufsteigt. So lange wir sind, wie wir diese Welt betreten, ist der Korse unüberwindlich – ach, und wer von uns vermöchte wohl, sich hinüberzuschwingen in eine neue, andere Zeit ohne Poesie des Gemütes? Blanche, meine Blanche, ich fühle, daß ich morgen sterben werde, das Stöhnen des Morgenwindes, der Duft des modrichten Herbstlaubes, jeder Puls des Herzens sagt es mir. Und obwohl mir

Todesangst nicht fremd ist: kann ichs denn anders wollen, und war es nicht in den reinsten Träumen so, daß ich mir den Tod des Jünglings wünschte? Das Leben ist noch verklärt und hell, mag es denn so bleiben, wenn mein Herz den letzten Schlag tut und mein letzter erlöschender Gedanke bei Dir ist.

Der Frühwind beginnt und die Feuer sind herabgebrannt, es beginnt der große Tag. Geliebte leb wohl, Freundin heiligster Stunden, ich umarme Dich als der noch Atmende, wie meine letzten Gedanken Dich umfangen sollen.

Ewig der Deine
Fritz

JOSEPH HAYDN
31. März 1732 – 31. Mai 1809

Trotz seiner großen Erfolge in London war Haydn nach seiner Rückkehr zu seinem ersten Dienstherren, dem Fürsten Esterhazy, dessen Kapellmeister er zuvor schon dreißig Jahre lange gewesen war, nicht in der Lage, seine Arztrechnungen selbst zu bezahlen. Er hatte 1795 die in Wien neu gegründete Kapelle Esterhazys übernommen; in Wien entstanden die großen Oratorien *Die Schöpfung* (1798) und *Die Jahreszeiten* (1801). Nach der festlichen Aufführung der *Schöpfung* im Dezember 1808 wagte Haydn, ein Gesuch zur Übernahme seiner Arztkosten zu stellen, das ihm umgehend bewilligt wurde. Sein letzter bekannter Brief bezieht sich auf diese fürstliche Gnade und wirft in seinem Stil ein markantes Licht auf das untertänigste Verhältnis des Komponisten zu seinem Arbeitgeber.

Durchlauchtiger Fürst,

Gnädigster Fürst und Herr,

Ew. Fürstlichen Durchlaucht lege ich für die gnädigste Bewilligung meines Gesuchs um die Huldreichste Uebernahme meiner jährlichen Ausgaben für den Arzt und für die Apothek meinen unterthänigsten Dank zu Füssen. Durch diese neue Wohlthat haben mich Ew. Fürstliche Durchlaucht von einer drückenden Sorge befreyt und mich in den Stand gesetzt, dem Ende meiner irdischen Laufbahn heiter und ruhig entgegen zu sehen.

Möchte der Himmel meine eifrigsten Wünsche für Ew. Fürstliche Durchlaucht ununterbrochenes Wohl und den immersteigenden Flor Höchstdero erlauchten Familie erhören!

Ich verharre in schuldigster Ehrfurcht

Ew. Fürstlichen Durchlaucht

Unterthänigster Diener,

Joseph Haydn mppria

Wien, d. 22sten Dec./1808.

VIER OFFIZIERE DES SCHILL'SCHEN FREICORPS
hingerichtet am 16. September 1809

Der preußische Major Ferdinand von Schill sammelte ab April 1809 aufständische Soldaten, meist idealistische Jugendliche, um mit einem unabhängigen Söldnerheer Napoleon aus Deutschland zu vertreiben. Seine unerfahrenen Truppen erlitten am 31. Mai 1809 in Stralsund eine vernichtende Niederlage. Mehr als dreihundert Soldaten fielen, 543 wurden als Gefangene nach Frankreich deportiert und zu Galeerensträflingen gemacht, vierzehn gebürtige Westfalen wurden in Braunschweig zur Abschreckung erschossen. Elf gefangen genommene Offiziere wurden am 16. September 1809 in der preußischen Festung Wesel bei Düsseldorf hingerichtet. Zu ihnen gehörten Carl von Keffenbrink und die drei anderen Offiziere, deren Abschiedsbriefe überliefert wurden.

An seine Schwester Friederike

Es ist das Schicksal der Welt, daß so viel Ungerechtigkeit gemacht wird, denn ich bin noch mit 10 meiner Kameraden zum Tode verurteilt. Gott weiß, daß ich unschuldig bin, und in dieser Hoffnung sterbe ich auch mit frohem Mut. Gott erhalte unsere Mutter. Ich schreibe Dir dieses, damit Du es ihr mit der Zeit sagen kannst. Sei nicht mißvergnügt; denn in einer bessern Welt sehen wir uns wieder. Tröste meine gute Mutter in diesem Unglück. Ich kann Dir weiter nichts sagen; mein Herz fühlet desto mehr. Grüße meinen Bruder und sage ihm, er soll den Soldatenstand bis in den Tod hassen und meine Mutter in der Wirtschaft unterstützen. Er soll sich ein Beispiel an mir nehmen. Leb wohl und vergiß nicht Deinen Dich auch noch im Tode liebenden Bruder Keffenbrink. In ein paar Stunden bin ich nicht mehr. Behalte die Ohrringe zum ewigen Gedenken.

Dem Fräulein Friederike von Keffenbrink zu Öbelitz in Schwedisch Pommern bei Stralsund.

Wenn Du Mutter es gesagt hast, so laß sie diese wenigen Zeilen lesen.

Liebe Mutter!
Bald wirst Du mir in jene Welt folgen, da werden wir uns froh wiedersehen. Ich bin nicht an dem Unglück schuld; denn ich mußte folgen; aber in jener Welt soll uns nichts voneinander trennen. Ich gehe mit Mut dem Tod entgegen und scheue ihn nicht; denn ich gehe mit gutem Bewußtsein zu Gott hinüber. Adieu liebe Mutter. Sei versichert, daß ich auch im Tode noch Dein Dich liebender Sohn bin.

Carl von Keffenbrink

CONSTANTIN VON GABEIN

Lieber Vater!
Verzeihen Sie mir die Unbesonnenheit, die mich ohne meine Schuld in den Tod führt. Gott tröste Sie und denken Sie zuweilen an Ihren Sie liebenden Sohn. Tausend Dank für Ihre große Güte, und hoffen Sie, daß Sie mich in jener Welt wiedersehen. Leben Sie wohl und trösten Sie meine Mutter.

Ihr bis an sein Ende gehorsamer Sohn
Constantin

CARL UND ALBERT VON WEDELL

An Herrn von Werder-Brettin

Guter lieber Werder,
wenn Du diese Zeilen erhälst, sind wir nicht mehr, soeben ist uns das Todesurteil verlesen worden. Daß noch
nie jemand unschuldiger gestorben ist, wißt Ihr so gut
als wir.

Lebt wohl
Carl und Albert von Wedell
Mit Wehmut schreibe ich meinen Namen. Verflucht ist
unser Schicksal, aber tröstet Euch.

Wesel, den 16. September 1809
Tröstet unsere Verwandten, wir sehen unsere Eltern
wieder und sterben gefaßt. Unter meinen Papieren findet Ihr das Verzeichnis meiner Schulden, diese müssen
bezahlt werden und ebenso Albert seine in Göthen.

Grüßt Alles.
Carl.

Ich überschicke Dir hiermit die Haare und Ringe der
Ph., mach damit was Du für gut hälst, wir schicken
auch beiderseits Haar von uns.

Albert.

ANDREAS HOFER

22. November 1767 – 20. Februar 1810

Der Tiroler Aufstand gegen Napoleons Truppen dauerte fast ein Jahr. Der Anführer, ein einfacher Gastwirt aus dem Passeiertal, konnte den Feind mehrfach empfindlich schlagen, doch vor der rasch vorrückenden Übermacht musste er schließlich in eine Alpenhütte fliehen. Nachdem sein Unterschlupf für 1500 Gulden von einem Landsmann verraten worden war, nahmen italienische Soldaten den Aufrührer am 27. Januar 1810 fest und brachten ihn nach Mantua, wo er vor ein Kriegsgericht gestellt und auf Napoleons Befehl zum Tod durch Erschießen binnen 24 Stunden verurteilt wurde. Auf dem Exekutionsplatz weigerte er sich, eine Augenbinde zu tragen und niederzuknien; er selbst kommandierte »Feuer!«. Seine Leiche wurde später in der Hofkirche zu Innsbruck beigesetzt.

Liebster Herr Prueder,

der göttliche willen ist es gewössen, daß ich habe miessen hier in Mandua mein zeitliches mit den Ebigen verwöxeln, aber Gott sei danckh um seine gödliche gnad, mir ist so leicht vorgeckohmen, als wan ich zu waß andern ausgefihrt würd. Gott wirth mir auch die gnad verleihen wiß in lösten augen Plick, auf das ich khomen thoe, albo sich mein sehl mit alle außerwöhlte sich Ebig Ehrfreien mag, alwo ich auch fir alle mitten werde bei Gott, absonderlich fir wölliche ich am meresten zu Bitten schuldig bin, Und fir sie und iere Frau liebst, wögen den Piechcl, Und andere guet Datten, auch alle hier noch lebenden guete Freind sollen fir mich Bitten,

Und mir aus die heißen flammen helfen, wan ich noch in fegfeir pießen muß. Die Gottes Dienst soll die liebste mein, oder Wirthin zu sanct Marthin halten lassen beim Rossenfarben Pluet, Pitten in pede Pfarren, den freinten bein Unter-Wirth ist suppe und Fleisch zu göben lassen nebst Einder halben Wein.

Lieber Herr Piehler. gien sie mir hinnin, Und bein Untterwirth zu sanct Marthin zeigen sie die sache an, Ehr wird schon angestald machen, Und machen sie sonst niemand nicht khomper von dieser sache.

Von der Welt lebet alle wohl, wiß wir in Himel zam khomen, Und Gott loben bis an Ent. Alle Passeyrer und Bekhante sollen mir Eingedenkcht sein in heiligen Gebeth. Und die Wirthin solle sich nicht so bekhimeren, ich werde Piden bei Gott fir sie Alle.

Adee meine schneede Welt, so leicht khombt mir das sterben for, das mir nit die Augen naß werden.

Geschrieben um 5 Uer in der Frue, Und um 9 Uer Reiß ich mit der hilf aller heillig zu Gott.

Mandua den 20. Februari 1810.

Dein in Leben geliebter Andree Hofer vom sant in Passeyer in Namen des Herrn Wille ich auch die Reisse fornemmen mit Gott.

LUISE VON MECKLENBURG-STRELITZ,
KÖNIGIN VON PREUSSEN
10. März 1776 – 19. Juli 1810
Unvergessen bei ihren Untertanen blieb ihr demütiger Bittgang zu Napoleon am 6. Juli 1807, bei dem sie ge-

rechtere Friedensbedingungen zu erreichen hoffte. Doch Napoleon blieb hart, und Luise wurde zur Volksheldin. Aus der häuslichen Gattin war eine Landesmutter geworden, die nun mit Stein, Scharnhorst und Gneisenau auch reformerischen Einfluss auf die Innenpolitik des ruinierten Staates gewann. Mit der königlichen Familie lebte sie nach Napoleons Sieg in Königsberg. Auf Einladung des Zaren Alexander I. verbrachte sie mit ihrem Mann ein Jahr in Petersburg, kehrte im Dezember 1809 nach Berlin zurück und erkrankte während eines Besuches bei ihrem Vater an einer Lungenentzündung. In den letzten schweren Stunden war ihre Familie bei ihr. Sie bat noch: »Herr Jesus mach es kurz«, dann war sie erlöst. Das kleine, familiäre Billet zeugt von ihrem liebenswürdigen Charakter.

An ihren Vater Karl II. von Mecklenburg-Strelitz

Mon cher Père, je suis bien hereuse aujourd hui comme Votre fille, et comme l'épouse du meilleur des époux!
Louise
Neustrelitz, ce 28. Juni 1810

(Mein lieber Vater, ich bin sehr glücklich heute als Ihre Tochter und als die Frau des besten Gatten! Louise, Neustrelitz, den 28. Juni 1810)

PHILIPP OTTO RUNGE
23. Juli 1777 – 2. Dezember 1810

Seine wenigen Gemälde wirken noch heute befremdlich, teils durch ihren herben Realismus, teils durch ihre mystische Überhöhung der Themen. Von den geplanten »Vier Zeiten« ist nur »Der Morgen« vollendet und dennoch Fragment. In der programmatischen bildnerischen Umsetzung seiner ästhetischen Theorien ist Runge gescheitert; zu groß war der Einfluss Tiecks, der ihn mit den naturmystischen Schriften Jakob Böhmes bekannt gemacht hatte, zu übermächtig auch das Vorbild Caspar David Friedrichs. Seit März lebte er mit der Schwindsucht und der Todesdrohung, besuchte noch Freunde, bis er im Oktober in Hamburg bettlägerig wurde. Am Tag nach seinem Tod wurde sein Sohn geboren, zwei Tage später wurde Runge zu Grabe getragen.

An Görres

Weimar, den 16. November 1810

Ihre gütige Teilnahme an meiner Krankheit hat mich gerührt und erfreut, und ich zweifle nicht, daß Sie mir hätten nützlich sein können; ich glaube aber mit Ihnen, daß die Krankheit zu individuell ist und gewesen ist, um ohne nähere Bekanntschaft beurteilt werden zu können. Das Nachgebliebene von dem heftigen Paroxysmus, in welchem sich im Frühling die Natur selbst half, kam erst zum Vorschein, nachdem ich schon sehr viel in der Erholung fortgeschritten war, und so habe ich mich den ganzen Sommer über, der hier sehr schlecht ist, für einen Kranken war, durchgequält mit einem fatalen

Husten und schleichendem Fieber, welches nach und nach immer mehr nervös wurde, ein Zustand, den ich nur von Hörensagen gekannt hatte. Zugleich bin ich mit immerwährenden Obstruktionen geplagt. All dieses hat sich nun seit etwa vierzehn Tagen in ein ziemlich reguläres Wechselfieber aufgelöst und ich hoffe das Beste davon. – Sie werden es meiner Schreiberei ansehen, wie unsicher ich noch bin; indes ist es nur noch von dem Fieber, und der immerwährende zitternde Zustand hat doch aufgehört. Sie sehen hieraus, daß es mit meiner Krankheit langweiliger ist, wie Sie geglaubt, und Ihr gütiges Anerbieten, zu Ihnen

Der Brief bricht im Satz ab und wurde dem Adressaten Görres erst nach Runges Tod zugesandt.

HEINRICH VON KLEIST
18. Oktober 1777 – 21. November 1811

Zehn Tage vor seinem Selbstmord schrieb er an seine Cousine Marie, dass es ihm »ganz unmöglich (sei) länger zu leben; meine Seele ist so wund, daß mir, ich möchte fast sagen, wenn ich die Nase aus dem Fenster stecke, das Tageslicht wehe tut, das mir darauf schimmert«. Sein durch Misserfolge und Niederlagen zerstörtes Selbstwertgefühl hatte ihn äußerst reizbar gemacht: »Es war in den letzten Zeiten, von mancher Seite her, gefährlich, sich mit mir einzulassen.« Es schmerzte ihn, »als ein ganz nichtsnutziges Glied der menschlichen Gesellschaft, das keiner Teilnahme mehr wert sei, betrachtet zu werden«. Sein Lebensekel wurde bestärkt durch die preußische Allianz mit Napoleon, die ihm eine Rückkehr in den Militärdienst unmöglich machte. In der unheilbar kranken Henriette Vogel fand er einen Menschen, der bereit war, mit ihm zusammen zu sterben. Sie verbrachten eine Nacht in Stimmings Gasthof am Wannsee; am folgenden Mittag verließen sie das Haus. Man fand beide wenig später erschossen am Ufer.

An Frau v. Müller

Der Himmel weiß, meine liebe, treffliche Freundin, was für sonderbare Gefühle, halb wehmütig, halb ausgelassen uns bewegen, in dieser Stunde da unsere Seelen sich, wie zwei fröhliche Luftschiffer, über die Welt erheben, noch einmal an Sie zu schreiben. Wir waren doch sonst, müssen Sie wissen, wohl entschlossen, bei unseren Bekannten und Freunden keine Karten p. p. c. abzugeben. Der Grund ist wohl, weil wir in tausend glücklichen Augenblicken an Sie gedacht, weil wir uns tausendmal vorgestellt haben, wie Sie in Ihrer Gutmütigkeit aufgelacht (aufgejauchzt) haben würden, wenn Sie uns in der grünen oder rothen Stube beisammen gesehen hätten. Ja, die Welt ist eine wunderliche Einrichtung! – – Es hat seine Richtigkeit, daß wir uns, Jettchen und ich, wie zwei trübsinnige trübselige Menschen, die sich immer ihrer Kälte wegen angeklagt haben, von ganzen Herzen lieb gewonnen haben, und der beste Beweis davon ist wohl, daß wir jetzt miteinander sterben. Leben Sie wohl, unsere liebe, liebe Freundin und seien Sie auf Erden, wie es gar wohl möglich ist, recht glücklich! Wir unserseits wollen nichts von den Freuden dieser Welt wissen und träumen lauter himmlische Fluren und Sonnen, in deren Schimmer wir, mit langen Flügeln an den Schultern, umherwandeln werden. Adieu! Einen Kuß von mir, dem Schreiber, an Müller; er soll zuweilen meiner gedenken, und ein rüstiger Streiter Gottes gegen den Teufel Aberwitz bleiben, der die Welt in Banden hält. – –

(Nachschrift Henriettes)
Doch wie dies alles zugegangen
Erzähl' ich euch zu andrer Zeit
Dazu bin ich zu eilig heut. – – –

Lebt wohl denn! Ihr meine lieben Freunde, und erinnert euch in Freud' und Leid der zwei wunderlichen Menschen, die bald ihre große Entdeckungsreise antreten werden.

Henriette.

(Kleists Hand)
Gegeben in der grünen Stube den 21. November 1811.

H. v. Kleist.

An Ulrike von Kleist

Ich kann nicht sterben, ohne mich, zufrieden und heiter, wie ich bin, mit der ganzen Welt, und somit auch, vor allen Anderen, meine theuerste Ulrike, mir dir versöhnt zu haben. Laß sie mich, die strenge Äußerung, die in dem Briefe an die Kleisten enthalten ist, laß sie mich zurücknehmen; wirklich, du hast an mir gethan, ich sage nicht, was in Kräften einer Schwester, sondern in Kräften eines Menschen stand, um mich zu retten: die Wahrheit ist, daß mir auf Erden nicht zu helfen war. Und nun lebe wohl; möge dir der Himmel einen Tod schenken, nur halb an Freude und unaussprechlicher Heiterkeit, dem meinigen gleich: das ist der herzlichste und innigste Wunsch, den ich für dich aufzubringen weiß.

Stimmings bei Potsdam
– am Morgen meines Todes.
Dein Heinrich.

HENRIETTE VOGEL

An Ernst Friedrich von Peguilhen

Mein sehr werter Freund! Ihrer Freundschaft, die Sie für mich bis dahin immer so treu bewiesen, ist es vorbehalten, eine wunderbare Probe zu bestehen, denn wir beide, nehmlich der bekannte Kleist und ich befinden uns hier bei Stimmings auf dem Wege nach Potsdamm, in einem sehr unbeholfenen Zustande, indem wir erschossen da liegen, und nun der Güte eines wohlwollenden Freundes entgegen sehn, um unsre gebrechliche Hülle, der sichern Burg der Erde zu übergeben. Suchen Sie liebster Peguilhen diesen Abend hier einzutreffen und alles so zu veranstalten, daß mein guter Vogel möglichst wenig dadurch erschreckt wird, diesen Abend oder Nacht wollte Louis seinen Wagen nach Potsdamm (schikken), um mich von dort, wo ich vorgab hinzureisen, abholen zu lassen, dies mögte ich Ihnen zur Nachricht sagen, damit Sie die beßten Maasregeln darnach treffen können. Grüßen Sie Ihre von mir herzlich geliebte Frau und Tochter viel tausendmal, und sein Sie theurer Freund ueberzeugt daß Ihre und Ihrer Angehörigen Liebe und Freundschaft mir noch im letzten Augenblick meines Lebens die größte Freude macht.

Ihre A. Vogel.

Ein kleines versiegeltes schwarzes ledernes Felleisen, und einen versiegelten Kasten worinn noch Nachrichten für Vogel Briefe, Geld Kleidungsstücke auch Bücher vorhanden, werden Sie bei Stimmings finden. Für die darin befindlichen 10 Thlr Courant wünschte ich eine recht schöne blaßgraue Tasse innwendig vergoldet, mit einer goldnen Arabeske auf weißem Grunde zum Rand, und am Oberkopf im weißen Felde meinen Vornamen, die Façon wie sie jetzt am modernsten ist. Wenn Sie sich dieser Commission halber am Buchhalter Meves auf der Porzellan Fabrick wendeten, mit dem Bedeuten diese Tasse am Weihnachts-Heiligabend Louis eingepackt zuzuschicken, doch würden Sie mein lieber Freund mit der Bestellung eilen müssen, weil sie sonst nicht fertig werden mögte. Leben Sie wohl und glücklich. –

Einen kleinen Schlüssel werden Sie noch eingesiegelt im Kasten finden, er gehört zum Vorhängeschloß des einen Koffers zu Hause bei Vogel, worin noch mehrere Briefe und andre Sachen zum besorgen liegen.

(Kleists Hand)

Ich kann wohl Ihre Freundschaft auch, mein liebster Peguilhin, für einige kleine Gefälligkeiten in Anspruch nehmen. Ich habe nämlich vergessen, meinen Barbier für den laufenden Monat zu bezahlen, und bitte, ihm 1 Thlr a 1/3 C zu geben, die Sie eingewickelt in dem Kasten der Mad. Vogel finden werden. Die Vogeln sagt mir eben, daß SIE den Kasten aufbrechen und alle Commissionen die sich darin befinden besorgen mögten: damit Vogel nicht gleich damit behelligt würde – Endlich bitte ich noch, das ganze, kleine, schwarzlederne Felleisen, das mir gehört, mit Ausnahme der Sachen, die etwa zu meiner Bestattung gebraucht werden mögten, meinem Wirth, dem Quartiermeister Müller, Mauerstraße N. 53. als einen kleinen Dank für seine gute Aufnahme und Bewirthung zu schenken. – Leben Sie recht wohl, mein liebster Peguilhin; meinen Abschiedsgruß und Empfehlung an Ihre vortreffliche Frau und Tochter.

H. v. Kleist
man sagt hier den 21 t Nov.;
wir wissen aber nicht ob es wahr ist.

N. S. In dem Koffer der Mad. Vogel, der in Berlin in ihrem Hause in der Gesindestube mit messingnem Vorlegeschloß steht, und wozu der kleine versiegelte Schlüssel, der hier im Kasten liegt, paßt – in diesem Koffer befinden sich drei Briefe von mir, die ich Sie noch herzlichst zu besorgen bitte. Nämlich:
1) Einen Brief an die Hofräthin Müller, nach Wien.
2) Einen Brief an meinen Bruder Leopold nach Stolpe, welche beide mit der Post zu besorgen sind (der er-

stere kann vielleicht durch den guten Brillen Voß spe-
dirt werden); und

3) Einen Brief, an Fr. v. Kleist, geb. v. Gualtieri, welchen
ich dem Major v. Below, Gouverneur des Prinzen Friedrich von Hessen, auf dem Schlosse, abzugeben bitte.
Endlich liegt

4) noch ein Brief an Fr. v. Kleist, in den hiesigen Kasten
der Mad. Vogel, welchen ich gleichfalls und zu glei-
cher Zeit, an den Major v. Below, abzugeben bitte. –
Adieu!

N. S.
Kommen Sie recht bald zu Stimmings hinaus, mein
liebster Peguilhin, damit Sie uns bestatten können. Die
Kosten, was mich betrifft, werden Ihnen von Frankfurt aus, von meiner Schwester Ulrike wieder erstattet
werden. – Die Vogeln bemerkt noch, daß zu dem Koffer
mit dem messingnem Vorhängeschloß, der in Berlin, in
ihrer Gesindestube steht, und worin viele Commissionen sind, der Schlüssel hier versiegelt in dem hölzernen
Kasten liegt. – Ich glaube ich habe dies schon einmal
geschrieben, aber die Vogel besteht darauf, daß ich es
noch einmal schreibe.

H. v. Kl.

THEODOR KÖRNER
23. September 1791 – 26. August 1813

Begeistert hatte sich der junge Dichter gegen den Willen
seines Vaters zu Lützows Freikorps gemeldet, um die Franzosen zu vertreiben: »So Gott will, wollen wir als deutsches

Volk das edle Hamburg befreien mit unserem Blut ...« Er
ließ seine Wiener Verlobte und einen Vertrag als Dichter
des Burgtheaters hinter sich. Sein Ziel erreichte er nicht;
drei Tage nach seinem letzten Brief an seinen Verleger traf
ihn eine tödliche Kugel. Seine Kriegslieder, entstanden aus
dem unmittelbaren Erleben der Kämpfe (»Lützows wilde
Jagd«), gehörten im 19. Jahrhundert zum patriotischen
Bildungsgut.

An Daniel Friedrich Parthey

Kirch-Jesar, am 23. August (1813).
Liebster Hofrath!
Ich lebe noch; seit dem Siebzehnten schlagen wir alle
Tage. Die Truppen haben sich concentrirt; ich erwarte in diesen Tagen einen Hauptschlag. Das Bivouacq
hindert mich am längern Schreiben. Tausend Grüße an
alle. Meinen Eltern Nachricht, so es möglich; den Brief
bitte ich zu besorgen. Gott mit euch und uns!

JOACHIM MURAT
25. März 1767 – 13. Oktober 1815

Als Soldat im Gefolge Napoleons erlebte er einen bei-
spiellosen Aufstieg vom einfachen Gastwirtsohn zum
König von Neapel. Die Siege der napoleonischen Armee
gründeten sich wesentlich auf die taktische Klugheit und
den persönlichen Mut des Kavalleriegenerals. Als Napoleon
nach dem russischen Desaster 1812 die Armee im Stich

ließ, leitete Murat den Rückzug, wechselte aber nach dieser bitteren Erfahrung die Fronten und schloss einen Vertrag mit den Alliierten, die ihn jedoch auf dem Wiener Kongress fallen ließen. Er suchte erneut den Anschluss an Napoleon, aber seine neapolitanischen Truppen flohen vor den Österreichern, sodass Murat auf sich allein gestellt war. An der kalabrischen Küste wurde er gefasst und von den Österreichern im Hof des Kastells der kleinen Stadt Pizzo standrechtlich erschossen. Seinen letzten Brief, dem er eine Haarlocke beilegte, richtete er an seine Frau Caroline, die jüngste Schwester Napoleons, mit der er seit 1800 verheiratet war. Sein Sohn Achille (geb. 1801) wanderte nach Amerika aus und lebte dort als Farmer, der zweite Sohn Lucien (geb. 1803) ging gleichfalls nach Amerika, kehrte aber nach der Februarrevolution 1848 nach Frankreich zurück. Die beiden Töchter Letitia und Louise blieben gut verheiratet in Italien.

An Caroline

Meine liebe Caroline, meine letzte Stunde hat geschlagen. Noch wenige Augenblicke und ich habe aufgehört zu leben, noch wenige Augenblicke und Du hast keinen Gatten mehr. Vergiß mich nie. Ich sterbe schuldlos; keine Ungerechtigkeit befleckte mein Leben. Leb wohl, mein Achille; leb wohl, meine Letitia; leb wohl, mein Lucien; leb wohl, meine Louise: zeigt Euch der Welt als meiner würdig. Ich lasse Euch ohne Land und ohne Vermögen zurück, inmitten meiner zahlreichen Feinde ... Haltet stets zusammen; meistert das Mißgeschick; denkt daran, wer Ihr seid und wer Ihr gewesen seid und Gott wird Euch segnen. Flucht nicht meinem Andenken. Der größte Schmerz meiner letzten Augenblicke ist, fern von meinen Kindern zu sterben. Empfangt meinen väterlichen Segen, meine Umarmung und meine Tränen. Gedenkt stets Eures unglücklichen Vaters.

MICHEL NEY, HERZOG VON ELCHINGEN
10. Januar 1769 – 7. Dezember 1815

Auf den in Saarlouis als Handwerkersohn geborenen Berufssoldaten war Napoleons Satz gemünzt, dass jeder Soldat in seinem Heer den Marschallstab im Tornister trage. Ney begleitete die Karriere Napoleons von seinem Eintritt als »Gemeiner Soldat« in die Armee bis zur Marschallswürde. Die Titel indes, die der Kaiser ihm verlieh, waren nichts wert: »Herzog von Elchingen« erinnerte nur an die Kapitulation von Ulm durch die Eroberung der Befestigung vor Elchingen; »Fürst von Moskwa« durfte er sich nach einer Schlacht auf dem Russlandfeldzug nennen. Als sein Arbeitgeber nach Elba verbannt wurde, ernannte Ludwig XVIII. den Arbeitslosen zum Pair und gab ihm den Befehl über eine eigene Division, mit der er allerdings zu dem wieder in Frankreich gelandeten Napoleon überlief. Er kämpfte mit Napoleon bei Waterloo und verlor; er floh in die Schweiz und wurde nach Paris zurückgebracht, wo sich das Kriegsgericht weigerte, ihn abzuurteilen. Der Minister Richelieu brachte ihn dann vor die Pairskammer, die ihn mit großer Mehrheit des Hochverrats für schuldig befand. Er wurde im Jardin du Luxembourg erschossen; an jener Stelle wurde ihm 1853 ein Standbild errichtet. Sein letzter Brief ist wohltuend sachlich; Ney wusste, welches Risiko er als Soldat eingegangen war. Er bedauerte nur, nicht weiter arbeiten zu können.

An seinen Schwager M. Monnier

Im Luxembourg, 7. Dezember 1815
morgens 4 Uhr.

Mein lieber Monnier, mein Prozeß ist entschieden, ein Bote der Pairskammer hat mir soeben mein Todesurteil verlesen. Bringen Sie diese Nachricht meinem guten Vater schonend bei, der selbst schon am Rande des Grabes steht; bevor vierundzwanzig Stunden vorüber sind, werde ich vor Gott treten, voll bitterstem Leid, meinem Vaterlande nicht mehr länger von Nutzen sein zu können; aber er wird wissen, was ich schon den Menschen sagte, daß ich nichts zu bereuen habe. Umarmen Sie meine Schwester und sagen Sie Ihren Kindern ein paar liebe Worte für mich, ich hoffe, sie werden trotz des schrecklichen Unglücks, das mich trifft, ihre kleinen Vettern gern behalten. Leben Sie wohl für immer, ich umarme Sie mit dem ganzen Gefühl eines guten Bruders.

Der Marschall, Fürst von der Moskwa
Ney.

CHRISTIANE VON GOETHE
1. Juni 1765 – 6. Juni 1816

Den Frühjahrsputz hat sie noch geschafft: »Bei uns ist alles in Tumult«, schrieb sie an ihren Mann, »der Zauberlehrling ist in allen Zimmern eingekehrt; Deine Zimmer sind aber alle schon fertig.« Goethe war vor der Unruhe zu wissenschaftlichen Experimenten nach Jena geflüchtet, schrieb ihr aber, sie solle sich nicht überanstrengen und riet vorsichtshalber zu einem Aderlass, da sie unter gefährlichem Bluthochdruck litt. Einen Tag später erlitt sie morgens eine Art Schlaganfall, schien sich aber wieder zu erholen. Sie beantwortet Goethes Brief; er ist dem Sekretär diktiert, doch der letzte Satz »Leb nun wohl und gedenke mein« ist nicht, wie sie es sonst tat, eigenhändig hinzugefügt. Sie ist seit längerer Zeit schwer krank; außer ihr ahnt niemand etwas davon. Ihre Beschwerden hat sie stets bagatellisiert, damit Goethe nicht beunruhigt wurde. Aber am 29. Mai muss er nachts von einem Boten aus Jena geholt werden, weil sie mit lebensbedrohlichen Krämpfen ohnmächtig zusammengebrochen war. Zwar versucht sie, am nächsten Tag wieder das Bett zu verlassen, um den Haushalt zu führen, doch ihr Zustand verschlimmert sich. Eine Woche lang ringt sie unter furchtbaren Krämpfen mit dem Tod. In ihrem Buch *Christiane und Goethe* hat Sigrid Damm eine Äußerung Johanna Schopenhauers zitiert, derzufolge Goethe das Krankenlager seiner Frau gemieden hätte. Damm schreibt, dass dieser Version, die aus zweiter und dritter Hand stammt, also eigentlich nur ein Gerücht darstellt, »keine anderen Zeitzeugnisse« gegenüberstehen. Damit ignoriert sie die ab 1855 erschienenen Memoiren Alexanders von Sternberg, in denen es heißt, dass Goethe

»bei dem Sterbelager dieser Frau, ganz außer sich selbst gebracht, niederkniete, ihre Hände ergriff und ihr zurief: Du wirst mich nicht verlassen! Nein, nein, du darfst mich nicht verlassen!« Christiane hat ihn nicht mehr gehört.

Lieber Geheimerath!

Ich habe Dich um Verzeihung zu bitten, daß ich Deinen gut gemeinten Rath wegen des Aderlasses nicht schleunig genug nachgekommen, wodurch höchstwahrscheinlich ich diesem Anfalle entgangen wäre. Ich danke Gott, daß es so glücklich überstanden ist. Gegenwärtig befinde ich mich ziemlich wohl, der Kopf ist mir sehr leicht, alle Sinne sind frei und heiter, und nirgends ist mehr ein Druck oder betäubende Schwere zu bemerken. Nur die spanische Fliege incommodirt mich noch etwas.

Leb nun wohl und gedenke mein.

Weimar, den 22. Mai 1816.

Champagner ist dießmal in unserm Keller gar nicht zu finden, Ramann hat mir noch keinen geschickt. Werthheimer, 2 Bouteillen, folgen anbei.

C. v. Goethe.

FANNY IMLAY GODWIN
14. Mai 1794 – 9. Oktober 1816

Ihr Abschiedsbrief hätte mit dem Wort »ich« enden müssen, aber sie war ein Wesen, das nicht gewohnt war, »ich« zu sagen, weil es kein eigenes Leben hatte: Sie war die Frau, die nie existiert hat. Noch heute wird die Tochter aus

Mary Wollstonecrafts erster Ehe in den Lexika unterschlagen und nur die Tochter aus der zweiten Ehe mit William Godwin erwähnt, weil sie die zweite Frau des Dichters Percy B. Shelley wurde. Da die als Autorin des »Frankenstein«-Romans berühmt gewordene Mutter kurz nach der Geburt dieser zweiten Tochter starb und William Godwin rasch seine Nachbarin Mary Claimont heiratete, deren Tochter Jane aus erster Ehe Byrons Geliebte wurde und ihm eine Tochter gebar, blieb für Fanny wenig Entfaltungsmöglichkeit. Sie wuchs im Haushalt Godwins unscheinbar auf und verliebte sich zu ihrem Unglück in den Mann ihrer Stiefschwester, den Dichter Shelley. Aus Hoffnungslosigkeit vergiftete sie sich.

Ich habe lange überlegt, doch das Beste war, ein Ende zu machen mit dem Dasein eines Wesens, dessen Geburt ein Unglück und dessen Leben ständige Mühe für alle war, die ihr eigenes Wohl hintansetzten, damit es ihm besser gehe. Es wird sie vielleicht schmerzen, wenn sie von meinem Tode hören, aber bald werden sie den Segen des Vergessens empfinden, daß so ein Geschöpf jemals existierte wie ...

ANNA LOUISE GERMAINE
BARONIN DE STAËL
22. April 1766 – 14. Juli 1817
Drei Großmächte gab es um 1800: England, Russland und Madame de Staël. Den politischen Einfluss der Monarchis-

tin fürchtete der Emporkömmling Napoleon so sehr, dass er sie 1803 aus Paris, und da dies wirkungslos blieb, 1811 aus ganz Frankreich verbannte. Durch ihre programmatischen Schriften übte sie jedoch weiterhin einen kaum überschätzbaren Einfluss auf das geistige Frankreich aus. Als Tochter des ehemaligen Finanzministers war sie frei von Geldsorgen und sammelte in ihrem Schweizer Exil die berühmtesten Köpfe der Zeit um sich. Ihr ebenso kluges wie eigenwilliges, von Napoleon verbotenes Hauptwerk *De l'Allemagne* machte die Franzosen zum ersten Mal mit deutscher Philosophie und Literatur bekannt und blieb das maßgebende Werk des 19. Jahrhunderts. Nach Napoleons Sturz kehrte sie nach Paris zurück. Am 21. Februar 1817 erlitt sie auf einem offiziellen Empfang einen Hirnschlag. Sie lebte noch, war aber gelähmt. Bald begannen auf ihren Wunsch in ihrem Haus wieder die großen Diners; nach dem Essen kamen die Gäste an ihr Bett und besprachen mit ihr die Tagesereignisse. Sie starb am Wundbrand, in Erwartung des Herzogs von Wellington.

An Mary Berry

(Paris, 26. Mai 1817)
Mir ist, my dear friend, infolge meiner Krankheit etwas wirklich Furchtbares zugestoßen: wegen der grausamen Krämpfe, die mich befallen, kann ich fast keinen Gebrauch mehr von meinen Füßen und Händen machen. Ich liege darum seit neunzig Tagen wie eine Schildkröte auf dem Rücken, jedoch mit viel mehr Gemütserregung und Leiden der Vorstellungskraft als dieses Tier. Ich rechnete damit, am 1. Mai in die Schweiz fah-

ren zu können; die Ärzte haben es mir für den 1. Juni versprochen. Ich möchte mir vormachen, daß es am 1. Juli sein kann und verbringe mein Leben damit, mir etwas einzureden oder zu verzweifeln. Es ist wirklich eine Strafe des Himmels, wenn jemand, der der aktivste Mensch von der Welt ist, sich sozusagen versteinert findet. Doch ich bin es gar nicht, weder im Geist noch im Herzen (...) Wenn ich, wie eine trübe Vorahnung es mir im Grund meines Herzens sagt, gezwungen bin, mich von Paris nicht fortzurühren, dann werden Sie, wenn Sie nach England zurückkehren, mich hier finden, doch so verzweifelt werden Sie mich antreffen, da ich zu nichts gut sein würde, als Sie zu betrüben. So ist mein seltsam grausamer Sommer, der alle meine Pläne in der Welt über den Haufen geworfen hat. Möchte der liebe Gott mich doch aus diesem Abgrund befreien, wo nur seine Hand mir noch Hilfe zu bringen vermag (...) Meine Tochter, die Gott sei Dank glücklich von einem so dicken Mädchen, wie ich es einmal war, genesen ist, bringt sich Ihnen in Erinnerung (...)

JOHN KEATS
31. Oktober 1795 – 23. Februar 1821
Mit seinem Freund Brown hatte der bereits Lungenkranke im Sommer 1818 eine ausgedehnte Wanderung durch den britischen Seendistrikt und das schottische Hochland unternommen, die ihn körperlich überforderte. Bei der Rückkehr nach London fand er dort seinen ebenfalls tuberkulosekranken Bruder im Sterben; finanzielle Probleme

und seine unglückliche Liebe zu Fanny verschlechterten seinen Zustand.

Nach dem Tod seines Bruders konnte Keats in das Hampsteader Haus seines Freundes Brown ziehen, in dem die großen Oden und Gedichte entstanden, die er 1820 in dem Band *Lamia and other Poems* veröffentlichte; es ist heute die offizielle Keats-Gedenkstätte. Im November 1820 fuhr er, Heilung in wärmerem Klima suchend, mit einem Malerfreund mit dem Ziel Neapel nach Italien. Sie kamen bis Rom.

Rom, 30. November 1820

Mein lieber Brown,

es ist das Schwerste auf der Welt für mich, einen Brief zu schreiben. Um meinen Magen ist es weiterhin so schlimm bestellt, daß ich fühle, wie er sich verschlechtert, wenn ich nur ein Buch aufschlage, doch geht es mir viel besser als in der Quarantäne. Dann fürchte ich mich davor, mich dem Für und Wider von Dingen auszusetzen, die mir in England interessant waren. Ich habe das bestimmte Gefühl, daß mein wirkliches Leben am Ende sei und daß ich eine postume Existenz führe. Gott allein weiß, wie alles gekommen wäre – aber mir scheint – doch darüber will ich nicht sprechen. Ich muß zu der Zeit in Bedhampton gewesen sein, als Sie mir aus Chichester schrieben – welches Unglück – und daß wir uns am Fluß ebenfalls verpaßten! Das war mein herrschendes Gestirn! Ich kann auf nichts in Ihrem Brief antworten, der mir von Neapel nach Rom folgte, denn ich habe Angst, ihn noch einmal durchzulesen. Ich bin so geschwächt (im Gemüt), daß ich es nicht ertragen kann, die Handschrift eines Freundes zu sehen, der mir so lieb ist wie Sie. Dennoch reite ich weiter das Pferdchen und habe, noch in der übelsten Lage während der Quarantäne, aus Verzweiflung wohl, in einer Woche mehr Wortspiele zusammengebracht als sonst in jedem Jahr meines Lebens. Es gibt einen Gedanken, der stark genug ist, mich zu töten – es ist mir gut gegangen, ich war gesund, frisch etc., und ging mit ihr – und nun – das Wissen um den Kontrast, das Gefühl für Licht und Schatten, all die Kenntnis (Ur-Gefühl), die für ein Gesicht nötig sind, sind große Feinde für die Genesung meines Magens. Da, du Schurke, ich nehme dich in die Tortur, – aber Sie müssen von Ihrer Philosophie Gebrauch machen – wie ich es von der meinen mache, wirklich – oder wie sollte ich sonst zu leben in der Lage sein? Dr. Clarke ist sehr um mich besorgt; er sagt, meine Lunge ist wenig angegriffen, aber mein Magen, sagt er, ist sehr krank. Ich bin angenehm enttäuscht, gute Neuigkeiten von George zu hören, – denn es geht mir nicht aus dem Kopf; daß wir alle jung sterben werden. Ich habe noch nicht an *** geschrieben, was er bestimmt als große Nachlässigkeit ansieht; in dem dringenden Wunsch, ihm Gutes über meine Gesundheit schreiben zu können, habe ich es von Woche zu Woche verschoben. Wenn ich gesunde, will ich mit aller Kraft die Fehler korrigieren, die ich während meiner Krankheit gemacht habe; und wenn nicht, so wird all meinen Vergehen vergeben werden. Ich werde morgen an*** schreiben, oder übermorgen. Ich will Mitte nächster Woche an *** schreiben. Severn geht es sehr gut, obgleich er doch so ein langweiliges

Leben an meiner Seite hat. Grüßen Sie alle Freunde von mir und sagen Sie ***, ich hätte London nicht verlassen, ohne mich von ihm zu verabschieden, wenn ich an Körper und Gemüt nicht so schwach gewesen wäre. Sobald Sie diesen Brief erhalten haben, schreiben Sie an George und teilen Sie ihm mit, wie es mir geht, soweit Sie es vermuten können; – und auch eine Mitteilung an meine Schwester – die wie ein Geist durch meine Phantasie wandelt – sie ist Tom so ähnlich. Ich selbst vermag kaum, ihnen in einem Brief Lebewohl zu sagen. Ich war schon immer ungeschickt im Verbeugen.

Gott segne Sie!
John Keats

NAPOLEON I.
15. August 1769 – 5. Mai 1821

Der Kaiser war gewohnt, sich um die wichtigen Dinge selbst zu kümmern, also diktierte er auch seine eigene Todesanzeige. Nur das Datum musste noch eingesetzt werden.

An Sir Hudson Lowe, Gouverneur von St. Helena

27. IV. 21.

Hr. Gouverneur! Der Kaiser Napoleon ist am ... infolge einer langen und schmerzhaften Krankheit gestorben. Ich habe die Ehre Sie davon in Kenntnis zu setzen.

Er hat mich ermächtigt Ihnen Einblick in seine letztwilligen Verfügungen zu gewähren, falls Sie es wünschen sollten. Ich bitte Sie, mich wissen zu lassen, welche Verfügungen von Ihrer Regierung in betreff der Überführung seiner Leiche nach Europa, wie auch in Bezug auf die Personen seines Gefolges vorgeschrieben sind. Ich habe die Ehre etc. ...

Von Graf Montholon zu unterzeichnen.

E. T. A. HOFFMANN
24. Januar 1776 – 25. Juni 1822

Nach einem durch die napoleonischen Kriege zerstörten Leben kam er erst nach 1814 in Berlin zur Ruhe und veröffentlichte seither jene in die seelischen Abgründe tauchenden Werke, die ihn in Deutschland verdächtig, in der Welt jedoch berühmt machten. Balzac, Byron, Poe – sie kannten jede Zeile von dem Mann, den man in Deutschland bis ins 20. Jahrhundert als »Gespensterhoffmann« abqualifizierte und für eine skurrile Randerscheinung der Romantik hielt. In seinen letzten Monaten wurde ihm klar, dass er nicht an Rheuma, sondern an einer Rückenmarkserkrankung litt, die langsam seinen Köper lähmte. Sein Geist blieb bis zuletzt klar. Als er den Tod nahen fühlte, ließ er sich in seinem Bett mit dem Gesicht zur Wand drehen.

An einen Verleger

Berlin den 26. May 1822

Es ist nicht recht, daß Ewr. Wohlgeborn mich kranken, kontrakten Mann nicht besucht haben. Um so mehr nicht recht, als mein Geist von besonderer Frische und Lebendigkeit ist, ich daher zur Unterhaltung wohl tauge. Sobald ich die für Schrag bestimmte Erzählung beendigt, folgt die Ihrige, die ich im Kopfe längst gänzlich ausgearbeitet.

Sie boten mir auf diese Erzählung einen Vorschuß von zwanzig Luisdor an, den ich damals nicht zu gebrauchen glaubte. Die unerwartete Verlängerung meiner Krankheit macht ihn mir jetzt wünschenswerth und ich hoffe daher diesmal keine Fehlbitte zu thun, wenn ich Sie gehorsamst ersuche mit umgehender Post den Buchhändler Enslin anzuweisen, mir diesen Vorschuß von 20 Luisdor Gold, zu zahlen. Recht dringend bitte ich um Antwort umgehend.

Hochachtungsvoll
Ewr. Wohlgeborn
ergebenster Hoffmann

Text diktiert, Unterschrift
von Hoffmanns Frau   für mein Mann

GEORGE GORDON NOEL, LORD BYRON
22. Januar 1788 – 19. April 1824

Durch das Erbe eines Großonkels war er im Alter von zehn Jahren unerwartet zu Titel und Reichtum gekommen und trat nach Abschluss seines Studiums seinen Sitz im Oberhaus an, flüchtete allerdings rasch aus dieser Öde ins Leben und in die Literatur. Als Liebhaber und als Dichter gleichermaßen erfolgreich, zog er mit seinem Hofstaat durch Europa. Wir wüssten mehr über sein Privatleben, wenn sein Freund Thomas Moore nicht die ihm anvertraute Autobiographie Byrons in einem Anfall britischer Diskretion verbrannt hätte. Die enthusiastische Idee, die Griechen in ihrem Befreiungskampf gegen die Türken unterstützen zu müssen, endete im Malariasumpf von Mesolongion. Das Fieber konnte nicht behandelt werden.

An seinen Arzt James Kennedy

Messolongi, 4. März 1824

Mein lieber Doktor, ich habe Ihnen für Ihre sehr freundlichen Briefe zu danken, die ich beide gleichzeitig erhielt. Der bedenkliche Zustand meiner Gesundheit ist mir nicht unbekannt, und ich gebe mich in dieser Hinsicht keiner Täuschung hin. Mein Verbleiben in Griechenland ist aber eine Anstandspflicht, und lieber wäre mir der Tod, während ich hier etwas leiste, als im Nichtstun. Meine Anwesenheit in Griechenland gilt insofern für nützlich, als ich wenigstens für jetzt eine Vergrößerung der hier herrschenden Unordnung verhindert habe. Sollte ich unnütz oder überflüssig werden oder dafür gelten, so bin ich bereit, mich zurückzuziehen, inzwischen darf ich die Folgen für meine Person nicht in Betracht ziehen. Das übrige steht in Gottes Hand, wie ja alle Dinge ...

JOHANN PAUL FRIEDRICH RICHTER
GEN. JEAN PAUL
21. März 1763 – 14. November 1825

Er sei ein guter Mensch gewesen, schrieb Friedrich Nietzsche 1880, »und doch ein Verhängnis, – ein Verhängnis im Schlafrock«. Ihm widersprach vehement Stefan George 1896, und so wird sich alle hundert Jahre jemand finden, der Jean Paul wiederentdeckt, auf seine Modernität hinweist und auf die seelischen Abgründe, in die er seine Romanfiguren stürzen ließ. Von »Schlafrock« keine Spur, aber Nietzsche hatte nun mal von Literatur keine Ahnung. An Jean Paul werden sich immer die Geister scheiden wie am späten James Joyce. Und immer wird Heinrich Heines Satz richtig sein: »Er steht ganz isoliert in seiner Zeit« (1836) – ganz gleich, welche Zeit das sein mag. Er starb erblindet und aufgezehrt während der Vorbereitung seiner »Gesammelten Werke«.

An den Verleger Josef Max

Baireut,
30. Oktober 1825.

Unsere Verhältnisse bleiben vor uns und der Welt ungestörte. Die Zukunft tritt ohnehin noch dazu, wo ich Ihnen später die versprochenen Werke gebe. Ach lieber Max, ich bin jetzt sehr angegriffen, nicht blos von Anstrengungen der Sammlung, die ohne fremde Mithülfe ohnehin unübersteiglich wäre, sondern vorzüglich weil ich mit verfinsterten November-Augen, welche das Frühlingswetter erst heilen kann, arbeiten muß, und am allermeisten, weil eine ganz unbegreifliche, unver-

schuldete Bauchwassersucht, mich mit allen unzäh-
ligen Mühseligkeiten der Heilung martert und stört.

Jean Paul

LUDWIG VAN BEETHOVEN
17. Dezember 1770 – 26. März 1827
Nach der letzten Untersuchung schrieb der Arzt dem
tauben Komponisten auf, er sollte sich mit den Sterbesa-
kramenten versehen lassen. »Finita est comoedia«, war
Beethovens Antwort. Am nächsten Tag erhielt er von
seinem Verleger Schott aus Mainz die längst erwartete
Sendung Rüdesheimer Weine, doch er war nicht mehr in
der Lage, ein Glas zu halten. Sein Freund Schindler versuchte es mit einem Löffel, wobei das meiste verschüttet
wurde. »Schade, mein Gott, ist das schade«, waren Beethovens letzte Worte. Am kommenden Sterbetag tobte
frühabends ein Gewitter über Wien, Blitze erleuchteten
das Zimmer, Beethoven öffnete noch einmal die Augen,
hob mit geballter Faust die rechte Hand und blickte
drohend in die Höhe, dann sank die Hand aufs Bett, und
die Augen schlossen sich für immer. Eine Woche zuvor
hatte man ihm aus London tausend Gulden angewiesen,
die er dringend brauchte und für die er als Gegenleistung
noch Kompositionen versprach. Seinem Dankesbrief vom
18. März schickte er offenbar noch ein kleines Billett hin-
terher.

In Eil bitte ich Sie, von dem, was ich Ihnen vom Geld-
wechseln erzählte, wenigstens, wenn Sie es wiederholen, keinen Namen zu nennen.

Vieles, vieles muß ich jetzt ertragen: Doch es ent-
springt alles aus dem Guten, was ich zum Theil vollbracht und noch vollbringen will.

Stets Ihr Freund
Beethoven.

FRANZ SCHUBERT
31. Januar 1797 – 19. November 1828

Die erste Gesamtausgabe seiner Kompositionen umfasste
vierzig Bände – eine außerordentlich reiche Produktion
angesichts von nur fünfzehn Schaffensjahren. Dazu gehören acht Sinfonien, neunzehn Ouvertüren, achtzehn
Streichquartette, dreiundzwanzig Sonaten, sechs Orches-
termessen, neun Opern, sechs Singspiele und vor allem
über sechshundert Lieder wie »Heideröslein« und »Erlkö-
nig«. Aus dieser längst nicht vollständigen Aufzählung
könnte man schließen, dass Schubert ein zurückgezogenes
Leben geführt hätte – das Gegenteil ist der Fall: Er verbrachte die meiste Zeit mit seinen Künstlerfreunden. Er
konnte noch die Druckbogen der *Winterreise* korrigieren,
dann gewann das von einem Unterleibtyphus herrührende
Fieber die Oberhand über den geschwächten Körper. Einen
Tag nach seinem Brief an Schober sank er ins Koma.

Lieber Schober!

Ich bin krank. Ich habe schon 11 Tage nichts gegessen und getrunken, und wandle matt und schwankend von Sessel zu Bett und zurück. Rinna behandelt mich. Wenn ich auch was genieße, so muß ich es gleich wieder von mir geben.

Sey also so gut, mir in dieser verzweiflungsvollen Lage durch Lectüre zu Hülfe zu kommen. Von Cooper habe ich gelesen: Den letzten der Mohikaner, den Spion, den Lotsen und die Ansiedler. Solltest Du vielleicht noch was von ihm haben, so beschwöre ich Dich, mir solches bei der F. v. Bogner im Kafeehs. zu depositiren. Mein Bruder, die Gewissenhaftigkeit selbst, wird solches am gewissenhaftesten mir überbringen. Oder auch etwas Anderes.

Dein Freund
Schubert

LUDWIG ACHIM VON ARNIM
26. Januar 1781 – 21. Januar 1831

Was er geschrieben hat, ist alles vergessen; es war auch nicht gut geschrieben. Als wichtigste Leistung wird immer seine Sammlung volkstümlicher Lieder, *Des Knaben Wunderhorn*, hervorgehoben: Das war eine durchaus politisch gemeinte Aktion, denn die Deutschen sollten beim gemeinsamen Singen ihre eigene nationale Kraft wiederfinden – Deutschland war von Napoleons Truppen besetzt, und Arnim versuchte auf zahlreichen Reisen, die Opposition zu sammeln. Seine eigentliche Lebensleistung liegt nicht in den formlosen Romanen, den unspielbaren Dramen und den spannungslosen Novellen, sondern in einer sich in seiner Zeit erschöpfenden politischen Aktivität, die sich auch gegen die Dumpfheit des märkischen Adels, also gegen seinen eigenen Stand richtete. Anders ließe sich auch kaum erklären, warum die sozial engagierte Bettina von Brentano ihn heiratete. Er hielt dieser labilen Hysterikerin stand, die sich immer neu in allen Kunst-, Lebens- und Liebesformen ausprobieren wollte. Wenige Tage nach dem letzten Brief an Bettina starb Arnim nach einer Jagd plötzlich und schmerzlos an einem Hirnschlag.

Arnim an Bettina

Wiepersdorf, 16. Jan. 1831

Liebe Bettina!

Ich schreibe, weil Du im letzten Briefe den Wunsch ausdrückst, jeden Posttag Nachricht von mir zu haben, obgleich ich Dir wenig zu sagen weiß, als daß ich mich langsam bessere. Du scheinst inzwischen bei großen Kunstversuchen sehr vergnügt, was auch mir wohltut. Es ist Dein vierter Ansatz zum Ölmalen, vielleicht findest Du jetzt weniger Schwierigkeit als früher, weil Du der Umrisse sicherer geworden bist. Ich wünsche guten Fortgang, küsse Dich und die Kinder.

Achim Arnim

GEORG WILHELM FRIEDRICH HEGEL
27. August 1770 – 14. November 1831

Am Donnerstag, dem 10. November, hatte er das Wintersemester mit seinen Vorlesungen zur Rechtsphilosophie und zur Geschichte der Philosophie eröffnet, am Freitag fortgesetzt und am Samstag Examina gehalten. Für Sonntag hatte er Freunde zum Mittagessen eingeladen, aber gleich nach dem Frühstück klagte er über Magenschmerzen und Übelkeit. Da er seit Jahren ein chronisches Magenleiden hatte und Diät halten musste, kamen solche Beschwerden öfter und waren für ihn kein Grund zu ernsthaften Bedenken. Am Vormittag arbeitete er noch, gab die Anweisung an die Druckerei, dann verschlimmerte sich sein Zustand. Am Montagmorgen war der Schmerz geschwunden, doch eine lähmende Schwäche setzte ein, und um 17.00 Uhr schlief er in den Tod hinüber. Die Ärzte diagnostizierten im Nachhinein eine Form der Cholera, die ohne äußere Symptome auftrete. Tatsächlich hatte sich in Berlin im Sommer 1831 die Cholera rasch ausgebreitet, war aber im Spätherbst bereits wieder fast abgeklungen. Es ist zweifelhaft, ob er sich infiziert hatte. Seine Frau erreichte durch Fürsprache an höchsten Stellen, dass sein Leichnam nicht sofort vom Seuchenwagen abgeholt und auf den Cholerakirchhof verbracht wurde. Er bekam ein offizielles Begräbnis auf dem Dorotheenstädtischen Friedhof neben Fichte, wie er es gewünscht hatte. Hunderte folgten dem vierspännigen Trauerwagen des Philosophen, der im preußischen Staat die Verwirklichung des Weltgeistes sah.

An die Starcke'sche Buchdruckerei

Beifolgendes Blättchen, das ich gestern hatte beilegen wollen, dessen Worte ich als auf die Rückseite des Titels zu setzendes Motto angab, seh' ich eben, ist bei mir liegen geblieben; ich überschicke dasselbe hiermit.

Hegel 13. 11. 31

JOHANN WOLFGANG VON GOETHE
28. August 1749 – 22. März 1832

Auf einer Spazierfahrt hatte er sich Mitte März etwas erkältet, schien sich jedoch nach wenigen Fiebertagen erstaunlich rasch zu erholen und wollte am 19. März sein gewohntes Arbeitspensum wieder aufnehmen. In der Nacht jedoch erlitt er einen Herzinfarkt mit Panikattacken, der seinen Tod einleitete. Sein inhaltsreicher und bekenntnishafter Brief an Wilhelm von Humboldt wird mit dem Datum vom 17. März allgemein als letzter Brief Goethes bezeichnet. Richtig ist, dass Goethe das Konzept jenes Briefes spätestens am 13. März, wahrscheinlich sogar früher, diktiert und es mit dem Hofrat Riemer am 13. März diskutiert hat. Tatsächlich ging der Brief dann am 17. März als letzter vollendeter Brief aus Goethes Haus zur Post. Es gibt aber mehrere spätere Briefkonzepte, die anhand des Tagebuchs auf den 15. März datiert werden können, jedoch nicht mehr ins Reine diktiert und abgeschickt wurden: An den Grafen Sternberg, an den Polizeirat Grüner, an den Freiberger Geologen Karl Bernhard Cotta und an den Amtmann Mahr. Alle diese durchweg ausformulierten

Konzepte behandeln Themen der Fossilienkunde, mit der sich Goethe in den letzten Jahren hauptsächlich beschäftigt hatte, nachdem er seine literarischen Werke, vor allem den zweiten Teil des *Faust*, zum Abschluss gebracht hatte. In einem höheren Sinn kann man den Brief an Humboldt, über die späteren Konzepte hinaus, durchaus als letztes Zeugnis eines erfüllten Lebens verstehen, weil Goethe darin abschließende Worte zu seiner Arbeit am *Faust* fand und sich damit ein Lebenskreis geschlossen hatte.

An Wilhelm von Humboldt

Weimar, den 17. März 1832.
Nach einer langen unwillkürlichen Pause beginne ich folgendermaßen, und doch nur aus dem Stegreif. Die Thiere werden durch ihre Organe belehrt, sagten die Alten. Ich setze hinzu: die Menschen gleichfalls, sie haben jedoch den Vorzug, ihre Organe wieder zu belehren.

Zu jedem Thun, daher zu jedem Talent, wird ein Angebornes gefordert, das von selbst wirkt und die nöthigen Anlagen unbewußt mit sich führt, deswegen auch so geradehin fortwirkt, daß, ob es gleich die Regel in sich hat, es doch zuletzt ziel- und zwecklos ablaufen kann. Je früher der Mensch gewahr wird, daß es ein Handwerk, daß es eine Kunst gibt, die ihm zur geregelten Steigerung seiner natürlichen Anlagen verhelfen, desto glücklicher ist er. Was er auch von außen empfangen, schadet seiner eingeborenen Individualität nichts. Das beste Genie ist das, welches alles in sich aufnimmt, sich alles zuzueignen weiß, ohne daß es der eigentlichen Grundbestimmung, demjenigen, was man Charakter nennt, im mindesten Eintrag thue, vielmehr solches noch erst recht erhebe, und durchaus nach Möglichkeit befähige.

Hier treten nun die mannichfaltigen Bezüge ein zwischen dem Bewußten und Unbewußten. Denke man sich ein musikalisches Talent, das eine bedeutende Partitur aufstellen soll: Bewußtsein und Bewußtlosigkeit werden sich verhalten wie Zettel und Einschlag, ein Gleichnis, das ich so gern brauche. Die Organe des Menschen durch Übung, Lehre, Nachdenken, Mislingen, Förderniß und Widerstand und immer wieder Nachdenken, verknüpfen ohne Bewußtsein in einer freien Thätigkeit das Erworbene mit dem Angeborenen, so daß es eine Einheit hervorbringt, welche die Welt in Erstaunen setzt. Dieses Allgemeine diene zur schnellen Beantwortung Ihrer Frage und zur Erläuterung des wieder zurückkehrenden Blättchens.

Es sind über 60 Jahre, daß die Conception des Faust bei mir jugendlich, von vornherein klar, die ganze Reihenfolge hin weniger ausführlich vorlag. Nun hab' ich die Absicht immer sachte neben mir hergehen lassen, und nur die mir gerade interessantesten Stellen durchgearbeitet, so daß im zweiten Theile Lücken blieben, durch ein gleichmäßiges Interesse mit dem Übrigen zu verhindern. Hier trat nun freilich die große Schwierigkeit ein, dasjenige durch Vorsatz und Charakter zu erreichen, was eigentlich der freiwilligen thätigen Natur allein zukommen sollte. Es wäre aber nicht gut, wenn es nicht auch nach einem so lange thätig nachdenkenden Leben möglich geworden wäre, und ich lasse mich keine Furcht angehen: man werde das Aeltere vom Neuern, das Spätere vom Frühern unterscheiden können; welches wir dann den künftigen Lesern zur geneigten Hinsicht übergeben wollen.

Theilen Sie mir aber auch etwas von Ihren Arbeiten mit. Riemer ist, wie Sie wol wissen, an die gleichen und ähnlichen Studien geheftet, und unsere Abendgespräche führen oft auf die Grenzen dieses Faches. Verzeihung diesem verspäteten Blatte! Ungeachtet meiner Abgeschlossenheit findet sich selten eine Stunde, wo man sich diese Geheimnisse des Lebens vergegenwärtigen mag.

Ganz ohne Frage würd' es mir unendliche Freude machen, meinen werthen, durchaus dankbar anerkannten, weitvertheilten Freunden auch bey Lebzeiten diese sehr ernsten Scherze zu widmen, mitzuteilen und ihre Erwiderung zu vernehmen. Der Tag aber ist wirklich zu absurd und confus, daß ich mich überzeuge meine redlichen, lange verfolgten Bemühungen um dieses seltsame Gebäu würden schlecht belohnt und an den Strand getrieben, wie ein Wrack in Trümmern daliegen und von dem Dünenschutt der Stunden zunächst überschüttet werden. Verwirrende Lehre zu verwirrtem Handel waltet über der Welt, und ich habe nichts angelegentlicher zu thun als dasjenige was an mir ist und geblieben ist, wo möglich zu steigern und meine Eigentümlichkeiten zu cohibieren, wie Sie es, würdiger Freund, auf Ihrer Burg ja auch bewerkstelligen.

G.

RAHEL VARNHAGEN VON ENSE
19. Mai 1771 – 7. März 1833

Sie war eine der interessantesten Frauen Berlins, die schon zwischen 1795 und 1806 in ihrem Dachstuben-Salon über der elterlichen Wohnung alle Berühmtheiten der Zeit zu Gast hatte – von den Brüdern Humboldt, Gentz, Schleiermacher bis zu Prinz Louis Ferdinand, der bei ihr mit seiner Geliebten Pauline Wiesel erschien. Als Frau und Jüdin war Rahel von jeder öffentlichen Tätigkeit ausgeschlossen, also entfaltete sie ihre Begabung im Gespräch und im Briefeschreiben. Diese postum von ihrem Mann herausgegebenen Briefe sind ein einzigartiges Zeitzeugnis und dokumentieren eine ungewöhnliche Geistesfreiheit. Rahel schätzte ihre Freundin Pauline vor allem deswegen, weil sie auch im Leben sich alle Freiheiten nahm: »Sie leben alles, weil Sie Mut haben und Glück hatten; ich denke nur das Meiste, weil ich kein Glück hatte und keinen Mut bekam.« Rahel war nicht schön und schon früh von einem Rheuma gezeichnet, das sie mit Lähmungen häufig wochenlang ans Bett fesselte. In dem Historiker und Diplomaten Karl August Varnhagen von Ense fand sie einen ebenso freisinnigen Lebensgefährten, der durch die Herausgabe ihrer Briefe einen regelrechten Rahel-Kult auslöste. Da sie heute meist nur als Vorkämpferin der Frauenemanzipation dargestellt wird, sei an ein vergessenes Verdienst erinnert: Ohne ihr beständiges Eintreten und Werben für die Werke Goethes wäre dessen Rezeption in Deutschland anders verlaufen. Deren Verankerung im deutsch-jüdischen Bildungsbürgertum ist vor allem Rahel und ihrem gleichgesinnten Mann zu verdanken.

An Pauline Wiesel, Baden-Baden

                   Berlin Montag, den 25. Febr. 1833
Seit September bin ich von neuem sehr krank und unfähig zu schreiben: ich muß diktieren und habe keinen, der da schreibt!

Ungefähr vor neun oder zehn Wochen kam Fr. v. Rabe vor mein Bett, mich zu fragen, ob ihr Mädchen mir einen grünen Brief gebracht hätte von Ihnen. Sie hatte keinen gebracht; es war Montag und Sonntag sollte sie ihn gebracht haben. Das Mädchen wurde geholt: Sie konnte keinem von meinen vier Domestiken ins Gesicht sagen, daß sie ihn abgegeben hätte und ging beschämt weg. Kurz, sie hat ihn verloren, weil es Sonntag war. Was werden Sie denken? Ich <u>konnte</u> nicht schreiben. Litt mort et martyre. Heute aber <u>muß</u> ich diktieren. Es ängstigt mich <u>zu</u> sehr!!! Gestern sagte mir Victoire, Sie hatten Ihre Schwester in Rastatt gesehen, wie angenehm! Ich wurde die letzte Zeit mit einer Bahre die Treppe rauf und runter getragen, d. h. im September: Ich kann kein Quartier finden, also bleib ich. Aber der letzte Absatz meiner Treppe, es wird gedielt, die Öfen umgesetzt und das Haus so geändert, daß meine Zimmer einen anderen Eingang als durch die Zimmer selbst bekommen. Nun hat mir Fürstin Carolath auf ihrem Schloß in Schlesien ein rez de chaussée (Parterrewohnung, W. F.) ganz für mich, mit Küche und Terasse angeboten. Da will ich im April langsam hin und dort als Kranke leben. Die Ärzte lassen mich hoffen, bis dahin soll es gehen. Ich gebrauche seit 6 Tagen Homöopathie von Hofrat von Neker, dem Leibarzt des Herzogs von Lucca, der hier ist, und hoffe. Jedoch leid ich sehr jetzt; es war mir vorausgesagt. Liebe Pölle! Schreiben Sie mir von sich! <u>Ich</u> kann nicht mehr. Varnhagen war 6 Wochen mit mir zugleich in seinem Bett gefährlich krank; wir konnten nicht zueinander. Sie sind der erste und einzige Mensch, dem ich schreibe. Seien Sie trotz der Schreckenspause meiner Gesinnung gewiß. Ihre R.

Was sagen Sie zur Raben ihr Mädchen? Was stand denn in dem Brief? Grün sagt, die Fr. v. Rabe war er. Sie scherzte über diese Auszeichnung, aber nie habe ich ihn gesehn! Adieu! Adieu! Ich grüße Herrn Vincent und die Kinder. Varnhagen darf nicht wissen, daß ich so krank schreibe. Adieu!

CHARLOTTE STIEGLITZ
18. Juni 1806 – 29. Dezember 1834

Im Jahr 1823 hatte der zweiundzwanzigjährige Student Heinrich Stieglitz ein Gedichtbändchen veröffentlicht und jene Charlotte kennengelernt, die er 1828 heiratete, nachdem er Gymnasialhilfslehrer in Göttingen geworden war. »Bald darauf«, schrieb der Lexikograph Franz Brümmer, »befiel ihn ein Gemütsleiden; er glaubte sich durch seine Verheiratung in der freien und vollen Entwicklung seines Talentes gehemmt, um so mehr, als seine poetischen Produktionen nicht den von ihm erhofften Anklang fanden.« Erklärend sollte man hinzufügen, dass seine Frau die Einzige war, die bei ihm Talent vermutete, verschattet von seinem Trübsinn vielleicht, aber doch noch erweckbar. So kam die Arme auf den Gedanken, ihn durch eine gewaltsame Aufregung, durch einen erschütternden Schmerz aus seinem dumpfen Brüten herauszureißen und dadurch seine schöpferische Ader freizulegen. Kurz: Sie brachte sich zu diesem Zwecke um. Allerdings sollte ihr Anblick nicht gar so schrecklich wirken, deshalb umwickelte sie einen Dolch mit einem roten Tuch, um das Blut unsichtbar aufzufangen, und stieß ihn sich, auf dem Bette liegend, ins Herz. Ihr hinterlassener Gatte wechselte daraufhin vom Gedicht zur Prosa und lebte, durch einen reichen Onkel glänzend versorgt, fortan auf Reisen durch Europa, bis er in Venedig an der Cholera starb.

29. Dezember 1834.

Unglücklicher konntest Du nicht werden, Vielgeliebter! Wohl aber glücklicher im wahrhaften Unglück! In dem unglücklich sein liegt oft ein wunderbarer Segen, er wird sicher über Dich kommen!!! Wir litten beide ein Leiden, Du weißt es, wie ich in mir selber litt; nie komme ein Vorwurf über Dich, Du hast mich viel geliebt! Es wird besser mit Dir werden, viel besser jetzt, warum? ich fühle es, ohne Worte dafür zu haben. Wir werden uns einst wieder begegnen, freier, gelöster! Du aber wirst noch hier Dich herausleben und mußt Dich noch tüchtig in der Welt herumtummeln.

Grüße alle, die ich liebte und die mich wieder liebten!

Bis in alle Ewigkeit!
Deine Charlotte.

Zeige Dich nicht schwach, sei ruhig und stark und groß!

22. Juli 1767 – 8. April 1835

Bis zuletzt arbeitete der berühmte Staatsmann und Diplomat in geistiger Frische an seinen sprachwissenschaftlichen Untersuchungen. Zusammen mit seinem welterfahrenen Bruder Alexander lebte er auf dem Familienschloss Tegel bei Berlin, beide hochgeehrt, doch von ihrem König unverstanden. Erst im letzten Winter machte sich eine Nervenlähmung bei Wilhelm bemerkbar, an der er wenige Tage nach seinem letzten Brief starb.

An den Schwiegersohn Hedemann

Tegel, 29. März 1835.

Ich danke Dir tausendmal, teuerster Sohn, für Deinen Brief, der mich vollständig über alles belehrte. Ich habe mich den ganzen Tag viel besser als gestern gefunden, und Alexander freute sich über mein Aussehen und meine Stimme. Aber unmittelbar nach seiner Abreise um 6 Uhr, also um die nämliche Zeit als vorgestern, stellte sich wieder viel heftigeres Zittern als heute und gestern ein. Doch war es nicht so stark als vorgestern. Es hinderte mich nicht ganz am Gehen. Von Fieberhitze oder Frost bemerkte ich nichts. Immer aber scheint doch etwas Periodisches in dem Übel zu sein. Appetit habe ich mehr als gestern gehabt. Auf guten Schlaf darf ich aber wohl heute nicht rechnen.

Ich wünschte, daß Dieffenbach übermorgen, Dienstag abend zwischen 7 und 8 Uhr käme, da als dann die periodische Verstärkung des Übels wiederkommen muß.

Weiter wüßte ich nichts hinzuzufügen. Umarme alle die Meinigen und lebe herzlich wohl. Ich habe daran, daß Du, teuerster Sohn, gestern gekommen und den Tag über hiergeblieben bist, wieder recht Deine innige Liebe und Güte erkannt.

Von Herzen Dein treuer Vater   H.

CHRISTIAN DIETRICH GRABBE
11. Dezember 1801 – 12. September 1836

Er hielt sich für den »Messias der deutschen Bühne«: Zehn Theaterstücke hatte er vollendet, aber keines wurde gespielt. Mit allen Freunden zerstritt er sich, auch mit seiner Frau, die von ihm eine Karriere als Jurist erwartet hatte. Er verließ sie und kehrte nach über einem Jahr als bettelarmer und todkranker Alkoholiker nach Detmold zurück, doch sie verweigerte ihm den Zutritt in das schäbige gemeinsame Haus, den er sich am Tag nach seinem Brief mit Polizeigewalt erzwingen musste. Die letzten Wochen verbrachte er umgeben von Bierflaschen und Manuskriptseiten apathisch im Bett.

Frau!
Übermorgen früh, Schlag neun Uhr, zieh ich in mein Haus. Vorerst denk' ich mein altes Zimmer nebst Schlafkammer, beide parterre, zu wählen. Ich hoffe sie mit allen Möbeln so imstande zu finden, als sie waren. Den Doppelschlüssel zu dem Zimmer, wovon unter anderem der Sergeant Schulz vielleicht zu sagen weiß,

bitt' ich mir auch neben dem Hauptschlüssel aus. Hast Du mehr Doppelschlüssel, so begehre ich alle, um sie zu vernichten. Einen Hausschlüssel (Du hast 2, wo nicht mehr) verlang' ich gleichfalls. Übermorgen früh halb neun Uhr hat Sophie bei mir zu erscheinen, oder sie ist übermorgen mittag 12 Uhr außer Diensten. Warum Du gestern das Publikum aufzuregen geschienen und den Pedell Priester vielleicht hast rufen lassen, begreif ich nicht. Es wird wohl nicht von Dir herrühren. Ein Ehemann kann übrigens in sein Haus treten. Ich tat Dir dabei nichts zuleide. Sei klug. Bedenke, unser Interesse ist gemeinsam. Handle nicht dagegen. Ich werde Dich nie verletzen. Fremde Ratgeber nützen wenig.

Christian Dietrich Grabbe
Detmold, den 24. Juli 1836.

GEORG BÜCHNER
17. Oktober 1813 – 19. Februar 1837

Um Medizin zu studieren, hatte sich der achtzehnjährige Arztsohn 1831 an der Straßburger Universität immatrikuliert. Er bezog ein Zimmer im Haus des verwitweten Pfarrers Johann Jaegle, worauf der Brief anspielt, denn mit der Tochter des Pfarrers verlobte er sich heimlich, als er zwei Jahre später Straßburg verließ. Als sie ihren Antrittsbesuch bei seinen Eltern im Oktober 1834 machte, wurde er bereits wegen revolutionärer Umtriebe von der hessischen Polizei gesucht. Aus dem Medizinstudenten war ein politischer Schriftsteller geworden. Ihm gelang die Rückkehr nach Straßburg, wo er tagsüber seine wissenschaftliche, nachts seine künstlerische Arbeit fortsetzte. Mit einer Untersuchung »Über das Nervensystem der Fische« wurde er in Zürich promoviert und hatte nach einer dortigen Probevorlesung »Über Schädelnerven« beste Aussichten auf eine akademische Karriere. Plötzlich erkrankte er am 2. Februar 1837, man hielt es für eine Erkältung, doch am 15. Februar ahnte man, dass es sich um ein Faulfieber handelte. Man ließ rasch aus Straßburg die Verlobte kommen, und in ihrer Nähe ist er sanft eingeschlafen. Am Sonntag, um halb vier, küsste sie ihm die Augen zu.

Zürich,
27. Januar 1837.

Mein lieb Kind, Du bist voll zärtlicher Besorgnis und willst krank werden vor Angst; ich glaube gar, Du stirbst – aber ich habe keine Lust zum Sterben und bin gesund wie je. Ich glaube, die Furcht vor der Pflege hier hat mich gesund gemacht; in Straßburg wäre es ganz angenehm gewesen, und ich hätte mich mit dem größten Behagen in's Bett gelegt, vierzehn Tage lang, rue St. Guillaume Nro 66, links, eine Treppe hoch, in einem etwas überzwergen Zimmer, mit grüner Tapete! Hätt' ich dort umsonst geklingelt? Es ist mir heut einigermaßen wohl, ich zehre noch von gestern, die Sonne war groß und warm im reinsten Himmel – und dazu hab' ich meine Laterne gelöscht und einen edlen Menschen an die Brust gedrückt, nämlich einen kleinen Wirth, der aussieht wie ein betrunkenes Kaninchen, und nur in seinem prächtigen Hause vor der Stadt ein großes elegantes Zimmer vermietet hat. Edler Mensch!

Das Haus steht nicht weit vom See, vor meinen Fenstern die Wasserfläche und von allen Seiten die Alpen, wie sonnenglänzendes Gewölk. – Du kommst bald? mit dem Jugendmut ist's fort, ich bekomme sonst graue Haare, ich muß mich bald wieder an Deiner inneren Glückseligkeit stärken und Deiner göttlichen Unbefangenheit und Deinem lieben Leichtsinn und all Deinen bösen Eigenschaften, böses Mädchen. Adio piccola mia!

NICOLÒ PAGANINI
27. Oktober 1782 – 27. Mai 1840

Im November 1839 kam Paganini nach Nizza, um Linderung für sein Rheuma und seinen »Katarrh« zu finden, der aber in Wirklichkeit eine Kehlkopftuberkulose im finalen Stadium war. Da das Wetter, anders als erwartet, kalt und nass war, verließ er in den letzten sieben Monaten seines Lebens die Wohnung nicht mehr. Hauptsächlich beschäftigte ihn in dieser Zeit die »Casino-Affäre«, die ihn ein Vermögen von 100 000 Francs gekostet hatte: Er hatte sich von seinem Vetter Rebizzo überreden lassen, Hauptaktionär eines luxuriösen Konzerthauses in Paris zu werden, das auch seinen Namen tragen sollte: »Casino Paganini«. Er hatte 1837 Aktien im Wert von 30 000 Francs gekauft und auf die Bitte Rebizzos, der in Genua geblieben war, zusätzlich die gleiche Menge, wofür er ihm das Geld auslegte. Zwei Monate nach der Eröffnung ging das Unternehmen in Konkurs, und Paganini durfte als Hauptschuldner die Stadt nicht verlassen. Vor Gericht erlitt er eine Niederlage nach der anderen – kurz: die Sache endete mit einem finanziellen Fiasko. Vergeblich versuchte er nun, von Rebizzo das geliehene Geld zurückzubekommen; sein als Testamentsvollstrecker eingesetzter Freund Battista Giordano bemühte sich ebenso vergeblich um eine gütliche Einigung.

An G. B. Giordano

Nizza, 12. Mai 1840

Mein lieber Freund,
es kann durchaus vorkommen, daß man die herzliche Korrespondenz mit einem Freund ausfallen lassen muß. Entschuldigen Sie es mit meinen starken und betrüblichen Beschwerden; ich war sehr unglücklich, daß ich nicht schreiben und Ihrem lieben und freundlichen Herrn Kommissar von Brick »lo Ziffero« jenen Brief für Sie nicht mitgeben konnte, den er so brennend erwartete. An allem ist nur das Schicksal schuld, das mich unglücklich will.

Ich danke Ihnen für Ihre Bemühung, alles mit Rebizzo freundschaftlich zu beenden, aber aus folgenden Gründen kann ich beim besten Willen nicht zustimmen, ihm irgendwelche Zugeständnisse zu machen, außer dem einen: Er gibt mir 30 tausend Francs zurück für den Verlust, den ich mit den 30 Tsd. für Aktien, die ich mit ihm gekauft habe, gemacht habe. Für mindestens 25 Tsd. Francs für gekaufte Kredite, die ich rechtmäßig einklagen kann; für Prozeßkosten, für den Prozeß, den ich unserem genialen Anwalt Germi anvertraut habe, und vor allem für die Mühen und Sorgen, die so sehr meine Gesundheit ruiniert haben. Und all das wegen des Leichtsinns von Rebizzo. Ich verlange nichts, nur die Zinsen für mehr als zwei Jahre von den Aktien, die für Rebizzo gekauft wurden, also sind 30 tausend Francs mehr als gerecht und ich werde nichts mehr sagen.

Was meinen Neffen betrifft, so habe ich die Absicht, die für die Universität anfallenden Kosten zu bezahlen und die Kosten für die Bücher, die die Professoren verlangen, sonst nichts.

Doktor Binet gilt als der beste Arzt Nizzas, und nur er behandelt mich. Er sagt, daß er mich am Leben halten kann, wenn er meinen Katarrh um 1/3 verringern kann. Und bei 2/3 Verringerung könnte er mir noch mehr Hoffnungen machen. Aber die Medikamente, die er seit vier Tagen einsetzt, haben nichts bewirkt.

Umarmen Sie für mich unseren wunderbaren Germi. Er erinnert mich an unser verehrtes und engelhaftes Geschöpf, Seine Exzellenz den Minister Villamarina, und nehmen Sie den Ausdruck meiner Hochachtung und Freundschaft an, mit der ich immer gerne zu Ihren Diensten sein werde.

Haben Sie die Güte, Germi mitzuteilen, daß wenn sich ihm Antonio Bocciardo vorstellt, er ihm ein Geschenk von 500 Francs machen kann, weil ich ihm eine Unterstützung versprochen habe. Das ist das menschliche Elend ... etc.

Oh! Wievielmal muß ich mich entschuldigen, daß ich den so liebenswürdigen Damen Schiassetti noch nicht auf ihren wundervollen Brief geantwortet habe. Aber sie werden dieses große Versäumnis entschuldigen, da ich ihre Güte mir gegenüber kenne.

Grüßen Sie sie herzlich von mir und lassen Sie mich Neues wissen. Ich hoffe, bald Neuigkeiten von unserem Germi, von Rebizzo und von Ihnen zu erfahren.

Leben Sie wohl. Herzlich, Ihr Freund

Nicolò Paganini

FRIEDRICH HÖLDERLIN
20. März 1770 – 7. Juni 1843

Sein Leben ist ihm zerronnen in Hauslehrerstellungen, aus denen er stets im Streit schied. Seine unglückliche Liebe zur Hausherrin Suzette Gontard ermöglichte ihm den einzigen Roman *Hyperion*, das Bekenntnis einer überspannten Seele. Als Diotima ist sie, auch in ihren Briefen, unsterblich geworden. Nach ihrem Tod 1802 brach Hölderlin psychisch zusammen, lebte noch zwei Jahre bei seinem Freund Sinclair, bis sich die Psychose so verstärkte, dass er zunächst in eine Klinik kam und dann mit der Prognose einer höchstens dreijährigen Überlebenszeit zu dem literarisch gebildeten Schreinermeister Zimmer in Pflege gegeben wurde. Dort lebte er noch sechsunddreißig Jahre lang im turmartigen Anbau des großen Hauses am Neckar. Besuchern schrieb er in guten Stunden Sätze in mitgebrachte Poesiealben, deren Sinn dunkel bleibt. Die letzte bekannte schriftliche Mitteilung ist solch ein Eintrag.

Für einen Unbekannten

(Tübingen, 1840)

Von der Realität des Lebens.

Wenn die Menschen das bemerken, daß Kentnisse im

Leben sind, die den Menschen interessiren, so kann man davon sprechen, daß ein Zwek im Leben, und daß die Nützlichkeit im Leben nicht ohne Interesse wäre. Die höchsten Behauptungen des Menschen sind nicht ohne solche Allgemeinheit. Das Innere des Menschen ist von mehreren Bestimmungen; diese Art von Behauptenheiten ist davon nicht ausgeschlossen. Die Menschen sind in solchen Rüksichten höhere Menschen, die in der menschlichen Gesellschaft existiren.

d. 25 Januar 1729.
Dero unterthänigster Buarotti.

ROBERT BLUM
10. November 1807 – 9. November 1848

Als Vorsitzender der demokratischen Linken in der Frankfurter Nationalversammlung überbrachte er den in Wien kämpfenden Revolutionären eine offizielle Sympathieadresse und beteiligte sich auch selbst am Kampf. Deshalb wurde nach der Niederschlagung des Aufstandes seine politische Immunität vor Gericht nicht anerkannt. Er wurde zum Tode verurteilt und erschossen.

An seine Frau

Mein theures, gutes, liebes Weib, lebe wohl! wohl für die Zeit, die man ewig nennt, die es aber nicht sein wird. Erziehe unsere – jetzt Deine Kinder zu edeln Menschen, dann werden sie ihrem Vater nimmer Schande machen. Unser kleines Vermögen verkaufe mit Hilfe unserer Freunde. Gott und gute Menschen werden Euch ja helfen. Alles, was ich empfinde, rinnt in Thränen dahin, daher nur nochmals leb' wohl, theures Weib! Betrachte unsere Kinder als theures Vermächtnis, mit dem Du wuchern mußt, und ehre so Deinen treuen Gatten. Leb' wohl, leb' wohl! Tausend, tausend, die letzten Küsse von Deinem

Robert.

Wien, den 9. November 1848.

Morgens 5 Uhr, um 6 Uhr habe ich vollendet.

Die Ringe hatte ich vergessen; ich drücke Dir den letzten Kuß auf den Trauring. Mein Siegelring ist für Hans, die Uhr für Richard, der Diamantknopf für Ida, die Kette für Alfred, als Andenken. Alle sonstigen Andenken vertheile Du nach Deinem Ermessen. Man kommt! Lebe wohl! wohl!

FRÉDÉRIC CHOPIN
1. März 1810 – 17. Oktober 1849

Sein Lungenleiden hatte ihn 1838 zu einer Kur auf Mallorca bewogen, wohin ihn seine Geliebte George Sand begleitete. Es wurden, nicht allein des Winters wegen, die schrecklichsten Monate seines kurzen Lebens. Seine Geliebte versprach ihm, er werde nur in ihren Armen sterben. Auf diese Ehre erhoben später ein halbes Hundert Gräfinnen Anspruch, und George Sand war nicht darunter. Sie hatte sich dem Sterbekult in Chopins Wohnung an der

Place Vendôme verweigert. Um den Liebling der Pariser Gesellschaft muss es zu grotesken Szenen gekommen sein: Ein polnischer Priester wollte unbedingt die Seele des Gottlosen retten, die Gräfin Potocka deklamierte in einem durchsichtigen weißen Kleid heimatliche Lieder, und der Arzt hielt ihm zwischendurch ein brennendes Streichholz vor das Gesicht um festzustellen, ob er noch atmete. In dieser Situation formulierte der Sterbende, der panische Angst davor hatte, lebendig begraben zu werden, seine letzte schriftliche Bitte.

Da diese Erde mich ersticken wird, beschwöre ich Euch, meinen Körper öffnen zu lassen, damit ich nicht lebendig begraben werde.

NIKOLAUS LENAU

13. August 1802 – 22. August 1850

Er war achtundzwanzig Jahre alt, als er sich mit der Syphilis infizierte; vierzehn produktive Jahre als Lyriker und Dramatiker blieben ihm noch. Man nannte ihn den »deutschen Byron«, weil seine Gedichte von jenem rastlosen Weltschmerz zeugten, der den Europamüden bis nach Amerika trieb. Doch aus dem Land der »himmelanstinkenden Krämerseelen« kehrte er enttäuscht zurück und begann eine unglückliche Liebe zur verheirateten Sophie von Löwenthal, von der er sich bis zum letzten Brief nicht lösen konnte, obwohl er noch kurz vor dem Zusammenbruch eine Verlobung einging. In der fortgeschrittenen Paralyse wechselten ab September 1844 Tobsuchtsanfälle mit Wahnideen und Selbstmordversuchen. Wenige Tage nach seinem noch klaren letzten Brief wurde er in ein Stuttgarter Sanatorium verbracht, drei Jahre später in eine Anstalt bei Wien. Dort lebte er noch verdämmernd drei Jahre.

An Sophie Löwenthal
Stuttgart den 18. Octob. 1844

Liebe Sophie!

Sie werden meiner Gesundheit wegen in großer Sorge sein. Vernehmen Sie zu Ihrer Beruhigung, daß ich mich heute so wohl fühle, daß ich meine Reise nach Ischl unternehme nach Tisch.

Hohe Herrschaften waren so gnädig meiner Lage, die allerdings eine der traurigsten ist, Ihre Theilnahme zuzuwenden. Ich führe das nicht aus eitler Eigenliebe sondern zur Ehre der Prinzessin Maria und des Grafen v. Neipperg an.

Ich beschwöre Sie, den gewissen Entschluß falls ich sterben sollte, nicht auszuführen denken Sie an Ihre Kinder, an Ihren alten Vater, an mich und meine Ehre, meinen Namen, der bisher so rein gewesen. Leben Sie fort meinem Andenken, das, wenn Sie mich jemals geliebt haben, für Sie reizend genug sein wird, Sie im Leben zurückzuhalten. Endlich vergessen Sie nicht, daß Selbstmord das grausigste Verbrechen ist. Sie würden wenn Sie das entsetzliche Vorhaben ausführten nichts erreichen als daß unsere Liebe nebst dem daß sie eine unglückliche, vielleicht wie keine war – auch eine beschmutzte und beschimpfte würde. Fassen Sie sich in jenem nicht wahrscheinlichen Falle mit der Größe der Seele die Sie in andern erprobten.

Auf Wiedersehen hier und dort
Ihr umwandelbar und tief geneigter
Nicolaus Lenau

Vergessen Sie meine Bitte nie!

HEINRICH HEINE
13. Dezember 1797 – 17. Februar 1856

Lange Zeit wusste man nicht, wer diese junge Frau eigentlich war, die den gelähmten und schon halbblinden Dichter in seiner Matratzengruft noch einige Monate vom Sterben ablenkte. Er nannte sie »Mouche« nach der Fliege in ihrer Petschaft, und mit diesem Namen ist sie in die Literatur eingegangen als seine letzte, zärtliche Liebe. Rund zweihundertmal hat sie ihn besucht, ihm vorgelesen, sich von ihm diktieren lassen oder ihm einfach nur die Hand gehalten. Einmal wurde sie krank und blieb aus; als sie wiederkam, war er tot. Da war sie 26 Jahre alt. Erst fast dreißig Jahre später gab sie sich als Elise von Krinitz zu erkennen. Unter dem Pseudonym »Camille Selden« war sie eine erfolgreiche Schriftstellerin und Übersetzerin der *Wahlverwandtschaften* ins Französische.

An die Mouche

Paris, 14. Februar 1856

Liebste!

Komme heute (Donnerstag) nicht. Ich habe die entsetz-
lichste Migraine. Komm morgen (Freitag)

Dein leidender
H. H.

ROBERT SCHUMANN
8. Juni 1810 – 29. Juli 1856

Die Paralyse bereitete ihm ein verhältnismäßig gnädiges
Ende. In die Heilanstalt Endenich bei Bonn hatte er sich
aus eigenem Entschluss begeben: Nach einer Krise im Februar 1854 fürchtete er, nicht mehr Herr seiner Sinne zu
sein; er wählte Kleider, Uhr, Notenpapier, Schreibzeug und
Zigarren aus und wollte sich noch spätabends ins Krankenhaus begeben. Seine Frau hielt ihn davon ab; am Morgen
des 27. Februar stürzte er sich in den Rhein, wurde aber
von Fischern gerettet – sein demonstrativer Akt gab den
Anlass zur Übersiedlung in das Sanatorium. Dort war er
nicht interniert; er durfte sich frei bewegen, hatte ein Kla-
vier und durfte Besucher empfangen. Sein Geist war klar;
er wusste stets, wer und wo er war; er war nur unendlich
müde. Ein halbes Jahr lang wollte er nichts von seiner Frau
hören, dann sprach er zu ihr in seinen Briefen wie zu einer
fernen Gestalt aus einer Vergangenheit, die ihn zwar noch
rührte, aber nichts mehr anging. Zwar freute er sich noch
über die Nachricht, »dass der Himmel Dir einen prächtigen Knaben« geschenkt habe, aber die Formulierung verrät, dass er damit nichts mehr zu tun haben wollte. Den

jungen Brahms betrachtete er als seinen Nachfolger; bei ihm wusste er nicht nur Klara, sondern auch sein künstlerisches Vermächtnis in guten Händen. Er schrieb nicht mehr, zog sich in sich selbst zurück und starb.

An Johannes Brahms

Endenich, 27. November 1854.
Lieber! Könnt' ich selbst zu Ihnen, Sie wieder zu sehen und zu hören und Ihre herrlichen Variationen, oder von meiner Klara, von deren wundervollem Vortrage mir Joachim geschrieben. Wie das Ganze so einzig abrundet, wie man Sie kennt in dem reichsten phantastischen Glanz und wieder in tiefer Kunst, wie ich Sie noch nicht kannte, verbunden, die Thema hie und da auftauchend und sehr geheim, dann so leidenschaftlich und innig. Das Thema dann wieder ganz verschwindend, und wie so herrlich der Schluß nach der vierzehnten, so kunstreichen, in der Sekunde kanonisch geführten, die fünfzehnte in Ges-dur mit dem genialen zweiten Teile und die letzte. Und dann hab' ich Ihnen, teurer Johannes, zu danken für alles Freundliche und Gütige, was Sie meiner Klara getan; sie schreibt mir immer davon. Gestern hat sie wie Sie vielleicht wissen, zwei Bände meiner Kompositionen und die Flegeljahre von Jean Paul zu meiner Freude geschickt. Nun hoffe ich doch auch von Ihnen, wie mir Ihre Handschrift ein Schatz ist, sie bald in anderer Weise zu sehen. Der Winter ist ziemlich lind. Sie kennen die Bonner Gegend, ich erfreue mich immer an Beethovens Statue und der reizenden Aussicht nach dem Siebengebirge. In Hannover sahen wir

uns zum letzten Male. Schreiben Sie nur bald Ihrem
verehrenden und liebenden

R. Schumann.

ELISA RACHEL FELIX, GEN. LA RACHEL
28. Februar 1820 – 3. Januar 1858

Die Tochter eines elsässischen jüdischen Hausierers ernähr-
te sich ab dem zehnten Lebensjahr durch Singen in Pariser
Cafés, wurde dann aber zur Schauspielerin ausgebildet und
hatte mit achtzehn Jahren erste, sensationelle Erfolge. Sie
begeisterte die Kritik und das Publikum mit ihrer vollen,
bis in die höchsten Ränge reichenden Altstimme und einer
Gebärdensprache, die sie bald zur ersten Tragödin werden
ließ. Besonders die klassischen Tragödien eines Racine oder
Corneille wurden durch ihre Kunst zu neuem Leben gebracht. Für Jahrzehnte galt »La Rachel« als die unerreichte,
unvergleichliche Darstellerin der großen Gefühle, bis Sarah
Bernhardt ihren Platz einnahm. Als Geliebte mehrerer Ad-
liger und Dichter blieb sie unverheiratet, hatte aber zwei
Söhne. 1855 gab sie Gastspiele in Amerika, die jedoch ohne
den triumphalen Erfolg blieben, den sie aus Paris gewohnt
war. Lungenkrank kam sie zurück und suchte vergebens
Heilung im trockenen Klima Ägyptens.

An Arséne Houssaye

Wissen Sie noch, wie wir von meiner Laufbahn sprachen, einer Laufbahn von Marmor? Ja, von Marmor
für mein Grab. Ich wollte dem Genuß leben. In weni-

gen Jahren habe ich meine Tage und Nächte verzehrt; doch es ist eben geschehen, und ich sage nicht wie Ihre Büßerin: es ist meine Schuld, meine Schuld, meine Schuld! Wenn man sein Herz nicht in seinen schönen Tagen verbrannt hat, kann man es mit fünfunddreißig Jahren nicht in Flammen setzen. Nein, nein, es ist vorbei! Ach, wenn ich nicht zwei Söhne hätte, ich würde mit Freuden sterben. Doch ich werde zurückkehren. Der Gott Israels wird mir, in meinen Zwischenakten dort oben, erlauben herabzusteigen, um meine Kinder zu küssen und meine Freunde wiederzusehen im Théâtre Français, das ich so sehr geliebt habe.

Sie, der Sie als Bewohner der Champs Elysées jeden Tag an dem Obelisken vorbeigehen, gedenken Sie der armen Verbannten. Vom Fuße der Pyramiden betrachte ich zwanzig Jahrhunderte, die im Sand verweht sind. Mein Freund, wie klar ist mir hier die Nichtigkeit der Tragödinnen! Ich glaubte mich pyramidengroß, und nun erkenne ich, daß ich nur ein Schatten bin, der vorüberzieht – vorübergezogen ist. Ich bin hiehergekommen, um das entfliehende Leben festzuhalten, und ich sehe um mich her nur den Tod. Wenn man in Paris geliebt wurde, muß man sterben. Lassen Sie mir schnell auf dem Père-Lachaise ein Grab schaufeln und behalten Sie mich in Ihrer Erinnerung. Haben Sie mich vergessen? Ich gedenke Ihrer.

Ich schreibe dies, ohne recht zu wissen, was ich sage, aber ich trockne die Tinte mit dem Staube der ägyptischen Königinnen. Das ist das Beredteste in meinem Briefe.

Die vergehende Rachel.

ARTHUR SCHOPENHAUER
22. Februar 1788 – 21. September 1860

Mit dreiundzwanzig Jahren hatte er geschrieben: »Das Leben ist eine missliche Sache: ich habe mir vorgesetzt, es damit hinzubringen, über dasselbe nachzudenken.« Das tat er, finanziell unabhängig durch das väterliche Erbe von 19 000 Talern, doch Anerkennung, gar Ruhm erwarb er sich damit zunächst nicht. Erst als Siebzigjähriger erfuhr er von seinem Verleger Brockhaus, dass die zweite Auflage seines Haupt- und Jugendwerkes *Die Welt als Wille und Vorstellung* ausverkauft sei. Seinem pessimistischen Weltbild entsprechend graute es ihm jedoch bei dem Gedanken, es würden sich nun die verhassten akademischen Berufsphilosophen mit seinem Werk beschäftigen. Er hoffte darauf, dass seine Schriften von interessierten Laien aufgenommen würden, da er nur ihnen die nötige intellektuelle Unvoreingenommenheit zutraute. Sein letzter Brief ist an zwei solche Laien, Militärschüler in der österreichischen Provinz, gerichtet. Sie hatten bei ihm angefragt, ob die Selbstaufhebung des unteilbaren Willens nicht zugleich eine Aufhebung der Welt mit sich brächte. Schopenhauer gab sich mit der Antwort ersichtlich Mühe.

An Michael Sikič und Camillo Schramek

Daß Sie in jugendlichem Alter, in einer aller Philosophie sehr heterogenen Lage, endlich auch noch in einer entlegenen Oesterreichischen Provinz, sich so ernstlich mit meinen Lehren beschäftigen, hat mich erstaunt und höchlich erfreut, zudem auch mir von Ihnen eine vorteilhafte Meinung gegeben. Daher ich nicht unterlasse Ihnen zu antworten.

Ihr Problem läßt sich sehr leicht zurückführen auf einen Schluß, der formell richtig ist und dessen Prämissen wahr sind, – während die Konklusion eine offenbar falsche Aussage ist. Dies entsteht daraus, daß dabei eine Amphibolie der Begriffe vorgeht, indem der Wille als individuelle Erscheinung genommen, sodann aber wieder in seiner Eigenschaft als Ding an sich gefaßt wird. In dieser letztern Beziehung wird jedoch der Gegenstand transscendent, d.h. er geht über alle Möglichkeit unsers Verständnisses hinaus; weil über die mögliche Erfahrung hinaus die Formen unsers Intellekts, Raum, Zeit, Kausalität, nicht mehr anwendbar sind. Diese Formen behält jedoch Ihre Argumentation bei, indem sie die Prädikate Ganzes und Theil, Einheit und Zahl, Ursach und Wirkung, auf den Willen als Ding an sich anwendet. Sie fassen ihn z.B. mittelst unsrer Anschauungsform Raum, indem Sie quantitativ von ihm reden und sagen: »Da der Wille in jedem Individuo ganz vorhanden ist, muß mit seiner Aufhebung in diesem die ganze Welt aufgehoben seyn.« Wenn Sie aber die Sache so rein quantitativ auffassen, hätten Sie, konsequenterweise, höher oben anfangen und sagen sollen: »nimmermehr kann der ganze und untheilbare Wille ganz in jedem von zahllosen Individuen seyn.« Imgleichen geht Ihre Argumentation eigentlich auch auf die Kausalität, die der aufgehobene Wille auf die Erscheinungswelt ausübt. Ebenso nimmt sie die Zeit in Betrachtung, indem sie sagt: »nach dem Eintritt einer Verneinung des Willens muß u.s.w.« – Diese gesammte Amphibolie entsteht daraus, daß Ihre Argumentation sich auf die Gränze des unsrer Erkenntniß Zugänglichen und des ihr Unzugänglichen, Transscendenten, gestellt hat und nun die Begriffe über diese Gränze hin und her wirft.

Ich meinerseits habe mich vor aller Transscendenz gehütet und immer nur von Dem geredet, was sich in der Erfahrung nachweisen läßt: so habe ich den Willen in seiner Bejahung gezeigt, nebst der an dieser hängenden Erscheinung, dieser Welt, als ihrer Folge; sodann das ethische Phänomen seiner Verneinung: hier aber kann ich auf die Folgen nicht weiter schließen, als negativ, und da sind sie für uns – Nichts. – Ob nun die den Willen bejahenden Individuen und das ihn ausnahmsweise verneinende sich in der Zeit als vor oder nach einander darstellen, macht keinen Unterschied, so wenig wie daß sie im Raum neben einander auftreten müssen. Dies Alles geschieht bloß in der Erscheinung und vermöge ihrer Formen. Für den in der Verneinung begriffenen individuellen Willen habe ich die negative Folge ausgesprochen, Bd.1, p. 452, 3te Auflage, 2te Aufl: p. 432 und damit die äußerste Gränze, zu der unsre Fassungskraft reicht, berührt.

Alles hier Gesagte wird Ihnen um so mehr einleuchten, je mehr Sie sich mit der Kritik der reinen Vernunft bekannt gemacht haben. Hinsichtlich der unüberschreitbaren Gränze aller unsrer metaphysischen Erkenntnisse, empfehle ich Ihnen die 3 ersten Seiten des letzten Kapitels des 2ten Bandes meines Hauptwerks aufmerksam zu lesen. Zur Aufhellung Ihres Problems ist auch zu berücksichtigen Bd: 2, p. 698, 3te Auflage, 2te Aufl: p. 607, »Die Individualität« usw.

Vielleicht interessirt es Sie, daß in diesen Tagen die 2te vermehrte Auflage meiner Ethik bei Brockhaus erscheint; imgleichen daß meine Büste, von der Bildhauerin Ney (Großnichte des Marschalls) in Berlin, verfertigt und von Allen einstimmig sprechend ähnlich befunden, jetzt durch Abgüsse vervielfältigt, auch auf der Austellung in Wien zu sehn seyn wird.

Von Herzen wünsche ich Ihnen Glück und Heil in Ihrer militärischen Laufbahn, und daß der philosophische Geist Sie durch das ganze Leben begleiten möge.

Frankfurt a. M.   Arthur Schopenhauer
d. 1. Sepr
1860.

EUGÈNE DELACROIX
26. April 1798 – 13. August 1863

Er liebte die große Inszenierung, die kräftigen Farben und den satten Pinselstrich; die fein lasierte Erhabenheit der klassischen, David'schen Schule war seine Sache nicht. Doch welche subtilen Möglichkeiten er noch dem reduziertesten Kolorit abgewinnen konnte, zeigt beispielsweise sein Porträt des Geigers Paganini. Früh vom Erfolg verwöhnt, galt Delacroix als Repräsentant der neuen Zeit, der zahlreiche offizielle Aufträge erhielt. Er starb an einem bronchialen Infekt, den er anfangs nicht ernst genommen hatte. Als er den Brief an seinen Assistenten diktierte, ahnte er bereits das nahe Ende und hatte sein Testament gemacht. Mit der lange dauernden Erholung ist daher ironisch die Ewigkeit gemeint.

Paris, 6. August 1863

Mein lieber Andrieu,
anstatt zu malen, bin ich seit zwei Monaten fast un-
unterbrochen in meinem Bett gewesen. Sie sehen, wir
haben uns gewaltig verrechnet. Es geht mir nun viel
besser, aber die Erholung wird lange dauern.

Adieu. Ich wünsche Ihnen guten Mut. Ich sehe, Sie
sind so lebendig, wie man sein soll.

Herzlichst der Ihre
Eug. Delacroix

Nachschrift der Haushälterin Jenny Lesguillon, der Delacroix diesen Brief diktiert hatte:

Herr Andrieu, der Herr ist sehr krank.

FRIEDRICH HEBBEL
18. März 1813 – 13. Dezember 1863

Das Jahr seines fünfzigsten Geburtstags brachte ihm den
größten Erfolg und den Tod. Sein monumentales Trauer-
spiel *Die Nibelungen* wurde am Burgtheater gespielt und
war achtmal ausverkauft. Selbstbewusst schrieb Hebbel
seinem Verleger Campe: »Zwischen mir und dem Publikum
steht nicht eine abgeschmackte Romantik wie bei den Herren Tieck, Werner usw., sondern nur der Theaterdirektor;
ich packe den letzten auf der Galerie wie den ersten im
Parterre, und wer das nicht kann, der soll vom Handwerk
bleiben.« Genießen konnte er den Erfolg allerdings kaum;
er war seit längerem krank, ohne in Kuren Besserung von
seinen Gichtanfällen zu erreichen. Bewegungsunfähig lag
er im Bett, als er am Nachmittag des 12. Dezember die

Nähe des Todes fühlte. Da seine Frau und seine Tochter auch am Bett standen, fragte er den Arzt mit einem bedeutungsvollen Blick, wann endlich die Besserung eintreten werde. Der Arzt verstand und antwortete ruhig: »Morgen.« Hebbel wiederholte erleichtert »Also morgen« und verstarb um 5 Uhr 40 des folgenden Tages.

An Adolf Schöll in Weimar

Lieber Schöll!
Aus der Verspätung meiner Antwort hast Du schon auf den Grund geschlossen. Jawohl, ich bin nicht bloß aus der freien Luft ins Zimmer gebannt, sondern auch aus dem Zimmer ins Bett, und liege bereits sechs Wochen. Ich muß mich daher der Hand meiner Tochter bedienen, um Dir Auskunft zu geben.

Auf das hiesige Burgtheater wirkt der Hofrat Baron von Münch-Bellinghausen, Dir als Dichter wohlbekannt, am entschiedensten ein, wenn er es auch nicht Wort haben will, und wer ihm empfohlen ist, dürfte in diesen Dingen besser empfohlen seyn, als wenn er es an den Kaiser selbst wäre.

Mit den herzlichsten Grüßen Dein
Friedrich Hebbel
Wien, den 1. Dezember 1863.

CHARLES BAUDELAIRE

9. April 1821 – 31. August 1867

Verfolgt von den Gläubigern war er aus Paris nach Brüssel geflohen, um mit Vorträgen rasches Geld zu verdienen. Doch niemand wollte ihn hören, und die belgischen Verleger lehnten die von ihm präsentierten Werke ab. Aus Rache wollte er nun eine Artikelserie über die belgische Dummheit schreiben, doch durch seinen Drogenmissbrauch war seine Gesundheit bereits so zerrüttet, dass er kaum noch arbeiten konnte. In Gesellschaft des Künstlers Félicien Rops besuchte er im März 1866 die Kathedrale von Naumur und brach dort zusammen: Seine rechte Seite war gelähmt, und er konnte nur noch mit Mühe sprechen. Zunächst brachte man ihn in ein katholisches Krankenhaus und benachrichtigte seine Mutter und seinen Vormund Ancelle, die ihn abholen sollten. An beide konnte er am 30. März noch letzte Briefe schreiben, dann verließ ihn die Sprache. Manchmal gelang ihm noch das einzige Wort »Crénom«, die Abkürzung von »Sacré Nom de Dieu«, also auf Deutsch etwa »Verdammt«, was die frommen Schwestern so entsetzte, dass sie nach seinem Abtransport am 19. April sein Zimmer von einem Exorzisten »reinigen« ließen. Baudelaire wurde in eine Pariser Heilanstalt gebracht und starb dort. Die Rechte an seinen Werken wurden für 1750 Francs versteigert.

An Herrn Ancelle

Freitag, 30. März 1866.

Mein lieber Freund! Ich danke Ihnen aufrichtig für Ihren so herzlichen Brief, dessen vortreffliche Gefühle ich ganz zu würdigen weiß. Aber einesteils sehe ich mit Schmerz, daß Sie sich etwas zu sehr beeilen, und andererseits, daß alles das hauptsächlich meiner Mutter zuliebe geschieht.

1. Ich kann mich nicht rühren.
2. Ich habe Schulden.
3. Ich muß, um meine Arbeit fertig machen zu können, fünf oder sechs Städte aufsuchen.

Wir werden uns über eine Menge Punkte ganz vortrefflich brieflich verständigen. Vergessen Sie nicht, an die Hoteliersfrau zu denken.

Ohne die Angelegenheit mit Dentu wieder aufzunehmen, sollten Sie doch zu erfahren trachten, wie er gesonnen ist. Lassen Sie ihm nur dann den Entwurf, wenn ihm daran liegt, das Geschäft zu machen. Sagen Sie ihm, wenn Sie wollen, daß ich leidend bin, aber sagen Sie ihm nicht die Wahrheit über meinen Zustand.

Schreiben Sie mir einige Worte, und empfehlen Sie mich Ihrer Frau.

Meine Mutter wollte diesem erbärmlichen Tier 1000 Franken anbieten; gehorchen Sie ihr.

Verzeihen Sie meine abgerissene Schreibweise, ich borge die Feder von einem andern.

Ganz der Ihre.

Brüssel,
Freitag, 30. März 1866

Meine liebe Mutter,
die am Montag aufgegebene Antwort ist am Dienstagabend angekommen. Mittwoch, Donnerstag und heute

Freitag hättest Du mir Nachricht zukommen lassen können. Wenn Du es nicht tatest, geschah es wohl deshalb, weil Du annimmst, ich mache mir nur Sorgen über mich selbst.

Du mußt mir unbedingt Nachricht zukommen lassen.

Ich habe einen Brief von A(ncelle) erhalten, in dem er mir schreibt, er werde bald hierherkommen. Das ist unnötig oder doch zum mindesten verfrüht.

1. Weil ich nicht in der Lage bin, mich zu bewegen.
2. Weil ich Schulden habe.
3. Weil ich sechs Städte besuchen muß, und das dauert vierzehn Tage. Ich will die Frucht meiner langen Arbeit nicht verlieren.

Ich spüre, daß es ihm vor allem darum zu tun ist, Dir gefällig zu sein und Dir zu gehorchen. Deshalb schreibe ich Dir davon. Ich bin übrigens gewillt, so rasch wie möglich zurückzukehren.

Schreibe mir lang und eingehend über Dein Ergehen.

Ich umarme Dich von ganzem Herzen.

Charles

MAXIMILIAN VON ÖSTERREICH, KAISER VON MEXIKO
6. Juli 1832 – 19. Juni 1867

Der Bruder des österreichischen Kaisers Franz Joseph I. führte ein von unglücklichen Fehlentscheidungen geprägtes und deshalb kurzes Leben. Nachdem er als Generalgouverneur die Lombardei an Italien verloren hatte, nahm der Beschäftigungslose die ihm von einer klerikalen Gruppe angebotene Stelle als Kaiser von Mexiko an, obwohl es dort eine republikanische Regierung unter dem Präsidenten Benito Juarez gab. Als die USA 1866 den Abzug der französischen Truppen erzwangen, wurde seine Stellung im Bürgerkrieg aussichtslos. Dennoch verließ er das Land nicht. Er kam vor ein Kriegsgericht und wurde standrechtlich erschossen. Seine Generäle wurden begnadigt

Herrn Benito Juarez

Im Begriff den Tod dafür zu erleiden, daß ich den Versuch machen wollte, ob neue politische Institutionen dem blutigen Kampfe, welcher dieses unglückliche Land seit so vielen Jahren verheert, ein Ziel setzen, werde ich mein Leben mit Freuden hingeben, wenn dieses Opfer zu dem Frieden und zu der Wohlfahrt meines neuen Vaterlandes beitragen kann. Aufs Innigste von der Überzeugung durchdrungen, daß nichts Dauerhaftes auf einem von Blut getränkten und durch heftige Erregungen erschütterten Boden erzeugt werden kann, beschwöre ich Sie auf das Feierlichste und mit der Aufrichtigkeit, die den Augenblicken, in welchen ich mich befinde, eigen ist, daß mein Blut das letzte sein möge, welches vergossen wird, und daß Sie dieselbe Ausdauer, mit welcher Sie die soeben zum Siege gelangte Sache verteidigen und die ich mitten im Glücke anzuerkennen und zu schätzen wußte, dem edelsten Zwecke widmen, um die Gemüter zu versöhnen und den Frieden und die Ruhe dieses unglücklichen Landes auf einer dauerhaften festen Grundlage wieder aufzubauen.

Maximilian.

Queretaro, Gefängniß der Teresitas,
18. Juni 1867

Sire!
Wir erhielten das herzliche und ergreifende Schreiben
Euer Majestät vom gestrigen Datum, in welchem Sie eigenhändig Ihren edlen Gefühlen, die Sie für alle Ihnen
bis zu dieser schrecklichen Krisis gefolgten Generäle
und Chefs der Armee hegen, Ausdruck verleihen.

Da der übrige Teil unserer Gefährten incommunicirt
ist wie wir, war es uns leider bisher noch nicht möglich,
ihnen den Inhalt des Schreibens Euer Majestät mitzuthei-
len, doch wird dies sobald als möglich geschehen.

Sire! Auch wir, die besiegten Generäle, Ihre Bewun-
derer und Freunde sind auf dem Wege zur Richtstätte,
und wenn das unversöhnliche Geschick uns allen ver-
derblich sein sollte, dort, Sire! im Himmel, werden wir
uns um Euer Majestät wie um unsere erhabene Kaiserin
vereinigen, die schon unter den Engeln weilt. Sire! Wir
sind Euer Majestät begeisterte Diener

M. M. Escobar
J. L. Casanova
C. Morett
V. Herrera y Lozada

ADALBERT STIFTER
23. Oktober 1805 – 28. Januar 1868

Sein Kollege Friedrich Hebbel wollte demjenigen die pol-
nische Königskrone zusprechen, der Stifters *Nachsommer*
zu Ende gelesen hat. Heute würden österreichische Schü-
ler vermutlich viel Geld dafür zahlen, keine Zeile von Stif-

ter lesen zu müssen. Gleichwohl: Er hat heute noch seine Verehrer wie seine Verächter; eine Diskussion über Stifter nimmt rasch die Form einer Disputation über theologische Thesen an. Vom Leben hat er nicht viel gekannt; seinem Kakteengarten widmete er mehr Aufmerksamkeit als seiner Pflegetochter, die sich nach schweren Jahren umbrachte. Nach außen verkörperte er die solide Bürgerlichkeit einer heilen Welt, er selbst litt unter der Nichtachtung seiner Werke mehr, als er zugab. Seine Produktion als Landschaftsmaler, der er höheren Wert zumaß als seiner Prosa, verrät einen kleingeistigen, starren und extrem peniblen Menschen. Er starb durch Selbstmord. Der Krebs hatte Magen und Leber befallen, eine Erkältung das Allgemeinbefinden zusätzlich geschwächt. Als die Schmerzen unerträglich wurden, schnitt er sich mit seinem Rasiermesser die Kehle durch. Der letzte Brief galt seinem Freund und Verleger, dem er die endgültige Fassung der »Mappe« ans Herz legt, an der er bis zuletzt gearbeitet hatte.

An Gustav Heckenast

Linz, 22. Jänner 1868

Ich schreibe dir im Bette. Die Grippe, welche ich von meiner Gattin erbte, und die Anfangs so zahm und leicht auftrat, daß ich sie in meiner Rüstigkeit nicht viel beachtete, ist so groß verschleppt worden, daß ich sie jetzt im Bette ausdünsten muß. Zur Verzweiflung bringt mich die Unterbrechung meiner Arbeit, zur Verzweiflung, daß der Arzt zu uns vier Personen (vier wurden ergriffen) schon seit October geht. Ich bitte dich bei Allem, was an unserer Freundschaft heilig ist, und sie ist ja sonst so innig gewesen, laß mich in dem Elend meines Hauses nicht im Stiche. Es wird sich ja Alles wieder ausgleichen. Du setzest dir und mir ein Denkmal, und gewiß wird dein Sohn die Früchte ernten.

Ich küsse dich tausend Mal, ich bin dein Freund, der gewiß Alles für dich tut.

Küsse die Kleinen.

FÜRST HERMANN VON PÜCKLER-MUSKAU
30. Oktober 1785 – 4. Februar 1871

Als 26-Jähriger hatte er die verschuldete Wüstenei Muskau in der hintersten Lausitz geerbt, die er durch noch mehr Schulden und »Millionen gepflanzter Bäume« zum herrlichsten Landschaftspark umgestaltete, aber vor dem drohenden Bankrott verkaufen musste. Sein Plan, sich mit dem Einverständnis seiner zur formellen Scheidung bereiten Frau eine reiche Partie in England zu suchen, war zwar gescheitert, doch die Veröffentlichung seiner Reisebriefe an die Daheimgebliebene (*Briefe eines Verstorbenen*, 1830) machte ihn über Nacht berühmt. Er war ein glänzender Stilist und ein wohlwollend ironischer Beobachter fremder Sitten und Charaktere. Die Redaktion der Briefe, die er von seinen ausgedehnten Reisen bis nach Syrien nach Hause schrieb, überließ er seinem Freund Varnhagen und dessen Nichte Ludmilla Assing. Sie erbte seinen literarischen Nachlass, gab nach seinem Tod seinen umfangreichen Briefwechsel und die Tagebücher heraus und wurde auch Pücklers erste Biographin. Seit ihrer mutigen Edition der Tagebücher Varnhagens wurde sie von den preußischen

Behörden verfolgt und lebte in Florenz. Pückler zog sich nach seinen Reisen auf sein Schloss Branitz bei Cottbus zurück, legte wiederum einen Park an und vereinsamte. Heute zählt Muskau zum europäischen Kulturerbe; sein Schöpfer ist unter den Deutschen allerdings nur als Erfinder einer Eiskomposition bekannt.

Schloß Branitz, den 26. Dezember 1870.
Meine geliebte, treue Freundin,
Wäre ich nur schon in Florenz! Aber ich bin immer noch zu krank zur Reise, und muß im Bett schreiben, schon mehrere Wochen nicht aus der Stube gekommen.

Mit großer Mühe beantworte ich allein Deinen so lieben Brief aus meinem traurigen Krankenbett, und lange werde ich dies Jammerthal, Erde genannt, nicht mehr belästigen müssen. Jedenfalls auf Wiedersehen für uns Beide im Himmel, den ich durch Millionen gepflanzter Bäume, Riesen und Zwerge, gepflanzt und gepflegt habe, und Du selbst hast noch viel mehr Gutes gethan. Wenn Du mir keinen Korb giebst, verheiraten wir uns als Engel, wo alles voll Schönheit und ohne Alter ist. Ich freue mich herzlich darauf, als immer herzliches Kind. Vorher aber, hoffe ich, wollen wir noch als gutmütige Sterbliche in Deinem Garten spazieren gehen. Einstweilen laß mich wenigstens in solchen süßen Gedanken leben, und in diesem Traume schwelgen. – Ich liebe Dich mehr als jemals. Ach, könntest Du dasselbe für mich fühlen. – Alles das ist sonderbar, aber vollkommen wahr. – Dein für immer, wenn Du willst, und meine Gegenwart soll Dir nie lästig werden, vielleicht ich Dir

lieber werden als bisher. Ich fühle dies mit Sicherheit, trotz meines Alters, das zu meiner Verwunderung noch viel Junges besitzt. Es ist mein fester Glaube, daß grade wir für einander passen werden. – Antworte mir bald, und bitte für mich um meine Gesundheit. Nenne mich auch Du in Deiner Antwort. Viel Gutes und Schönes
von Deinem Getreuen.

Nachschrift.
Hundertfache Gratulation zum Neujahr bis zur Heirat im Himmel. Das Weihnachtspräsent bringe ich mit zur Reise in's Weite.

Seit gestern fühle ich mich etwas besser, trotz 16 Grad Kälte.

JUSTUS VON LIEBIG
12. Mai 1803 – 18. April 1873

Zusammen mit seinem Kollegen und Freund Friedrich Wöhler begründete Liebig die neuzeitliche Chemie und schuf mit der Entwicklung von Kunstdünger die Grundlagen der modernen Agrarwirtschaft. Mit seinen Studien über den Stoffwechsel bei Pflanzen und Tieren entwarf er die Theorie vom »Kreislauf des Lebens« und der wechselseitigen Abhängigkeit von Tieren und Pflanzen. Zahlreiche neue Stoffe waren seine Entdeckung, z. B. das Chloroform; Wöhler stellte als Erster reines Aluminium her und isolierte u. a. Silicium und Beryllium.

An Friedrich Wöhler

München, 3. April 1873

Ich habe Dir gestern schon schreiben wollen, aber ich hatte eine schlechte Nacht, ohne allen Schlaf, und lag müde und abgespannt den ganzen Tag auf dem Sopha; ich dachte an Dich, Deinen guten Schlaf, Deinen guten Appetit, die normale Beschaffenheit aller Functionen bei Dir. Ob man wohl im Alter an Schlaflosigkeit, ohne eigentliche Krankheit, zu Grunde geht? Es ist das vegetative Leben, der Ersatz in der Nacht, der, wenn er fehlt, die Lampe allmählich zum Verlöschen bringt.

Ich war in Wiesbaden keinen Tag recht wohl und fürchte mich vor dem Aufenthalt in der Niederung, auch sagt mir sonst manches dort nicht zu. Nach Hanau zu Deinem Schwager, dazu hätte ich nicht übel Lust. Wir könnten nachher noch einige Tage in den bayrischen Bergen zubringen.

Mein Plan ist, von Pfingsten an Urlaub zu nehmen, und das halbe Jahr lang nichts zu tun. Ich habe grosse Lust nach Wien zu gehen, von da nach Magdeburg zu Rimpau, dann nach Hamburg und Kiel zu Meyer's. Diese hoffen, dass Du mitkommst, was sagst Du dazu? In ein Bad mag ich nicht gehen, es hat mir im vorigen Jahr nichts genützt, und namentlich ist mir in Wildbad das über die Strasse Gehen zum Bad nicht angenehm.

Wir haben mit grösstem Bedauern den Tod Deiner Schwägerin in Berlin vernommen; sie ist, wie ich höre, schon längere Zeit leidend gewesen. Es ist allerdings mein Freund, General Hartmann, der gestorben ist, derselbe, der mit uns in Reichenhall war. Er wohnte im

Winter einem Leichenbegängniss bei und holte sich dabei, wie in so vielen Fällen, seine tödliche Krankheit.
Mit herzlichstem Grusse an Fanny.

Dein treuer
J. von Liebig.

HANS CHRISTIAN ANDERSEN
2. April 1805 – 4. August 1875

Er liebte die Gesellschaft junger Männer, und jener Jonas Collin, der Enkel seines Gönners, sollte sein Reisebegleiter auf einer letzten Italienreise werden. Außer in seinem Geburtsland Dänemark war der Dichter tiefgründiger Märchen und autobiographischer Romane weltberühmt. Er reiste durch Europa, um sich jenes Ruhmes zu versichern, den er schon in der Armut seiner Kindheit ersehnt hatte. Seine Märchen waren nicht für Kinder geschrieben, und ihre doppelbödige Melancholie erschließt sich auch erst dem erwachsenen Leser. Eine plötzliche Krankheit verhinderte die letzte Reise; Andersen befand sich im Haus eines Freundes, als er starb.

An Jonas Collin

Rolighed, den 25. Juli 1875

Lieber Freund!
Hab Dank für Deinen Brief, den ich in diesem Augenblick bekommen habe. Noch nie ist mir die Zeit so kurz geworden wie jetzt, und doch quält mich das Unausdenkbare: daß ich vielleicht nicht reisen kann, aber ich will nicht an irgendwelche Hindernisse denken. Ich

bitte Dich, zu kommen; ich melde Dir die Minute. Wir sehen uns! Gottes Wille geschehe!

Dein treuer, dankbarer Freund

H. C. Andersen

AURORE DUPIN, GEN. GEORGE SAND
1. Juli 1804 – 8. Juni 1876

Zusammen mit ihrem Geliebten Jules Sandeau schrieb sie einen ersten Roman *Rose et Blanche* (1831), der unter dem Pseudonym »J. Sand« veröffentlicht wurde. Ihr erster eigener Roman *Indiana* (1832) erschien unter dem Namen »George Sand« und machte sie mit einem Schlag berühmt. Sie war mit allen befreundet: Liszt, Chopin, Berlioz, Delacroix, Balzac, Flaubert. Die Liaisons der Vielgeliebten mit Musset und Chopin (*Ein Winter auf Mallorca*, 1842) gehören heute eher zur Literaturgeschichte als ihr umfangreiches Romanwerk, in dem sie jene Unabhängigkeit der Frau proklamierte, die sie selbst vorlebte. Sie führte ein erfülltes, auch an Konflikten und Tragödien reiches Leben, in dem sie, auch dank ihrer Schönheit, fast unbemerkt alterte; das Lesepublikum merkte erst, als ihre *Erzählungen einer Großmutter* (1873) erschienen, dass sie eine würdige Greisin geworden war –, wovon sie selbst, wie der Brief an ihren Arzt Henri Favre zeigt, allerdings nichts wissen wollte. Sie litt seit langem an einem Rheuma, das den rechten Arm zeitweise lähmte, und zuletzt an Verdauungsbeschwerden, die ihr das Essen unmöglich machten. Ihr Darmverschluss wurde nicht erkannt; eine sofortige Operation hätte sie vielleicht retten können.

An Dr. Henri Favre

Nohant, 28. Mai 1876

(...) Der allgemeine Zustand hat sich nicht verschlechtert und trotz meines Alters (bald zweiundsiebzig Jahre) fühle ich keine Anwandlungen von Altersschwäche. Meine Beine sind gut, meine Augen besser, als sie seit zwanzig Jahren gewesen sind, ich habe einen ruhigen Schlaf und meine Hände sind so sicher und geschickt wie in der Jugend. Wenn ich nicht unter diesen gräßlichen Schmerzen leide, hat dieses lokalisierte Übel eine zweifellos erstaunliche Nebenerscheinung: ich fühle mich in meinem Wesen stärker und freier, als ich es vielleicht je gewesen war.

Früher war ich leicht asthmatisch; heute bin ich es nicht mehr. Ich steige die Treppen ebenso flink hinauf wie mein Hund. Da aber ein Teil der Körperfunktionen fast gänzlich lahmgelegt ist, frage ich mich, wie es mit mir weitergehen soll und ob man nicht täglich auf mein plötzliches Abscheiden gefaßt sein muß. (...)

ANASTASIUS GRÜN
EIGENTL. ANTON ALEXANDER GRAF AUERSPERG
11. April 1806 – 12. September 1876

Mit 25 Jahren hatte er die *Spaziergänge eines Wiener Poeten* veröffentlicht und gilt seither in der Literaturgeschichte als wichtiger politischer Lyriker. Der Kritiker des Metternich-Regimes war weitaus wirkungsvoller in seinen politischen Ämtern. Als Wien kurzzeitig liberal war, wurde er wegen seines aktiven Eintretens für politische

Reformen 1864 sogar zum Ehrenbürger ernannt. Sein schmales Werk schließt eine Übersetzung des *Robin Hood* (1864) ein. Er hatte gerade einen Gedichtband *(In der Veranda)* fertiggestellt, als ihn ein Schlaganfall traf, der ihn der Sprache beraubte. Den folgenden Zettel schrieb er kurz vor seinem Ende:

»Nicht fertig, nicht fertig! möchte noch leben!«

GUSTAVE FLAUBERT
12. Dezember 1821 – 7. Mai 1880

Die nächtlichen Lichter in den Fenstern seines Hauses bei Rouen dienten den Seine-Schiffern als Leuchtfeuer. Verlässlich arbeitete Flaubert seit dem frühen Morgen an seinem endgültig letzten Werk, das die Dummheit der Welt enthalten und gleichzeitig die Welt der Dummheit überführen sollte: *Bouvard und Pécuchet.* Man müsse wahnsinnig sein, meinte er, um solch ein enzyklopädisches Buch zu schreiben – es gelang ihm unter Aufbietung aller Kräfte. Er war am Samstagabend tatsächlich ans Ende gekommen; am Sonntag wollte er nach Paris fahren. Die Haushälterin fand ihn morgens tot über seinen Papieren.

An Théodor de Banville

Croisset, 3. Mai 1880

Mein lieber Freund,

Guy de Maupassant *wagt* nicht, Sie um einen kleinen Fanfarenstoß im *National* zugusten seines Erstlingswerks *Des Vers,* das er Ihnen geschickt hat, zu bitten, doch ich habe die Kühnheit: 1. weil es sich um einen Dichter handelt und 2. weil Sie damit einen großen Gefallen erweisen würden Ihrem

G. Fl.

Ich werde Sie bald wiedersehen.

FJODOR DOSTOJEWSKIJ
11. November 1821 – 9. Februar 1881

Wegen der Beteiligung an einer sozialistischen Verschwörung wurde er zum Tode verurteilt. Auf der Hinrichtungsstätte verkündete man ihm die Umwandlung des Todesurteils in eine vierjährige Zwangsarbeit in Sibirien. Als er 1859 nach Moskau zurückkehrte, hatte er den Ideen eines atheistischen Sozialismus abgeschworen und war ein gläubiger Christ geworden. Die religiöse Frage stand von nun an im Mittelpunkt seiner Romane; die Krise der russischen Gesellschaft stellte er als Glaubenskrise dar. Seine Religiosität konnte er mit der Herausforderung Gottes beim Roulette vereinbaren, denn meistens gewann Gott. Bis zuletzt befand er sich immer wieder in finanziellen Schwierigkeiten.

An N. A. Ljubimow

Petersburg, 26. Januar 1881

Gnädiger Herr, hochverehrter Nikolaj Alexejewitsch. Da Sie allen meinen Bitten schon so lange und so oft Ihr geneigtes Ohr geschenkt haben, so wage ich es noch einmal, auf Ihre Aufmerksamkeit und Ihr Mitgefühl für meine jetzige und vielleicht letzte Bitte zu hoffen. Nach der Abrechnung, die mir die Redaktion des »Russischen Boten« zugestellt hat, stehen mir noch etwas über 400 Rubel für die »Karamasows« zu. Im Augenblick leide ich unter akuten Geldsorgen. Seien Sie so gütig, und teilen dies dem hochverehrten Michail Nikoforowitsch mit. Wäre es nicht möglich, die Überweisung der gesamten Summe an mich zu veranlassen? Sie können es sich kaum vorstellen, welchen Gefallen Sie mir damit erwiesen. Ich stehe nämlich gerade vor einer Ausgabe und brauche das Geld sehr dringend, sonst gleitet mir die Angelegenheit aus den Händen.

Verzeihen Sie, daß ich, ohne die Überweisung des Kontors des »Russischen Boten« abgewartet zu haben, die Sache durch meine Bitte zu beschleunigen suche. Ohne besondere Dringlichkeit hätte ich mich nicht dazu entschlossen.

Ich bezeuge Ihrer hochverehrten Gattin meine tiefste Verehrung und bitte Sie, diese auch Michail Nikoforowitsch zu übermitteln.

In tiefster Verehrung verbleibe ich

Ihr Ihnen aufrichtig und ganz ergebener

F. Dostojewskij

CHARLES DARWIN
12. Februar 1809 – 19. April 1882
Er hatte das Glück, den Siegeszug seiner Evolutionstheorie noch erleben zu können. Innerhalb weniger Jahrzehnte revolutionierte sie unser Verständnis der Natur, indem sie

das bisher gültige Dogma der Artenbeständigkeit widerlegte. In Nordamerika glauben indes noch oder wieder 45 Prozent der Bevölkerung, dass Gott den Menschen in seiner heutigen Gestalt geschaffen hätte, wie es die Bibel erzählt. Nur 13 Prozent halten den Homo sapiens für das Ergebnis der natürlichen Evolution.

An Professor Thomas Henry Huxley

Down, 27. März 1882

Mein lieber Huxley –, Ihr äußerst freundlicher Brief ist eine wahrhafte Herzstärkung für mich gewesen. Ich habe mich heute besser gefühlt als in den letzten drei Wochen und habe bis jetzt noch keinen Schmerz empfunden. Ihr Plan scheint ausgezeichnet zu sein und ich werde wahrscheinlich danach handeln, wenn es mir nicht sehr viel besser geht. Dr. Clark's Freundlichkeit gegen mich ist schrankenlos, er ist aber zu beschäftigt, um hierher zu kommen. Noch einmal, nehmen Sie meinen herzlichen Dank, mein teurer alter Freund. Ich wünschte zu Gott, es gäbe noch mehr Automata wie Sie in der Welt.

Stets der Ihrige
Ch. Darwin

IWAN SERGEJEWITSCH TURGENJEW
9. November 1818 – 3. September 1883
Die Liebe zu der Sängerin Pauline Viardot bestimmte sein Leben und den melancholisch verhangenen Grundton

seiner Dichtung. In der Petersburger Oper hatte er sie als Dreißigjähriger zum ersten Mal gehört, seitdem folgte er ihr und ihrem nicht störenden Gatten durch Europa. In Baden-Baden und in der Nähe von Paris hatten sie ihre Villen in enger Nachbarschaft. Das Drama *Ein Monat auf dem Lande* (1850) spiegelt das fragile Gleichgewicht einer solchen Beziehung – mit dem Ende, dass die Dame sich nicht für den Hausfreund oder den Ehemann, sondern für einen jungen Besucher entscheidet: »Die Liebe ist immer eine Katastrophe.«

An Graf Leo N. Tolstoj

Bougival, den 27. oder 28. Juni 1883

Lieber und teurer Leo Nikolajewitsch, ich habe Ihnen lange nicht geschrieben; denn ich lag und liege, kurzweg gesagt, auf dem Sterbebette. Genesen kann ich nicht, und es ist gar nicht daran zu denken. Ich schreibe Ihnen aber in der Absicht, um Ihnen zu sagen, wie sehr ich mich freue, Ihr Zeitgenosse zu sein, und um Ihnen meine letzte und aufrichtige Bitte vorzutragen. Mein Freund, kehren Sie zu der literarischen Tätigkeit zurück! Es stammt ja dieses Ihr Talent dort her, woher alles andere kommt. Ach, wie glücklich wäre ich, könnte ich glauben, daß meine Bitte bei Ihnen Erfolg hat!! Ich aber bin ein Mensch, mit welchem es zu Ende geht – die Ärzte wissen nicht einmal, wie sie meine Krankheit nennen sollen, névralgie stomacale goutteuse. Ich kann weder stehen, noch essen, noch schlafen, aber was rede ich! Es ist sogar langweilig, dieses alles zu wiederholen!

Mein Freund, großer Schriftsteller des russischen Landes – geben Sie acht auf meine Bitte! Benachrichtigen Sie mich, wenn Sie dieses Blättchen erhalten und erlauben Sie mir noch einmal Sie, Ihre Frau, alle die Ihrigen, fest, fest zu umarmen ... Ich kann nicht mehr ... Ich bin müde!

BEDŘICH SMETANA
2. März 1824 – 12. Mai 1884

Ab 1866 war er 1. Kapellmeister des böhmischen Nationaltheaters in Prag, musste diesen Posten aber 1874 wegen seiner Ertaubung aufgeben. In den folgenden zehn Jahren durchlitt er alle Stadien seiner unbehandelten Syphilis, ohne jedoch in seiner musikalischen Produktion eingeschränkt zu werden: Der Zyklus *Mein Vaterland* mit der populärsten Komposition *Die Moldau* entstand 1874 – 79, die Nationaloper *Libussa* erst 1881. Während er bereits unter Sprachstörungen und optischen und akustischen Halluzinationen litt, arbeitete er noch an der 1878 begonnenen Oper *Viola* nach Shakespeares Komödie *Was ihr wollt*. Häufig stand er, so berichtet sein Diener, am offenen Fenster, verneigte sich und winkte mit den Armen, weil er Verehrer vor dem Haus zu sehen glaubte. Nach einem Tobsuchtsanfall kam er in eine Anstalt; der letzte Brief zeigt den Grad seiner Verwirrung.

An Josef Srb-Debrnov in Prag

(Jabkenice, den 8. Januar 1884)
Viola! – eine Brust schwillt in Stolz, daß mir diese künstlerische Auszeichnung zuteil wurde! Oh, Viola! Erzähle,
bitte, den Herren in Prag, wie bewegt meine Seele ist,
wie sie weint – ! – weint! – Ich schicke Euch die göttlichen Melodien des ersten Aktes, damit Ihr Euch an
dieser Musik entzückt und sie genießt! Einige machen
mich zum – Engel! Ich schicke Euch die Partitur, damit
Ihr darnach ein Streichquartett zusammenstellt! Für
den Anfang nichts anderes. – Keine Nummern. Nichts
zum animieren, aber alles weckt Bewunderung!
Es lebe Viola!

FRANZ LISZT
22. Oktober 1811 – 31. Juli 1886

Als er diesen Brief diktierte, weilte Liszt zu Besuch bei dem
ungarischen Maler Mihály Munkácsy auf dessen Luxem-
burger Schloss Colpach. Er hatte ihn im Frühjahr 1882
in Budapest anlässlich der Ausstellung seines Gemäldes
»Christus vor Pilatus« kennengelernt und ihm die damals
entstandene 16. Ungarische Rhapsodie gewidmet. Munkácsy malte im April 1886 in Paris das letzte Porträt von
Liszt, der in Begleitung seines als Sekretär fungierenden
Schülers Stavenhagen und des Dieners Mischka Sipka
reiste. Am 21. Juli kam er in Bayreuth an, besuchte trotz
hohen Fiebers am 23. Juli die erste Aufführung des *Parsifal* und am 25. Juli *Tristan*. Danach konnte er sein Zimmer
nicht mehr verlassen.

An Olga von Meyendorff

Seit fünf Tagen ist zu meinem bereits existierenden körperlichen Zustand ein Husten der heftigsten Art hinzugekommen, der mich Tag und Nacht belästigt. Der Arzt sagt mir, um mich zu trösten, daß diese Art Husten äußerst hartnäckig sei. Bis jetzt haben mich weder Mixturen und Kräutertees, noch Senfpflaster oder Fußbäder davon befreit.

Stavenhagen wird mich nach Bayreuth begleiten, wo Gölerich ihn in seinem Amt als Sekretär ersetzen wird, denn ich kann meine Korrespondenz nur diktieren. Er liest mir auf Deutsch die Fortsetzung von Thodes Buch vor, und Frau Munkacsy hält mich über die Revue des d(eux) M(ondes) auf dem Laufenden und hat mir auch die Artikel aus den Debats vorgelesen, für deren Zusendung ich Ihnen danke.

Ich kannte nur den Namen des Herrn Zeller und wußte nicht, daß er 5 Bände über Geschichte geschrieben hat. Danke auch dafür, daß Sie an Joukowski geschrieben haben; wahrscheinlich werde ich ihn nächsten Donnerstag in Bayreuth wiedersehen, denn Adelheid (von Schorn) sagte mir, daß sie Wert darauf legt, zur gleichen Zeit wie ihre Brüsseler Freundin, Frau Tardieu, bei zwei oder drei Erstaufführungen zugegen zu sein. Es ist nicht anzunehmen, daß Jou sich das Vergnügen entgehen läßt, Ad in den Parsifal zu begleiten.

Ich habe versprochen, einem Konzert mir zu Ehren am Montag abend in Luxemburg beizuwohnen, und am Mittwoch wird in Bayreuth (Siegfried-Strasse) sein Ihr

Sehr ergebener FL

14. September 1817 – 4. Juli 1888

Seinem alten Freund Paul Heyse konnte er noch Ende März die letzte vollendete Novelle *Der Schimmelreiter* schicken und erhielt die begeisterte Antwort: »Ein gewaltiges Stück, das mich durch und durch geschüttelt, gerührt und erbaut hat. Wer machte Dir das nach!« Doch mit dem Ende dieser Arbeit begann auch das finale Stadium der Magenkrebserkrankung mit einer starken Abmagerung und dem rapiden Verfall der Kräfte. Seinen Freunden und der Familie hatte er stets gesagt, er litte an »Bleichsucht«; ob er vom Arzt getäuscht worden war oder die Familie beruhigen wollte, weiß man nicht. Sein schöner Dankesbrief an Heyse ist jedenfalls auch ein Abschiedsbrief im Bewusstsein des nahen Endes.

An Paul Heyse

Hademarschen, 17. Mai 1888.

Einen Pfingstbrief sollst Du auch noch haben, lieber Freund, und einen Dank, daß Du mir den Eindruck, den mein »Schimmelreiter« Dir gemacht, so unmittelbar überliefert hast. Ich hatte bei Dir und E. Schmidt, der über die »Wucht und Größe«, die ich dafür aufzubieten hatte, erstaunt und alles Strand- und Meerhafte darin so sehr ersten Ranges findet, daß er dem nichts überzuordnen wüßte, (»und in der Seele des Mannes brandets gleicherweise«) eine solche Wirkung nicht erwartet; – um so erquickender ist sie mir, da ich von Bleichsucht, Schlaflosigkeit usw. augenblicklich so herunter bin, daß ich, wenn ich von langsamem Gang im Garten wieder auf meine Stube komme, immer 10 Minuten im Lehnstuhl keuchen muß, um nur die nötige Lebensluft wieder zu kriegen. Das fünfmonatliche Krankenlager hat mich zum Greis gemacht.

Trotz alledem habe ich in meinem Garten gepflanzt, als »Blickt ich noch in goldne Erdenfernen«; nicht allein »sweet briars« und viele andre schöne Rosen, sondern junge Obstbäume: »Grand Richard« und Calvil blanc, beurre gris und bon Chretien; wer weiß, sie bringen mir vielleicht noch ein paar Äpfel oder Birnen!

Wie köstlich es gestern, unser Frühlingsanfangstag, in meinem Tannengarten war! Ich wollt Du wärst bei mir gewesen. Alles voll Vogelgesang, und der tut merkwürdig wohl, wenn man selber matt und sangberaubt sich in der Sonne wärmt. Gartenlaubsänger, Buchfink, Meisen, Hänfling – alle waren sie da und sangen um mich her; sie bauten sich dabei wohl ihre Nester in den dichteren Tannenbeständen; sogar der Star, der Spitzbub, kam und ließ sich, wohl nur um die Gelegenheit zu besehen, auf einen Kirschbaum nieder, der noch mit aufgebrochenen Knospen stand. Frau Nachtigall sang freilich am 1. Mai den ganzen Tag in meinen Tannen; und dann noch zweimal später; aber es waren nur Höflichkeitsvisiten; und gestern Abend schrie der Waldkauz aus den Tannen, der nur dem einen Gedanken nachgeht, all meine Künstler aufzufressen; bei Tage, und wohl auch später, schleicht ein schwarzer Kater hier herum: so steht der Tod an allen Freuden und wir dürfen ihn nicht außer Rechnung lassen.

Eine Nachtigall habe ich aber auch im Hause; Dodos Gesang erhebt sich allgemach dazu.

Da hab ich Dir allerlei vorgeplaudert, Liebster; nun laß mich auch im nächsten Brief ein Wort von Deinen Kindern hören, namentlich auch, wie es Deinem Sohn geht. Die Kinder sind zu sehr ein Stück von uns selber und bestimmen zu sehr unser eigen Wohl und Wehe; man muß auch von den Freundeskindern wissen.

... Und Du sitzt in schwerer Arbeit – und wieder in dramatischer? War es noch die Feile am »In schwerer Entrüstung«, oder hattest Du schon wieder Neues im Rahmen? Du hast die schöne Mannes-Jugend noch vor mir voraus; ich wollt, ich hätte nur noch ½ Dezennium Arbeitskraft. Wenn Du wieder etwas Luft hast, höre ich auch wohl von Deinen letzten Arbeiten.

Und nun sei Du und Deine gute Frau von mir und den Meinen hier im Hause aufs Herzlichste gegrüßt.

»Fröhliche Pfingsten! Fröhliche Pfingsten!«

Dein alter getreuer
Th. St.

RUDOLF, KRONPRINZ VON ÖSTERREICH-UNGARN
21. August 1858 – 30. Januar 1889

Zusammen mit der siebzehnjährigen Baronesse Mary Vetsera beging der vielseitig begabte und beliebte Kronprinz in seinem Jagdschloss Selbstmord. Die Umstände, die zur Tat führten und der Tathergang selbst wurden nie vollständig aufgeklärt, was zu zahlreichen Spekulationen und Ausschmückungen der »Tragödie von Mayerling« in Romanen und Filmen führte.

An Herzog Miguel von Braganza

Lieber Freund!
Ich muß sterben. Ich konnte nicht anders handeln. Gehab dich wohl.

Servus Dein Rudolf.

MARY VETSERA
19. März 1871 – 30. Januar 1889

An ihre Schwester

Mayerling, den 29. Jänner 1889

Liebe Schwester!
Wir gehen beide selig ins ungewisse Jenseits. Denke hie und da an mich, sei glücklich und heirate nur aus Liebe! Ich konnte es nicht tun, und da ich der Liebe nicht widerstehen konnte, so gehe ich mit ihm.

Deine Mary.

Weine nicht um mich. Ich gehe friedlich in den Tod. Es war wunderschön hier draußen, man denkt an Schwarzau. Denke an die Lebenslinie meiner Hand. Lebe wohl ...

Als letzten Wunsch einer Sterbenden bitt ich die Mama für die liebe ... auch fernerhin zu sorgen, damit sie nicht durch meine Schuld leide.

19. Juli 1819 – 15. Juli 1890

Berühmt wurde er, nach Jahren der Depression und der Erfolglosigkeit, erst im Alter, und da war es ihm lästig. Einer Dame, die den prekären Auftrag übernommen hatte, ihm ein Urteil über das Romanmanuskript einer Bekannten abzuringen, antwortete er noch einigermaßen freundlich: »Könnten Sie ihr nicht schreiben, ich stecke alle Manuskripte, die man mir schickt, sogleich in den Ofen? Oder so was. Oder: Ich lese sie nicht und schicke sie auch nicht zurück? Letzteres kommt auch wirklich vor. Wollen Sie sagen, ich sei im Wiener Unglück (dem Ringtheaterbrand 1881, W.F.) mitverbrannt, so habe ich auch nichts dagegen.« Die ihm den Haushalt führende Schwester sorgte immerhin für eine äußere Ordnung; nach ihrem Tod 1888 versank der durch seine Korpulenz und sein Rheuma fast bewegungsunfähige Keller in Lethargie. Der letzte Brief zeugt von dem grimmigen Humor, mit dem er das Ende erwartete, denn mit dem »bestellten Fuhrwerk« ist natürlich der Leichenwagen gemeint. Keller starb wenige Tage vor seinem 71. Geburtstag. Den Erscheinungsbeginn seiner *Gesammelten Werke* hat er noch erlebt.

An Siegmund Schott

Zürich 4. Febr. 1890

Ihr Brief war mir sehr erfreulich und klingt mich an, wie eine Stimme aus dem Grabe aus besseren Zeiten. Ich kann Ihnen sagen, daß er mich aus der Lethargie erweckte, ungeachtet Sie den »Grünen Heinrich« nur philologisch gelten lassen wollen. Ich bin buchstäblich mit demselben in der Hand vom tatlosen Lager aufgesprungen, was der Arzt vergebens anstrebt. Ich werde nicht mehr lange vermeiden können, von einem bestellten Fuhrwerk Gebrauch zu machen. Sie glauben kaum, welche Freude Ihr Artikel in der »Allgem. Augsburger Zeitung« hervorbringen wird.

VINCENT VAN GOGH
30. März 1853 – 29. Juli 1890

»Selten sind um die Krankheit eines Berühmten so viele verschiedenartige Meinungen und Diagnosen geäußert worden wie bei G.« – Mit diesem Satz beginnt eine Pathographie, die als mögliche Leiden aufzählt: Schizophrenie, Epilepsie, Paralyse bzw. Syphilis, zyklophrene Psychose und Alkoholismus. Neuere Theorien favorisieren eine Erkrankung des Innenohrs, die zu schweren, früher psychotisch begründeten Anfällen geführt habe. In einem Feld bei Auvers-sur-Oise, wo er wenige Tage zuvor das Bild »Weizenfeld mit Raben« gemalt hatte, schoss er sich eine Kugel in die Brust, schleppte sich in seine Unterkunft und schloss sich ein. Sein Bruder Theo, der ihn seit Jahren unterstützt hatte, kam sofort nach Auvers, doch jede Hilfe war vergeblich. Sicher ist, dass sein dramatischer Krankheitsverlauf viel zu seinem postumen Ruhm beigetragen hat.

(nach dem 23. Juli 1890)

Mein lieber Bruder,

Ich danke Dir für Deinen guten Brief und den Fünfzig-francsschein, den er enthielt.

Es gibt vieles, worüber ich Dir gern schreiben würde, aber ich fühle, wie nutzlos es ist. Ich hoffe, ces messieurs waren bei Deiner Rückkehr gut gegen Dich aufgelegt.

Daß Du mich über den friedlichen Zustand Eures Haushalts beruhigst, wäre nicht nötig gewesen, ich glaube, ich habe das Gute gesehen und auch die andere Seite. – Ich bin übrigens ganz mit Euch darin einig, daß es sehr schwer ist, ein Kind in einem vierten Stockwerk großzuziehen, schwer für Dich und schwer für Jo. – Aber da dies gut geht, was die Hauptsache ist, warum sollte ich da auf weniger wichtige Dinge zurückkommen; bei Gott, bis es soweit ist, daß wir Geschäftliches mit ausgeruhterem Kopf besprechen können, wird es wahrscheinlich noch lange dauern.

Das ist das einzige, was ich jetzt sagen kann; daß ich das mit einem gewissen Schrecken feststellte, habe ich ja nicht verborgen. Aber das ist auch alles. Die andern Maler, wie sie auch darüber denken mögen, halten sich instinktiv von Diskussionen über den jetzigen Kunsthandel zurück.

Und in der Tat können wir nur unsere Bilder sprechen lassen.

Und doch, mein lieber Bruder, es bleibt bei dem, was ich Dir immer gesagt habe, und ich sage es noch einmal mit dem ganzen Gewicht, das angestrengtes, gesammeltes Nachdenken darüber, wie man es am besten ausdrükken könnte, einer Äußerung verleiht – ich sage es Dir noch einmal: für mich bist du nicht nur ein einfacher Kunsthändler, der Corots verkauft, sondern durch mich hast Du Anteil auch am Schaffen bestimmter Bilder, die sogar im Zusammenbruch ihre Ruhe behalten.

Denn soweit sind wir, und das ist alles oder wenigstens das Wichtigste, was ich Dir in einem recht kritischen Augenblick sagen kann. In einem Augenblick, wo die Lage zwischen Händlern mit Bildern toter Künstler und Händlern mit Bildern lebender Künstler sehr gespannt ist.

Und meine eigene Arbeit, nun, ich setze mein Leben dabei aufs Spiel, und mein Verstand ist zur Hälfte dabei draufgegangen – gut –, aber Du gehörst, soviel ich weiß, nicht zu den Menschenhändlern, und Du kannst, finde ich, Stellung nehmen und wirklich menschlich handeln – aber was soll man machen?

HEINRICH SCHLIEMANN
6. Januar 1822 – 26. Dezember 1890
Bis heute ist nicht abschließend geklärt, ob es wirklich das sagenumwobene Troja war, das er nach gründlicher Homer-Lektüre gefunden zu haben glaubte. Der bei seinen Grabungen gehobene Goldschatz, den er »dem deutschen Volk zu ewigem Besitz und ungetrennter Aufbewahrung in der Reichshauptstadt« geschenkt hatte, wurde 1945 als Beutegut in die Sowjetunion verschleppt und befindet sich, wie man seit Mitte der neunziger Jahre weiß, im Puschkin-Museum in Moskau. Schliemann hatte sich am

13. November 1890 in Halle einer komplizierten Operation an beiden Ohren unterzogen und brach dann wieder
nach Athen auf. In Neapel starb er plötzlich während eines
Arztbesuchs.

An Rudolf Virchow

Paris, le 17. Decbr. 1890
... Hoch lebe Pallas Athene, ich höre wenigstens auf
dem rechten Ohr wieder und hoffe, das linke wird sich
auch erholen.

Ihnen allen meine herzinnigsten Wünsche zum Weih-
nachtsfeste und zum Jahreswechsel. Möge das neue
Jahr viel Segen und Freude in Ihre Familie bringen. Ich
hoffe, heut abend nach Neapel abreisen zu können.

JEAN ARTHUR RIMBAUD
20. Oktober 1854 – 10. November 1891

Nur fünf Jahre währte seine dichterische Produktion, aber
sie veränderte die europäische Literatur von Grund auf:
Niemals zuvor hatte es so kühne Verse, solch rauschhafte
Visionen und eine derartige Erweiterung der stilistischen
Mittel gegeben. Doch schon als Zwanzigjähriger wischte er
dies alles beiseite mit der Bemerkung, an Dichtung denke
er längst nicht mehr. Er führte ein rastloses Leben zwischen
Europa und Afrika, stets im Grenzbereich zwischen seriösen
Geschäften und wildem Vagabundieren, bis ihm 1891 das
rechte Bein wegen einer aggressiven Krebserkrankung am-
putiert werden musste. Er wollte zurück in wärmeres Klima,

aber er konnte Marseille nicht mehr verlassen. Seine Entdeckung als Dichter begann erst, gegen den Widerstand der stark katholischen Schwester Isabelle, mit der Veröffentlichung der *Poésies complètes* 1895 durch seinen Freund Paul Verlaine. Die Schwester gab 1899 einen Band mit gefälschten Briefen Rimbauds heraus, um aus ihm einen Ehrenmann, guten Sohn und vor allem guten Katholiken zu machen – eine Anstrengung, die durch die unerwartete Wiederentdeckung des Manuskripts von *Une saison en enfer* – einer Abrechnung mit der provinziellen Kindheit – sich schon zwei Jahre später als vergeblich erwies.

An den Direktor einer Schiffahrtslinie
(Der Schwester Isabelle am Tag vor seinem Tode diktiert.)

Marseille, 9. November 1891

Eine Last: Ein Zahn allein.
Eine Last: Zwei Zähne.
Eine Last: Drei Zähne.
Eine Last: Vier Zähne.
Eine Last: Zwei Zähne.

Geehrter Herr Direktor,
Ich möchte Sie fragen, ob ich nichts mehr auf Ihrem Konto stehen habe. Ich wünsche heute die Linie da zu wechseln, von der ich nicht einmal den Namen kenne, aber auf jeden Fall muß es die Linie nach Aphinar sein. Alle diese Linien sind überall vertreten, und ich, ohnmächtig und unglücklich, ich kann nichts finden, der erste beste Hund auf der Straße kann Ihnen das sagen.

Lassen Sie mich also den Fahrpreis der Verbindung von Aphinar nach Suez wissen. Ich bin vollständig gelähmt, – ich wünsche daher rechtzeitig an Bord zu sein. Sagen Sie mir, um wieviel Uhr ich an Bord gebracht werden muß ...

HENRIETTE FEUERBACH
13. August 1812 – 5. August 1892

Die den Zeitgenossen unbegreifliche Dämpfung des Kolorits seiner Bilder durch graue Zwischentöne führte zu einer fast einhelligen Ablehnung der monumentalen Werke Anselm Feuerbachs. Diese Farbgebung widersprach dem Diktat der Münchner Historienmaler, die in dem Einzelgänger ohnehin einen unliebsamen Konkurrenten sahen. Für seinen frühen Tod mit fünfzig Jahren machte die Mutter vor allem die Kritiker verantwortlich. In den letzten zwölf Jahren ihres Lebens unternahm sie alle Anstrengungen, die künstlerischen Verdienste ihres Sohnes der Nachwelt zu erhalten. Aus seinen Aufzeichnungen stellte sie ein *Vermächtnis von Anselm Feuerbach* zusammen, von dem sie noch zwei Auflagen erlebte. In ihrem letzten, diktierten Brief an den Karlsruher Kunsthistoriker Wilhelm Lübke bat sie ihn um die Herausgabe der unmittelbar bevorstehenden dritten Auflage, die sie selbst wegen ihrer Erblindung nicht mehr leisten konnte. Offenbar wurde dieser Brief nicht mehr abgeschickt. Sie starb wenige Tage nach dem Diktat.

An Wilhelm Lübke

... Hochverehrter Herr! Nehmen Sie, ich bitte, diese Zeilen freundlich auf, und schreiben Sie mir dann, ob ich Ihnen das Buch mit den inzwischen eingelaufenen Notizen über neuaufgefundene Bilder zusenden darf.

Ich kann jeden Tag abgerufen werden und dann ist das Buch in Sicherheit. Einzelne auffällige Fehler habe ich bereits korrigiert, so eine Druckversetzung auf Seite 35 und 36.

Herr Gerold hat mir 400 Mark Honorar gegeben. Ich hoffe, daß er Ihnen gegenüber andere Saiten aufziehen wird. Sie sind in dieser Beziehung ganz frei.

Ich sende diesen Brief mit betrübtem Herzen und sorgenvollem Gemüt ab. Noch zwei Briefe habe ich zu schreiben, an die Nationalgalerie in Berlin und nach München, dann sind meine irdischen Geschäfte so ziemlich abgewickelt, und ich warte, Gott sei Dank, mit vollkommen ruhiger Seele auf die Botschaft aus der ewigen Heimat.

In Dankbarkeit und Verehrung Ihre treu ergebene
(Die Unterschrift fehlt.)

GUSTAV FREYTAG
13. Juli 1816 – 30. April 1895
Der damalige Bestsellerautor (*Soll und Haben*) zog sich auf einer Reise eine schwere Erkältung zu, die sich zur Lungenentzündung entwickelte. Trotz seiner fast achtzig Jahre nahm der Niederlagen nicht gewohnte Autor einen

auf der Straße erlittenen Schwächeanfall nicht ernst und verkannte seinen Zustand völlig.

An Albrecht von Stosch

Wiesbaden, 26. April 1895.

Liebster Freund!

Die Frau schreibt, ich sitze diktierend. Eigentlich weiß ich gar nicht recht, wie ich durch einen Anfall heruntergekommen sein soll, es war in der Tat nur einer von den zahlreichen Fällen der Atemnot, wie sie dem Spaziergänger vorkommen. Dem Zufall, daß an einem Tag zwei ärztliche Größen (Professor Freund, Straßburg, und mein alter Dr. Bahrdt aus Leipzig) im Hause zusammentrafen, aus dem Umstand ist mehr Rede über mein Ausspannen gemacht worden, als nötig war, zumal auch der hiesige Arzt Ricker sich seitdem vom Morgen bis zum Abend durch Besuche gefällig erweist.

Ich fühle keine Niederlage, nur den Schwächezustand vielleicht etwas lebhafter als sonst, zumal ich von meinen weiblichen Hausdoktoren in so energischer Zucht gehalten werde, daß ich gar nicht aufjapsen kann. Es wird mir große Freude sein, Sie hier zu sehen, ich bin den ganzen Morgen, außer wenn ich beschäftigt bin, die Frühstücksanerbieten meiner Frau abzuwehren, erfreut, menschlichen Zuspruch zu haben.

Innige Grüße ins Haus und in eine Natur, die jetzt doch blühen muß, mag sie wollen oder nicht.

Ihr getreuester Freytag.

Von mir und Nelly tausend Grüße Ihnen und der Gattin.

CLARA SCHUMANN
13. September 1819 – 20. Mai 1896

Die lange gehegte Vermutung, ihr letztes Kind hätte den jungen Brahms zum Vater gehabt, gilt inzwischen als widerlegt. Dennoch bestand zwischen beiden eine tiefe Liebesbeziehung, von der auch Claras letzter Brief zeugt: An den schon krebskranken Freund sandte sie zu dessen letztem Geburtstag diesen Gruß von ihrem eigenen Sterbelager. Die Briefe von Brahms hatte sie bereits verbrannt, er die ihrigen im Rhein versenkt.

7. Mai 1896

Herzlichen Glückwunsch von Deiner ergebenen

Clara Schumann

Zu mehr kann ich nicht gut, aber oder bald Deine

JOHANNES BRAHMS
7. Mai 1833 – 3. April 1897

Seit dem Sommer 1896 litt er an einer, wie er sagte, »kleinen bürgerlichen Gelbsucht«, ohne zu ahnen, dass die Verfärbung seiner Haut das Symptom einer Magenkrebserkrankung war. Im Herbst suchte er vergeblich in Karlsbad Heilung. Er verlor ständig an Gewicht, obwohl er normal aß. Er litt keine Schmerzen, fühlte sich aber zusehends schwächer. Ende März hatte er sich, »um ein wenig auszuruhen«, zu Bett begeben. Er verließ es nicht mehr; wenige Tage später war er tot.

An die Stiefmutter Karoline Louise Brahms

(Poststempel 29. März 1897)
Liebe Mutter, der Abwechslung wegen habe ich mich ein wenig hingelegt und kann daher nur unbequem schreiben. Sonst habe keine Angst, es hat sich nichts geändert und wie gewöhnlich habe ich nur Geduld nötig.

Von Herzen Euer Johannes

THEODOR FONTANE
30. Dezember 1819 – 20. September 1898

»Dies sind nun also die letzten Zeilen« – so beginnt, seltsam genug für den heutigen wissenden Leser, der allerletzte Brief des großen Briefschreibers, und er endet scheinbar noch seltsamer. Die profane Realität ist, daß Emilie Fontane zu Besuch bei ihrer alten Freundin Johanna Trutler in Blasewitz weilte, und der Strohwitwer mit der Tochter Meta allein zu Hause mehrere Einladungen arrangieren musste, was dem fast Achtzigjährigen nicht mehr leichtfiel. Kurz zuvor hatte er seinen Roman *Der Stechlin* beendet und dort, in der Grabrede auf den alten Dubeslav von Stechlin, sich den eigenen Nachruf geschrieben. Am Abend ging er nach dem Essen, sich bei seiner Tochter entschuldigend, für »einen Augenblick« ins Schlafzimmer. Nur zwei Minuten später fand sie ihn tot auf dem Bett liegend. Ein gnädiger Herzschlag hatte ihn rasch und ohne Leiden aus dem Leben gerissen. Vier Tage später wurden die Sätze aus dem »Stechlin« an seinem eigenen Grab gesprochen.

Berlin, d. 20. September 1898.

Meine liebe Frau.

Dies sind nun also die letzten Zeilen, übermorgen Mittag dürfen wir Dich erwarten. Es freut mich, daß Du dies Zusammensein mit Deiner alten Freundin noch haben konntest.

Unsere gestrige zweite Gesellschaft verlief ebenfalls zufriedenstellend, weil alle voll guten Willens waren. Daß dieser so oft fehlt, daran scheitern so viele Gesellschaften. Zu den Haupttugenden, die Z's und wir in alter Zeit vertraten, gehörte diese absolute gesellschaftliche Zuverlässigkeit. Die meisten machen sich ein Vergnügen daraus, wenigstens den einen oder andern zu ärgern.

Mit Metas und meinem Befinden ist es »so, so«: man arbeitet am Trapez immer weiter und leistet dasselbe wie andre, aber es fehlt – einzelne Momente abgerechnet, wo einen ein Witz oder eine Skandalgeschichte erheitert – die rechte Freudigkeit, weil die Kräfte nicht ausreichen. Das prädominierende Gefühl bleibt doch immer: »lägst du nur erst wieder im Bett«. Bei mir ist dies Gefühl so stark, daß selbst meine berühmte Artigkeit zusammenbricht und ich mir sage: »wird dir das und das übel genommen, nun so auch gut!« Es ist vielleicht eine kleine Tugend, von dem Urteil der Menschen abhängig zu sein, aber bequemer haben es die Rüpel, denen all' so 'was ganz gleichgültig ist.

Gestern mittag ging ich eine Stunde spazieren und traf P.; er erzählte mir vom Tode seiner Frau und welchen »goldenen Humor« sie gehabt habe; er sei ganz gebrochen, alles habe jedes Interesse für ihn verloren, auch sein Geschäft, und dabei weinte er beständig. Er sei, um sich 'rauszureißen, in England gewesen und habe mit zwei englischen Nichten seiner Frau eine Reise nach Schottland gemacht. Die jüngere sei heiter und ausgelassen und habe den »goldenen Humor« seiner Frau; die ältere, die jetzt bei ihm sei, sei aber ernster. Ich glaube, er war ganz aufrichtig in seiner Trauer, und doch habe ich nie so stark den Eindruck gehabt: »dieser Trauernde wartet das Trauerjahr nicht ab«; eine der beiden Nichten muß es werden. Wohl die mit dem »goldenen Humor« seiner Frau. So geht es. Und die Witwen sind noch flinker als die Witwer! –

Empfiehl mich allerseits aufs herzlichste, besonders Tante Johanna. Wie immer Dein Alter

FRIEDRICH NIETZSCHE
21. Oktober 1844 – 25. August 1900

Seine Briefe im vorletzten Stadium der progressiven Paralyse zeigen ihn als Größenwahnsinnigen: »Mein Leben kommt jetzt auf seine Höhe: noch ein paar Jahre und die Erde zittert von einem ungeheuren Blitzschlage. – Ich schwöre Dir zu, dass ich die Kraft habe, die Zeitrechnung zu verändern.« Mit der »Umwertung aller Werte« läge eine ungeheure Aufgabe vor ihm, bei der er »wörtlich gesagt, das Schicksal der Menschen zu tragen habe«. Er plante die Vernichtung des Hauses Hohenzollern: »Ich habe einen Fürstentag nach Rom einbefohlen, ich will den jungen Kaiser füsilieren lassen.« Gleichzeitig jedoch verfolgte er mit größter Wachheit den Druck seiner Schriften und schickte noch am 30. Dezember eine Karte mit einer Text-verbesserung an den Verlag. Unmittelbar danach muss der nicht mehr genau datierbare Zusammenbruch erfolgt sein; die folgenden Briefe mit meist nur wenigen Sätzen sind überwiegend mit »Der Gekreuzigte« unterschrieben; die Schwester hat fast all diese Zeugnisse vernichtet. Der letzte Brief vom 6. Januar zeigt das letzte Stadium des Wahns vor der endgültigen Verblödung, in der Nietzsche noch fast zwölf Jahre dahindämmerte.

An Jacob Burckhardt in Basel

Am 6. Januar 1889.

Lieber Hérr Professor,
zuletzt wäre ich sehr viel lieber Basler Professor als Gott; aber ich habe es nicht gewagt, meinen Privat-Egoismus so weit zu treiben, um seinetwegen die Schaffung der Welt zu unterlassen. Sie sehen, man muß Opfer bringen, wie und wo man lebt. – Doch habe ich mir ein kleines Studenten-Zimmer reservirt, das dem Palazzo Carignano (– in dem ich als Vittorio Emanuele geboren bin) gegenüber liegt und außerdem erlaubt, die prachtvolle Musik unter mir, in der Galleria Subalpina, von seinem Arbeitstisch aus zu hören. Ich zahle 25 fr. mit Bedienung, besorge mir meinen Tee und alle Ein-käufe selbst, leide an zerrissenen Stiefeln und danke dem Himmel jeden Augenblick für die alte Welt, für die die Menschen nicht einfach und still genug gewesen sind. – Da ich verurteilt bin, die nächste Ewigkeit durch schlechte Witze zu unterhalten, so habe ich hier eine

Schreiberei, die eigentlich nichts zu wünschen übrig läßt, sehr hübsch und ganz und gar nicht anstrengend. Die Post ist 5 Schritt weit, da stecke ich selber die Briefe hinein, um den großen Feuilletonisten der grande monde abzugeben. Ich stehe natürlich mit dem Figaro in näheren Beziehungen, und damit Sie einen Begriff bekommen, wie harmlos ich sein kann, so hören Sie meine ersten zwei schlechten Witze:

Nehmen Sie den Fall Prado nicht zu schwer. Ich bin Prado, ich bin auch der Vater Prado, ich wage zu sagen, daß ich auch Lesseps bin ... Ich wollte meinen Parisern, die ich liebe, einen neuen Begriff geben – den eines anständigen Verbrechers. Ich bin auch Chambige – auch ein anständiger Verbrecher.

Zweiter Witz. Ich grüße die Unsterblichen Monsieur Daudet gehört zu den quarante

Astu.

Was unangenehm ist und meiner Bescheidenheit zusetzt, ist, daß im Grunde jeder Name in der Geschichte ich bin; auch mit den Kindern, die ich in die Welt gesetzt habe, steht es so, daß ich mit einigem Mißtrauen erwäge, ob nicht Alle, die in das »Reich Gottes« kommen, auch aus Gott kommen. In diesem Herbst war ich, so gering gekleidet als möglich, zwei Mal bei meinem Begräbnisse zugegen, zuerst als conte Robilant (– nein, das ist mein Sohn, insofern ich Carlo Alberto bin, meine Natur unten) aber Antonelli war ich selbst. Lieber Herr Professor, dieses Bauwerk sollten Sie sehn; da ich gänzlich unerfahren in den Dingen bin, welche ich schaffe, so steht Ihnen jede Kritik zu, ich bin dankbar, ohne versprechen zu können, Nutzen zu ziehn. Wir Artisten sind unbelehrbar. – Heute habe ich mir meine Operette – genial-maurisch – angesehn, bei dieser Gelegenheit auch mit Vergnügen constatirt, daß jetzt Moskau sowohl wie Rom grandiose Sachen sind. Sehen Sie, auch für die Landschaft spricht man mir das Talent nicht ab. – Erwägen Sie, wir machen eine schöne schöne Plauderei, Turin ist nicht weit, sehr ernste Berufspflichten fehlen vor der Hand, ein Glas Veltliner würde zu beschaffen sein. Negligé des Anzugs Anstandsbedingung.

In herzlicher Liebe Ihr
Nietzsche

Morgen kommt mein Sohn Umberto mit der lieblichen Margherita, die ich aber auch nur hier in Hemdsärmeln empfange. Der Rest für Frau Cosima ... Ariadne ... Von Zeit zu Zeit wird gezaubert ...

Ich gehe überall hin in meinem Studentenrock, schlage hier und da Jemandem auf die Schulter und sage: siamo contenti? son dio, ho fatto questa caricatura ...

Ich habe Kaiphas in Ketten legen lassen; auch bin ich voriges Jahr von den deutschen Ärzten auf eine sehr langwierige Weise gekreuzigt worden. Wilhelm Bismarck und alle Antisemiten abgeschafft.

Sie können von diesem Brief jeden Gebrauch machen, der mich in der Achtung der Basler nicht heruntersetzt. –

GIUSEPPE VERDI

10. Oktober 1813 – 27. Januar 1901

Nach dem Triumph seiner letzten Oper *Falstaff* (1893), die in der grandiosen Schlussfuge sein künstlerisches Vermächtnis enthält, wurde der greise Maestro mit höchsten Ehrungen überhäuft. In Rom ernannte man ihn zum Ehrenbürger, in Mailand benannte sich das Konservatorium nach ihm, wogegen er allerdings energisch protestierte: Er hatte nicht vergessen, dass er dort 1832 abgewiesen worden war. Seine Hauptarbeit galt in den letzten Lebensjahren der Gründung und Sicherung der »Casa di riposa«, einem Heim für alte Musiker in Mailand; dieser im Jahr 1900 gegründeten Institution vermachte er sämtliche Honorare aus den Aufführungen seiner Werke, von denen es bis zum Erlöschen der Autorenrechte 1951 unterhalten und danach vom italienischen Staat übernommen wurde. Als sich der Trauerzug zur Kapelle jenes Hauses bewegte, in der Verdi beerdigt werden wollte, sangen unter der Leitung Arturo Toscaninis neunhundert Sänger den »Chor der Gefangenen« aus *Nabucco*, mit dem er 1842 der Freiheitssehnsucht seines Volkes einen unvergesslich packenden Ausdruck verliehen hatte.

An Maria Waldmann

19. (?) Januar 1901

Wenn mir die Ärzte auch sagen, daß ich nicht krank bin – ich fühle doch, wie alles mich ermüdet. Ich kann weder lesen noch schreiben, es lassen mich die Augen im Stich, das Gefühl versagt und selbst die Beine wollen mich nicht mehr tragen.

Ich lebe nicht mehr, ich vegetiere nur noch. Was habe ich noch zu schaffen auf dieser Welt ...

PAUL GAUGUIN
7. Juni 1848 – 8. Mai 1903

Auch Hiva-Oa, eine Insel der Marquesasgruppe, war nicht das Paradies: Auch hier gab es die französische Bürokratie, vor der er aus Tahiti geflohen war, und die Polizei, mit der er in Konflikt geriet, als er sich in einem Brief an den Gouverneur gegen die Entrechtung der Eingeborenen wandte. Für die französische Kolonie galt er als halbwilder Spinner und Aussätziger, weil sein gebrochenes Bein nicht heilen wollte und immer wieder Ekzeme aufbrachen. In Paris waren seine Bilder unverkäuflich, er hatte nichts als Ärger und Schulden. Die Angst ums nackte Überleben ruinierte ihn; er starb an einem Herzinfarkt in seiner Hütte in der Bucht von Atuana. Das letzte Bild, das er dort malte, zeigt ein verschneites Dorf in der Bretagne.

April 1903

Mein lieber Daniel, ich sende Ihnen drei Bilder, die Sie wahrscheinlich nach meinem Brief erhalten werden.* Sagen Sie bitte Herrn Fayet, daß es sich um meine Rettung handelt. Gefallen ihm die Bilder nicht, so soll er bei Ihnen andere auswählen, oder mir tausendfünfhundert Francs leihen, er kann alle möglichen Bürgschaften dafür haben – Aus folgenden Gründen: ich bin das Opfer einer gemeinen Falle geworden. – Nach skandalösen Vorfällen auf den Marquesas hatte ich dem

Administrator einen Brief geschrieben und ihn aufgefordert, eine diesbezügliche Untersuchung einzuleiten. Ich hatte nicht gewußt, daß die Gendarmen alle unter einer Decke stecken, daß der Administrator zum Gouverneur hält etc., jedenfalls hat der Leutnant die Verfolgung verlangt, und ein Lump von Richter hat auf Anordnung des Gouverneurs und des kleinen Beamten, den ich einmal hart mitgenommen habe, mich (nach dem Gesetz über die Presse vom Juli 81) für einen Privatbrief zu drei Monaten Gefängnis und tausend Francs Geldstrafe verurteilt – Ich muß auf Tahiti Berufung einlegen. Reise, Aufenthalt und hauptsächlich Kosten für den Anwalt!!! Wieviel wird mich das kosten? Das bedeutet meinen Ruin und den vollkommenen Zusammenbruch meiner Gesundheit.

Es ist für mein ganzes Leben beschlossen, daß ich fallen, wieder aufstehen, wieder fallen muß etc. ... Meine ganze alte Energie wird mit jedem Tage weniger –

Beschleunigen Sie das doch möglichst, und sagen Sie Herrn Fayet, daß ich ihm ewig dankbar dafür sein werde.

Stets von Herzen ganz Ihr
Paul Gauguin

Eben kommt die Post: immer noch nichts von Ihnen – Vollard schreibt mir seit drei Posten nicht und schickt mir auch kein Geld. Zur Zeit schuldet er mir tausendfünfhundert Francs und Geld für die Bilder, die ich ihm geschickt habe. Dagegen schulde ich der Handelsgesellschaft tausendvierhundert Francs, und das gerade, da ich genötigt bin, die Gesellschaft um

Geld zu bitten, um nach Papeete zu reisen etc. ... Ich fürchte sehr, daß die Gesellschaft ablehnt, dann säße ich entsetzlich in der Tinte. Wäre er tot, oder hätte er bankrott gemacht, so wüßten Sie doch hoffentlich davon. Alle diese Sorgen *töten mich.*   P. Gauguin

* Anmerkung Gauguins: Ich sende sie direkt an Herrn Fayet, damit sie nicht so herumgeschleppt werden.

ANTON TSCHECHOW

29. Januar 1860 – 15. Juli 1904

In Moskau hatte er bereits wochenlang sterbenskrank im Bett gelegen, bis ihm der Arzt zu einer Reise in das gesündere Klima des Kurortes Badenweiler riet. Er kam aus dem großstädtischen Schauspieler- und Literatentrubel und fand die Kleinstadt spießig und öde: »Ich lebe unter den Deutschen, habe mich bereits an mein Zimmer und die Lebensweise gewöhnt, kann mich aber an die deutsche Stille und Ruhe einfach nicht gewöhnen. Im Haus und außer Hause hört man keinen Ton, nur um 7 Uhr abends und mittags spielt im Park Musik, reich, aber sehr unbegabt. Man verspürt keinen einzigen Funken Talent, in nichts, keinen einzigen Funken Geschmack, aber dafür Ordnung und Ehrlichkeit im Überfluss. Unser russisches Leben hat weit mehr Talent, ganz zu schweigen vom italienischen oder französischen.« Er glaubte an Magenkatarrh und Asthma zu leiden; in Wahrheit starb er an Lungenschwindsucht. Die Witwe ließ den Toten nach Moskau überführen – in einem Güterwagen voller auf Eis gelegter Austernkisten.

An M. P. Tschechowa

Badenweiler, 28. 6. 1904

Liebe Maša, hier ist eine grausame Hitze ausgebrochen, die mich überrumpelt hat, denn ich habe nur lauter Winteranzüge mit, ich ersticke und träume davon, wegzufahren von hier. Aber wohin? Ich wollte nach Italien nach Como, aber dort sind alle vor der Hitze davongelaufen. Überall im Süden Europas ist es heiß. Ich wollte von Triest bis Odessa mit dem Dampfer fahren, aber ich weiß nicht, inwieweit das jetzt, im Juni-Juli, möglich ist. Kann George sich erkundigen, welche Dampfer es da gibt? Bequeme? Ziehen sich die Aufenthalte in die Länge, ist der Tisch gut, usw. usf.? Für mich wäre das eine unersetzliche Spazierfahrt, wenn nur der Dampfer gut ist, und nicht schlecht. George würde mir einen großen Dienst erweisen, wenn er mir *auf meine Kosten* ein Telegramm schickte. Das Telegramm soll so lauten: *»Badenweiler Tschechow. Bien. 16. Vendredi.«* Das bedeutet: *bien* – der Dampfer ist gut, *16* – Zahl der Reisetage, *vendredi* – Tag der Abfahrt des Dampfers von Triest. Das ist natürlich nur das Schema des Telegramms, und wenn der Dampfer am Donnerstag abfährt, so braucht er *vendredi* nicht mehr zu schreiben.

Wenn es ein bißchen heiß wird, so ist das nicht schlimm; ich werde einen Flanellanzug bekommen. Aber mit der Eisenbahn zu fahren, habe ich offen gestanden ein bißchen Angst. Im Zugabteil ist es jetzt zum Ersticken, besonders bei meinem Asthma, das sich bei der kleinsten Lappalie verschlimmert. Außerdem gibt es von Wien direkt bis Odessa keine Schlafwagen, es würde unruhig. Und mit der Eisenbahn wäre ich auch eher zu Hause als nötig, ich habe mich doch noch gar nicht richtig ausgelüftet.

Es ist sehr heiß, man möchte sich ganz ausziehen. Ich weiß nicht, was ich tun soll. Olga ist nach Freiburg gefahren, um mir einen Flanellanzug zu bestellen, hier in Badenweiler gibt es weder Schneider noch Schuster. Als Muster hat sie meinen Anzug mitgenommen, den ich mir bei Duchard habe machen lassen.

Ich esse sehr schmackhaft, aber nicht gut, dauernd verderbe ich mir den Magen. Die hiesige Butter kann ich nicht essen. Offenbar ist mein Magen hoffnungslos kaputt, wiederherzustellen ist er wohl durch nichts anderes als durch Fasten, d.h. nichts zu essen – und basta. Und gegen Asthma ist die einzige Arznei – sich nicht zu bewegen.

Keine einzige anständig gekleidete deutsche Frau, eine Geschmacklosigkeit, die trübsinnig macht.

Also, bleib gesund und fröhlich, einen Gruß an Mamaša, Vanja, George, Babuška und alle anderen. Schreib. Ich küsse dich, drücke dir die Hand.

Dein A.

ADOLPH VON MENZEL
8. Dezember 1815 – 9. Februar 1905

Wofür der Lehrersohn geadelt und als erster Künstler zum Ritter des Schwarzen Adlerordens geschlagen wurde, ist als künstlerische Leistung längst vergessen – weil es diese Technik des Holzschnitts nicht mehr gibt: Er hatte die Vorlagenzeichnungen geliefert für hunderte Bilder zur preußischen Geschichte – direkt auf den Holzstöckchen ausgeführte Federzeichnungen, die nicht mehr den traditionell linearen Stil verfolgten, sondern eine neue tonige Wiedergabe ermöglichten. Seine wirkliche, die Preußen-ära überdauernde Leistung ist zu seinen Lebzeiten kaum beachtet worden: Seit der Mitte der vierziger Jahre entstanden jene Ölbilder mit scheinbar nebensächlichen, zufälligen oder unbeachteten Motiven aus der Alltagswelt, die malerische Entwicklungen wie den Impressionismus vorwegnahmen. Mit seinem die Momentaufnahme der Fotografie ersetzenden Bild »Die Aufbahrung der Märzgefallenen« der Berliner Revolution von 1848 gelang ihm eine unpathetische Neuformulierung des Historienbildes, die später von den Malern, die Wilhelm II. bevorzugte, wieder zunichte gemacht wurde. Der Kaiser immerhin ging zu Fuß hinter dem Trauerwagen, dem viele Tausende folgten.

An Kaiser Wilhelm II.

Allergnädigster Großmächtiger Kaiser und König und Herr!
Eure Kaiserliche und Königliche Majestät haben auch im Laufe dieses abklingenden Jahres es nicht an untrüglichen Anzeichen Allerhöchster Huld fehlen lassen. Mit hocherhobenen Gefühlen denke ich zurück an jene herrliche Epistel durchtränkt von Heiterkeit, wohl nicht alltäglich im Lebensgange eines Herrschers!
Selbige ist im »Allerheiligsten« aufbewahrt. Und weiter: das Erinnerungsbild an den Tag von Collin – es prangt an der Friedrichswand in meinem Atelier. Ein

Denkmal der Unbefangenheit mit der eine Kriegsmacht welche so Viele und solche Siege zu verzeichnen hat auch ihrer Niederlagen Erwähnung zu tun hat. Ehrenvoll waren sie alle.

Wollen Eure Kaiserliche und Königliche Majestät meinen allerunterthänigsten Dank genehmigen.

Jedes Jahr ist für mich wie immer einen Monat kürzer! so auch dieses! Die letzte Stunde ist vor der Tür!!! Schütze der Himmel Eure Majestät und Ihr ganzes Hohes Haus! und unser Deutsches Vaterland!

Allerunterthänigster

Adolph von Menzel

Berlin den 31. Dezember 1904.

HERMANN NOTHNAGEL
28. September 1841 – 7. Juli 1905

Er war einer der berühmtesten Fachärzte für innere Medizin. Das von ihm herausgegebene, 24 Bände umfassende *Handbuch der Speciellen Pathologie und Therapie* (1894 ff) galt jahrzehntelang als Standardwerk. Vor allem war er ein begnadeter Diagnostiker, der höchsten Wert auf eine möglichst vollständige Anamnese legte. Mit welch kühler Präzision er dabei vorging, zeigen seine letzten, auf seinem Schreibtisch gefundenen Aufzeichnungen, in denen er den eigenen, sich lange ankündigenden Herztod protokollierte. Das Erscheinen seines letzten großen Werkes *Die Technik der Diagnose* erlebte er nicht mehr.

Stenokardische Anfälle mit äußerst heftigen Schmerzen. Puls und Anfälle gänzlich verschieden, einmal langsam ca. 56–60, ganz regelmäßig, stark gespannt, dann wieder beschleunigt 80–90, ziemlich gleich und regelmäßig, endlich vollständig, arhythmisch, ganz inequal, bald beschleunigt, bald langsamer, mit ganz wechselnder Spannung.

Die ersten Sensationen dieser Anfälle datieren mehrere, drei bis vier Jahre zurück, anfänglich ganz schwach, allmählich immer ausgesprochener. Eigentliche Anfälle mit starken Schmerzen sind jetzt erst vor 5 oder 6 Tagen aufgetreten.

Geschrieben am 6. Juli 1905 abends spät,
nachdem ich vorher drei heftige Anfälle gehabt habe

PAUL CÉZANNE
19. Januar 1839 – 22. Oktober 1906

Vom Pariser Kunstbetrieb hielt er sich möglichst fern. In völliger Abgeschiedenheit seiner provenzalischen Heimat arbeitete er am Fuße des Berges Sainte-Victoire an Bildern, die zu seinen Lebzeiten kaum geschätzt wurden. Erst nach seinem Tod erkannte man die über den Impressionismus hinausweisende und den Kubismus vorbereitende Qualität seiner scheinbar ganz einfachen Bilder. Trotzig hatte er stundenlang in einem Regenguss ausgeharrt, um anschließend weiterzumalen, aber er ließ sich dann doch frierend nach Hause bringen – zu spät. Eine Lungenentzündung bedeutete sein Ende.

An einen Farbenhändler

Aix, den 17. Oktober 1906

Monsieur!

Es sind nun schon acht Tage vergangen, seit ich Sie um zehn Tuben Gebrannten Lack 7 gebeten habe, und ich erhielt noch keine Antwort. Was geht denn da vor?

Eine Antwort bitte, und zwar schleunigst!

Hochachtungsvoll

Paul Cézanne

HENRI DUNANT
8. Mai 1828 – 30. Oktober 1910

Mehr als 22 000 Tote und Verwundete lagen am Morgen nach der Schlacht von Solferino unversorgt auf dem Feld. Dunant hat seinen Blick in die Hölle des Krieges in seinem Buch *Un souvenir de Solférino* (1862, dt. 1895) beschrieben und seit jenem Erlebnis für eine unabhängige Organisation zur Rettung der Kriegsopfer geworben. Auf seine Initiative wurde 1863 in Genf das Rote Kreuz gegründet. Ein Jahr später berief er eine internationale Konferenz ein, die mit dem Beschluss der Genfer Konvention zur menschenwürdigen Behandlung der Kriegsgefangenen endete. Obwohl seine Ideen internationale Anerkennung fanden (Friedensnobelpreis 1901), zeigt seine letzte Verfügung einen bis zur Selbstleugnung bescheidenen Mann.

Ich wünsche zu Grabe getragen zu werden wie ein Hund, ohne eine einzige Eurer Zeremonien, die ich nicht anerkenne. Ich rechne auf Eure Güte, zuversichtlich über meinem letzten irdischen Wunsch zu wachen. Ich zähle auf Eure Freundschaft, daß es so geschehe. Amen. Ich bin ein Jünger Christi wie im 1. Jahrhundert und sonst nichts.

WILHELM RAABE
8. September 1831 – 15. November 1910

Zu seinem siebzigsten Geburtstag hatte er sich selbst pensioniert und nannte sich von nun an ironisch »Schriftsteller a. D.«. Über vier Jahrzehnte harter Arbeit lagen hinter ihm, doch das Publikum war den Weg seiner künstlerischen Entwicklung nicht mitgegangen. Es bevorzugte die leichtere Kost der Frühwerke, die der Autor »abgestandenen Jugendquark« nannte. Im Oktober 1910 erlebte er noch die 34. Auflage des *Hungerpastor*, dessen Erfolg ihn zu bitteren Worten reizte: »Meine Kinderbücher, die ›Sperlingsgasse‹ und die anderen, lesen sie, und den Dichter des ›Hungerpastors‹ nennen sie mich, als ob ich gar nichts anderes geschrieben habe; aber das, was wirklich etwas wert ist, das kauft kein Mensch.« An den Verleger Grote hatte er im Juli 1910 geschrieben, sein Leben sei »ein Kampf ums Dasein gewesen vom dreiundzwanzigsten Lebensjahre an«. Durch die Neuauflagen seiner »Kinderbücher« war er ein wohlhabender und berühmter Mann geworden, doch er verachtete den falschen Ruhm. Am 22. Oktober hielt er die Urkunde über die Ernennung zum Ehrendoktor der medizinischen Fakultät in Berlin in Händen. Da wartete er schon auf den Tod und wusste, dass es nicht mehr lange dauern würde. Auf dem Sofa liegend, das Gesicht zur

Wand gedreht, verbrachte er die letzten Tage. In der Nacht des 14. November hörte seine Tochter die letzten Worte: »Ist er denn noch nicht tot?«

An P. J. Meier in Braunschweig

Braunschweig, 19. Okt. 1910.
Teurer Herr und Freund!
Sie müssen vorlieb nehmen. Sie sind einer von den letzten, die noch einen Brief von mir kriegen. Selbst der rechte Arm versagt seine Hilfe: der geistige und körpliche [so!] Krüppel ist vollständig bei mir in die Erscheinung getreten. Es geht eben zu Ende! – Da kam Ihr schönes kleines Buch: was sind alle äußerlichen Ehren gegen die Wahrheit aus des Freundes Mund? Und Sie haben in Ihrem schönen Schluß das Rechte und Wahre getroffen: so ist es gewesen und kein Wort an Ihrem Werk zu ändern! Und allgemeine Beistimmung findet Ihr Werk: es werden Ihnen noch oft die Ohren darob klingen.

Und nun noch einen Rat: werden Sie nicht zu alt, wenn Ihnen das Schicksal nicht Ihre Gesundheit über das achtzigste hinaus garantiert. Wie milde und barmherzig wäre es gewesen, wenn ich noch aus dem gesunden 1909 abgerufen wäre. Was nun? Ein Weiterquälen bei Tag und Nacht bis zum letzten Geschrei!

Der Himmel schenke Ihnen und den Ihrigen noch weiter einen so wundervollen Herbst!

In herzlicher Treue, jetzt mehr denn je
Ihr Wilh Raabe.

GUSTAV MAHLER

7. Juli 1860 – 18. Mai 1911

Ständige Ehekräche mit Alma, der Tod der Tochter und eine berufliche Überlastung führten zum körperlichen Zusammenbruch. Er starb während der Arbeit an der 10. Symphonie. Den letzten Satz schrieb er an den Rand des Notenpapiers.

Leb wohl, mein Saitenspiel.

ROBERT FALCON SCOTT

6. Juni 1868 – 29. März 1912

Nach einer ersten Südpolexpedition mit dem Namen »Discovery« (1901 – 04) brach er 1910 erneut auf, um den Südpol zu finden. Mit seiner Mannschaft erreichte er ihn am 18. Januar 1912 und musste feststellen, dass der Norweger Roald Amundsen bereits vier Wochen vor ihm das Ziel erreicht hatte. Enttäuscht machte er sich mit seinen Begleitern auf den Rückweg. Im Dezember 1912 fand ein Rettungstrupp ihre erfrorenen Körper. Bei Scott fand man drei Tagebücher; die letzte Eintragung ist nicht mehr datiert.

Botschaft an die Öffentlichkeit.
Die Gründe unseres Unterganges sind nicht auf fehlerhafte Organisation zurückzuführen, sondern auf Unglücksfälle, die uns bei allem, was wir wagen mußten, verfolgt haben.

1. Der Verlust der Ponys im März 1911 zwang mich, später aufzubrechen, als ich beabsichtigt hatte, und die Menge des mitzunehmenden Proviants einzuschränken.

2. Das schlechte Wetter auf dem ganzen Marsch zum Pol und besonders der langanhaltende Sturm auf dem 83. Grad hemmten uns.

3. Der weiche Schnee in den untern Regionen des Beardmoregletschers verlangsamte ebenfalls das Marschtempo.

Wir haben diese unvorhergesehenen Ereignisse mit Energie bekämpft und haben sie besiegt, aber auf Kosten unseres Reserveproviants. Jede Einzelheit unserer Lebensmittel, unserer Kleidung und aller Depots auf dem Inlandeis und auf dem ganzen 1300 Kilometer langen Weg zum Pol hin und zurück funktionierte aufs vollkommenste. Die Polabteilung wäre in bester Gesundheit und mit Überfluß an Lebensmitteln nach dem Gletscher zurückgekehrt, wenn nicht erstaunlicherweise gerade der Mann zusammengebrochen wäre, von dem wir es am wenigsten erwarten durften: Edgar Evans galt als der kräftigste Mann der Abteilung.

Der Beardmoregletscher ist bei gutem Wetter nicht schwer zu überschreiten, aber bei der Rückkehr hatten wir nicht einen einzigen vollkommen schönen Tag; dies und ein kranker Gefährte verschlimmerten unsere böse Lage bedeutend.

Wir gerieten, wie ich an anderer Stelle gesagt habe, in schrecklich höckriges Eis hinein, und Edgar Evans erlitt eine Gehirnerschütterung – er starb eines natürlichen Todes, ließ uns aber schwer getroffen zurück, bei schon gefährlich weit vorgerückter Jahreszeit. Doch all dies war nichts gegen die Überraschung, die uns auf der Barriere erwartete. Ich behaupte, daß unsere Vorkehrungen für den Rückmarsch durchaus richtig waren und daß kein Mensch auf der Welt solche Temperaturen und Oberflächen, wie wir sie zu dieser Jahreszeit antrafen, dort erwartet haben würde. In der Breite von 85 Grad hatten wir auf dem höchsten Punkt 29 – 34 ½ Grad Kälte, auf der 3000 Meter tiefer liegenden Barriere auf dem 82. Breitengrad fast regelmäßig 34 Grad am Tage und 44 Grad in der Nacht und dabei beständig Gegenwind auf unseren Tagemärschen. Es ist klar, daß derartige Umstände sehr plötzlich eintreten und ich schreibe unseren Zusammenbruch hauptsächlich diesem plötzlichen Überfall durch schlechtes Wetter zu, das keine vernünftige Ursache zu haben scheint. Ich glaube nicht, daß je ein menschliches Wesen solch einen Monat durchgemacht hat wie wir, und doch hätten wir ihn trotz des entsetzlichen Wetters überstanden, wenn sich nicht in unseren Depots ein mir unerklärlicher Fehlbetrag an Petroleum herausgestellt hätte, und wenn uns nicht schließlich 20 Kilometer vor dem Depot, wo wir unsere letzten Vorräte finden mußten, der Orkan überfallen hätte. Schlimmer konnte uns das Unglück schlechterdings nicht mitspielen. Wir sind nur 20 Kilometer vor unserem alten Ein-Tonnen-Lager, mit Brennmaterial zu einer einzigen letzten Mahlzeit und Lebensmitteln auf zwei Tage. Vier Tage können wir das Zelt überhaupt nicht verlassen, – so heult der Sturm um uns herum. Wir sind schwach, das Schreiben wird schwer, aber meinetwegen bereue ich diese Reise nicht, die gezeigt hat, daß Engländer Schweres erdulden, einander helfen und dem Tod mit ebenso großer Festigkeit entgegensehen können, wie je in vergangenen Zeiten. Wir haben es gewagt, und wir wußten, was wir wagten; das Glück hat gegen uns entschieden, wir dürfen uns deshalb nicht beklagen, sondern wir beugen uns vor dem Willen der Vorsehung und sind entschlossen, bis zuletzt auszuharren. Doch wenn wir bereit sind, unser Leben zu lassen bei diesem Unternehmen, das unser Vaterland ehrt, so appelliere ich an unsere Landsleute, zu sorgen für diejenigen, die von uns abhängen. Blieben wir am Leben – ich hätte viel zu erzählen von Unerschrockenheit, Ausdauer und Heldenmut meiner Kameraden, was das Herz jedes Engländers tief bewegen würde. Statt meiner müssen diese kurzen Aufzeichnungen und unsere Leichen reden.

Aber gewiß, gewiß wird unser großes, reiches Vaterland die nicht im Stich lassen, die auf uns angewiesen sind.

R. Scott.

An die Mutter eines seiner Gefährten.

Meine liebe Mrs. Wilson!
Wenn dieser Brief Sie erreicht, werden Bill und ich gemeinsam aus der Welt gegangen sein. Der Augenblick steht nahe bevor, und ich möchte gern, daß Sie erfahren, wie großartig er bis zuletzt gewesen ist – immerfort heiter und bereit, sich selbst für andere aufzuopfern, und nie hat er mir einen Vorwurf darüber

gemacht, daß ich ihn in dieses Elend brachte. Er leidet zum Glück nicht, wenigstens können seine Schmerzen nicht groß sein.

Seine Augen haben einen zufriedenen blauen Hoffnungsblick, und sein Gemüt ist ruhig durch den Trost, den ihm sein Glauben gibt; er lehrt ihn, sich nur als einen Teil des großen Planes des Allmächtigen zu betrachten. Ich weiß keinen anderen Trost für Sie, als daß ich Ihnen sage: er ist gestorben, wie er gelebt hat, als ein tapferer, treuer Mensch – als der beste Kamerad und der zuverlässigste Freund.

Mein ganzes Herz wendet sich Ihnen in Mitleid zu.

Ihr R. Scott.

Letzte Tagebucheintragung:
»Um Gottes willen – sorgt für unsere Hinterbliebenen!«
Aufschrift auf der ersten Seite des letzten Tagebuchheftes: »Schickt dieses Tagebuch meiner Frau!«

R. Scott.

»Frau« ist durchgestrichen und darüber geschrieben:
»Witwe.«

GEORGES LEBALLE
18. August 1893 – 22. August 1914
Er war Leutnant im französischen 151. Infanterieregiment, wurde in der Schlacht von Pierrepont verwundet und verstarb im Lazarett. Der Abschiedsbrief wurde bei seiner Leiche gefunden.

22. August 1914

Meine teuren Eltern
und geliebte Schwesterchen!
Wenn Ihr diese Karte bekommt, wird Euer Junge nicht
mehr sein. Ich war mit 6 Leuten auf Patrouille und erhielt aus nächster Nähe eine Kugel, die mir die Schlag-
ader des Schenkels zerriß. Dann, alleingelassen, habe
ich noch vierundzwanzig Stunden gelebt und bin in
den Schoß Gottes eingegangen, wo ich Euch, früher
oder später, wieder begegnen werde. Weint deswegen
nicht zuviel, betet für mich.

Nun also, meine letzten Gedanken gelten Euch und
Gott.

Ich umarme Euch zum letzten Mal recht lange und
zärtlich.

Euer Junge und Bruder, der Euch auf Wiedersehen
sagt in der Ewigkeit.

Geo.

WILLI BÖHME
11. April 1895 – 24. Oktober 1914

16. Oktober 1914

Liebe Eltern und Geschwister!
Augenblicklich liege ich hier im Stroh und habe das
in der Feldküche zubereitete, sehr schmackhafte Mittagessen zu mir genommen, dabei rauche ich eine der
Zigarren, die soeben als Liebesgaben an uns verteilt
worden sind. Doch – –

Hier ist eine große Pause, die jedoch nicht so nichtssagend ist, wie diese paar Striche. Was ich schreiben wollte, ist: Doch die Mittagspause ist vorüber und wir müssen wieder an unsere Arbeit. – Arbeit? Ja, wenn Ihr das sähet; wir sind die reinsten Maulwürfe; wir werfen nämlich Schützengräben aus, damit die Herren Engländer hier nicht durchbrechen. So tut man allerlei, wovon man früher keine Ahnung gehabt hat. Aber man tut es gern. Wir machen es uns auch ganz gemütlich; bauen Unterstände, wo wir des Nachts unser müdes Haupt hinlegen und unterschlüpfen können, uns gegen Schrapnells zu schützen. Wir nehmen ab und zu auch ein Schlückchen Wein; denn Patrouillen von uns haben eine Anzahl Flaschen guten Rotweins mitgebracht! – –

Erlaube mir, den von Ihrem lieben Sohn und Bruder begonnenen Brief zu vollenden, derselbe ist jetzt außerstande, dasselbe zu tun, denn er ist verwundet. Um Sie darauf vorzubereiten, teile ich Ihnen dieses ergebenst mit. Machen Sie sich auf das Schlimmste gefaßt. Die Kugel, die den Helden traf, hat leider zu gut getroffen, denn sie hat ihn getötet. Richten Sie sich aber auf in dem schönen Bewußtsein, daß er den schönsten Tod starb, nämlich den Heldentod fürs Vaterland.

Mit freundlichem Gruß!
Ein Kamerad, der es gut meint.

GEORG TRAKL

3. Februar 1887 – 3. November 1914

Mitte März 1914 hatte seine Schwester Grete, zu der er eine inzestuöse Beziehung unterhielt, eine lebensgefährliche Fehlgeburt erlitten. Da ihr Mann Arthur Langen, der frühere Ehemann Else Lasker-Schülers, sie wegen dieser Schwangerschaft verlassen hatte, reiste Trakl zu Grete nach Berlin, um ihr beizustehen, und blieb dort bis zum Monatsende. Sein Freund und Gönner Ludwig von Ficker schickte ihm zweimal Geld, das Trakl wohl sofort in Kokain, Alkohol und Tabak umsetzte – er war seit Jahren alkoholkrank und kokainabhängig. An Ficker schrieb er: »... es haben sich sonst in den letzten Tagen für mich so furchtbare Dinge ereignet, daß ich deren Schatten mein Lebtag nicht mehr loswerden kann ... mein Leben ist in wenigen Tagen unsäglich zerbrochen worden und es bleibt nurmehr ein sprachloser Schmerz, dem selbst die Bitternis versagt ist.« Aus seinem drogendurchwirkten Selbstmitleid flüchtete sich der stellungslose Apotheker mit Kriegsbeginn freiwillig zu den Waffen und erlebte als ersten Einsatz die verheerende Schlacht von Grodek (Galizien): Als Sanitäter musste er tagelang neunzig Schwerverwundete ohne Arzt und Medikamente betreuen. Noch unter dem Eindruck des Grauens unternahm er zehn Tage später einen von Kameraden vereitelten Selbstmordversuch. Wenig später wurde er zur Beobachtung seines Geisteszustandes in das Garnisonshospital von Krakau verbracht und teilte dort eine Zelle mit seinem Burschen und einem an Delirium tremens leidenden Dragoner-Leutnant. Dort besuchte ihn noch Ludwig von Ficker, der sich in Wien um eine baldige Entlassung bemühen wollte; an ihn ist Trakls letzter Brief gerichtet. Am Abend des 3. November nahm Trakl eine Überdosis des heimlich mitgeführten Kokains, an der er in der Nacht starb. Dem Brief lagen die Gedichte »Grodek« und »Klage« bei.

An Ludwig von Ficker

Krakau, am 27. Oktober 1914

Lieber, verehrter Freund!

Anbei übersende ich Ihnen die Abschriften der beiden Gedichte, die ich Ihnen vorgelesen. Seit Ihrem Besuch im Spital ist mir doppelt traurig zu Mute. Ich fühle mich fast schon jenseits der Welt. Zum Schluß will ich noch beifügen, daß im Fall meines Ablebens, es mein Wunsch und Wille ist, daß meine liebe Schwester Grete alles was ich Geld und sonstigen Gegenständen besitze, zu eigen haben soll. Es umarmt Sie, lieber Freund, inniglich

Ihr Georg Trakl

FRANZ MARC
8. Februar 1880 – 4. März 1916

Der Münchner Maler, der 1911 zusammen mit Kandinsky die Künstlergruppe »Der Blaue Reiter« gegründet und 1912 den berühmten gleichnamigen Almanach mit programmatischen Schriften zur modernen Kunst herausgegeben hatte, hat jenen Tag, an dem er seinen letzten Brief schrieb, nicht überlebt. Er fiel gegen 16.00 Uhr auf dem Schlachtfeld vor Verdun.

L., denk Dir: heute bekam ich ein Briefchen von meinen Quartierleuten in Maxstadt (Lothr.), das Deinen Geburtstagsbrief enthielt! Die Frau hatte ihn doch, trotz meines damaligen Suchens, in einem der Kartons gefunden! Ich hab mich schon ein bißchen geschämt aber auch doppelt gefreut, daß ich ihn nun doch habe: Du schreibst so lieb darin; ja, dieses Jahr werde ich auch zurückkommen in mein unversehrtes liebes Heim, zu Dir und zu meiner Arbeit. Zwischen den grenzenlosen schauervollen Bildern der Zerstörung, zwischen denen ich jetzt lebe, hat dieser Heimkehrgedanke einen Glorienschein, der gar nicht lieblich genug zu beschreiben ist. Behüte nur dies mein Heim und Dich selbst, Deine Seele und Deinen Leib und alles was mir gehört, zu mir gehört!

Momentan hausen wir mit der Kolonne auf einem gänzlich verwüsteten Schloßbesitz, über den die ehemalige französische Frontlinie ging. Als Bett hab ich einen Hasenstall auf den Rücken gelegt, das Gitter weg und mit Heu ausgefüllt und so in ein noch regensicheres Zimmer gestellt! Natürlich hab ich genug Decken und Kissen dabei, so daß sich ganz gut drin schläft. Sorg Dich nicht, ich komm schon durch, auch gesundheitlich. Ich fühl mich gut und geb sehr acht auf mich. Dank viel-, vielmal für den lieben Geburtstagsbrief!

JACK LONDON
12. Januar 1876 – 22. November 1916

Mit vierzig Jahren war er ein alter Mann, ausgebrannt nach einem wilden Leben, ausgeschrieben nach fünfzig Büchern in nur sechzehn Jahren. Der Whiskey und die Erhaltung seiner Ranch ruinierten ihn. Er hatte Millionen verdient und verspekuliert. Obwohl das Publikum sich von ihm abwandte, weil seine Geschichten immer schwächer wurden, hämmerte er jeden Tag, um seine Verträge zu erfüllen, tausend Worte in die Schreibmaschine: »Der einzige Grund, warum ich weiterschreibe, ist das Muß. Müßte ich es nicht, ich schriebe keine Zeile mehr.« Unter dem Druck fürchtete er, verrückt zu werden, und trank umso mehr, obwohl der Arzt es ihm wegen einer chronischen Harnvergiftung verboten hatte. Sein letzter Brief an seine Tochter zeigt keinerlei Anzeichen eines Selbstmordgedankens, doch in der Nacht müssen die Koliken so stark gewesen sein, dass ihn die Verzweiflung zu diesem Schritt trieb. Der Diener fand zwei leere Phiolen Morphiumsulfat und Atropinsulfat auf dem Boden, und auf dem Nachttisch lag ein Zettel mit der Berechnung der tödlichen Dosis.

An Joan London

Glen Ellen, Calif. Nov. 21, 1916

Liebe Joan: –

Nächsten Sonntag möchte ich mit Dir und Bess gemeinsam in Saddle Rock essen gehen, und, wenn das Wetter gut wird, auf dem Lake Marrit segeln.

Wenn das Wetter nicht gut sein sollte, können wir etwas anderes unternehmen.

Gib mir umgehend Bescheid.
Ich verlasse die Ranch am kommenden Freitag.
Ich verlasse Calif. am darauffolgenden Mittwoch.

Daddy

WALTHER RATHENAU
29. September 1867 – 24. Juni 1922

Sein Vater hatte 1882 von Edison die Rechte zur wirtschaftlichen Verwertung der Glühlampe in Deutschland erworben und dafür die Allgemeine Elektricitäts-Gesellschaft (AEG) gegründet, die bereits zwanzig Jahre später ein international aufstrebender Konzern mit 70 000 Beschäftigten war. Der Sohn arbeitete seit 1893 in verschiedenen Positionen dieses Konzerns, bis er 1912 Aufsichtsratsvorsitzender und ab 1915 Präsident der AEG wurde. Er wusste also sehr genau, wovon er in seinen Büchern *Zur Kritik der Zeit* (1912) und *Zur Mechanik des Geistes* (1913) schrieb, wenn er dort die moderne »Mechanisierung der Welt« beklagte und ganz im Sinne des neuen Idealismus ein »Reich der Seele« einforderte. Als entschiedener Gegner des Kaiserreichs wurde er nach 1918 bald in die Politik berufen und erwarb bei Verhandlungen internationale Anerkennung. 1922 ernannte man ihn zum Außenminister. Ihm gelang noch der mit Russland am 16. April geschlossene Vertrag von Rapallo, der Deutschland mehr außenpolitische Freiheit ermöglichen sollte. Obwohl genau dies ein Ziel der nationalen Rechten gewesen war, wurde Rathenau von der rechtsradikalen »Organisation Consul«, zu der auch der später bekannte Schriftsteller Ernst von Salomon gehörte, auf offener Straße erschossen. Die

Weimarer Republik verlor damit ihre größte politische Begabung.

An den Reichsminister Dr. Radbruch in Berlin

Sehr verehrter Herr Kollege!

Aufrichtig danke ich Ihnen für die Übersendung der Völkerbundsbroschüre, die ich anliegend wieder zurückgebe. Ich habe sie mit Interesse gelesen. Wesentlich neue Gesichtspunkte habe ich allerdings nicht gefunden, vielmehr scheint mir die Arbeit eine geschickte dialektische Äußerung über die augenblickliche Völkerbundsorganisation darzustellen. Im übrigen wissen Sie wohl, daß ich ein Anhänger der Völkerbundsidee bin. Die Bedingungen für unseren Eintritt und der Zeitpunkt, an dem die Bemühungen darum einsetzen sollen, bedürfen jedoch gründlicher politischer Erwägungen.

In aufrichtiger Ergebenheit der Ihre

Rathenau.

MARCEL PROUST

10. Juli 1871 – 18. November 1922

Nach dem Tod seiner geliebten Mutter 1905 und einer darauffolgenden Verschlimmerung seines chronischen Asthmas zog er sich, von regelmäßigen Sommerurlauben in Cabourg bis 1914 abgesehen, aus jener mondänen Welt zurück, die er nun in seinem großen Romanwerk zu beschreiben begann. Extrem kälte- und geräuschempfindlich lebte er die letzten Jahre fast völlig isoliert, nur behütet von seiner Haushälterin Céleste und allein am Leben erhalten von dem unbedingten Willen, sein Werk zu vollenden. Er erlebte noch die Veröffentlichung der ersten Bände und mit der Verleihung des Prix Goncourt auch den einsetzenden Ruhm. Obwohl er sich im Oktober eine Bronchitis zugezogen hatte, arbeitete er erschöpft und entkräftet bis zuletzt an der Korrektur der Druckfahnen des letzten Bandes.

An seine Haushälterin Céleste Albaret

(Oktober-November 1922)
Verzeihung, aber als ich mich hinlegte, dachte ich, Sie seien noch nicht im Bett.

Ich glaube, trotz meiner Magenkrämpfe wird mir eher Pfirsich- als Birnenkompott gut tun. Außerdem meine Büchse doppeltkohlensaures Natron, damit ich, wenn nötig, davon einnehmen kann.

KATHERINE MANSFIELD
14. Oktober 1888 – 9. Januar 1923

Die viel gerühmte impressionistische, oft miniaturhaft verkürzte Form ihrer Prosa ist ihrem unsteten Leben geschuldet. Die reiche, etwas exzentrische Bankierstochter reiste durch Europa, seit sie von ihrer Tuberkulose wusste, stets auf der Suche nach dem idealen Klima. Den ersten Ehemann hatte sie bereits am Tag nach der Hochzeit verlassen, der zweite war der englische Literaturkritiker John

Middleton Murry, mit dem die Reisende eine Ehe in Briefen führte. In ihrer esoterischen Sehnsucht nach einem erfüllten Leben begab sie sich, schon todkrank, in das zweifelhafte »Institut für die harmonische Entwicklung des Menschen« des russischen Theosophen Gurdijew bei Fontainebleau, wo sie an einem Blutsturz verstarb.

An John Middleton Murry

Sonntag
(31. Dezember 1922)

Mein liebster Bogey,
meinen Füllfederhalter habe ich verlegt, und da ich es eilig habe, Dir zu schreiben, verzeih bitte den Bleistift.

Würde es Dir etwas ausmachen, am achten oder neunten Januar herzukommen und bis zum vierzehnten oder fünfzehnten zu bleiben? Mr. Gurdijew billigt meinen Plan und lädt Dich ein, als sein Gast zu kommen. Am dreizehnten soll unser neues Theater eröffnet werden. Es wird ein wunderbares Erlebnis sein. Doch ich will nicht allzuviel darüber sagen. Für den Fall, daß Du kommst, will ich Dir nur sagen, was Du an Kleidung mitbringen solltest:

Einen Sportanzug mit festen Schuhen und Strümpfen, einen Regenmantel und einen Hut, gleich, was für einen. Einen »hübschen Anzug« mit weichem Kragen, oder was für einen Kragen Du trägst und Krawatte (Du bist schließlich mein Gatte, und ich möchte es eben, daß Du aussiehst – wie soll ich sagen?), Hausschuhe und so weiter. Das ist alles. Wenn Du eine Wolljacke hast, bring sie natürlich mit, und ein Paar Flanellhosen für den Fall, daß Du naß wirst und Dich umziehen möchtest.

Ich schreibe an Brett, sie möchte zu Lewis gehen und mir ein Paar Schuhe kaufen. Wirst Du sie mitbringen? Ich werde sie vielleicht auch bitten, mir eine Jacke zu kaufen. Sie wird Dir das Paket geben. Telegrafiere mir bitte Deine Antwort – nur »ja« oder »nein« und das Datum Deiner Ankunft, falls »ja«.

Es gibt einen Zug aus London, der um vier Uhr herum in Paris ankommt. Du könntest dann noch am gleichen Tag nach Fontainebleau weiterfahren. Sonst wäre es viel besser, die Nacht in Paris zu bleiben, da keine Wagen an den Spätzug kommen.

Du steigst in Avon aus und nimmst einen Wagen hierher, der acht Francs mit Trinkgeld kostet. Läute an der Pförtnerloge, und ich werde das Tor öffnen.

Ich hoffe, Du entschließt Dich zu kommen, Liebster. Laß es mich so bald wie möglich wissen, ja? Tschechows Frau wird hoffentlich hier sein. Auch bin ich wieder in mein schönes großes Zimmer gezogen, so daß wir Platz genug für uns haben sollten. Wir können auch im Kuhstall sitzen und Kefir trinken.

In diesem Brief kann ich nicht von anderen Dingen schreiben. Ich hoffe, bald von Dir zu hören.

Deine Dich immer liebende

Wig

3. Juli 1883 – 3. Juni 1924

Der promovierte Jurist und Versicherungsangestellte war keineswegs so schüchtern und zurückhaltend, wie manche Biographen glauben – zweimal las er sogar öffentlich, 1912 in Prag *Das Urteil* und 1916 in München *In der Strafkolonie*. Als dabei eine Dame ohnmächtig vom Stuhl glitt, konnte er vor Lachen eine Zeit lang nicht weiterlesen. Die spätere existenzialistische Interpretation hat ihn zum melancholischen Grübler stilisiert, doch eigentlich war er ein Humorist. Thomas Mann schien als Einziger erkannt zu haben, dass Kafkas Dichtungen die »Narretei der Träume ... zum Lachen genau« nachbilden. Er hätte sein Vergnügen gehabt an der von Willy Haas überlieferten Anekdote: Als Kafka schon auf den Tod erkrankt an Kehlkopftuberkulose in das Sanatorium eingeliefert worden war, schrieb Franz Werfel einen verzweifelten Brief an den Chefarzt und flehte ihn an, dieses kostbare Leben zu retten. Der alte Arzt las den Brief, zog ratlos die Brauen hoch und fragte seinen Assistenten: »Wer Herr Kafka ist, weiß ich – das ist der Patient auf Nummer 163. Aber wer ist Herr Werfel?«

An Max Brod

(Postkarte. Kierling, Stempel: 20. V. 1924)
Liebster Max, nun ist also auch noch das Buch da, großartig schon anzusehn, grell gelb und rot mit etwas Schwarz, und sehr verlockend und überdies umsonst, offenbar ein Geschenk der Firma Taubeles – es muß in irgendeinem Rest des Alkoholrausches – und da ich

jetzt jeden Tag ein bis zwei Injektionen bekomme, die Räusche sich kreuzen, bleibt immer ein Rest – gewesen sein, daß ich Dich, von Doras Unschuld angetrieben, gerade und frech um »Beschaffung« des Buches bat. Hätte ich doch lieber eine kräftige Alkoholinjektion dazu verwendet, während Deines Besuches, auf den ich mich so gefreut hatte und der so trübselig verlief, etwas menschenähnlicher zu werden. Allerdings ein böser Ausnahmstag wars nicht, das mußt Du nicht glauben, er war nur schlechter als der vorherige, in dieser Art aber geht die Zeit und das Fieber weiter. (Jetzt versucht es Robert mit Pyramidon.) Neben diesen und andern Klagedingen gibt es natürlich auch einige winzige Fröhlichkeiten, aber deren Mitteilung ist unmöglich oder eben vorbehalten einem Besuch wie dem von mir so kläglich verdorbenen. Leb wohl, Dank für alles

F.

Grüß Felix und Oskar.

GIACOMO PUCCINI

22. Dezember 1858 – 29. November 1924

Während der Arbeit an seiner Oper *Turandot* erkrankte er an einem Kehlkopfleiden, das die Ärzte zu spät als fortgeschrittenen Krebs erkannten. Eine Operation war nicht mehr möglich. Die letzte Hoffnung knüpfte er an eine Radiumtherapie in einer Spezialklinik in Brüssel. Puccini starb nach nur wenigen Behandlungen; *Turandot* blieb unvollendet. Der Kollege Franco Alfano schrieb die Oper nach den Skizzen Puccinis zu Ende. Am 25. April 1925 dirigierte Arturo Toscanini in der Mailänder Scala Puccinis fragmentarische Fassung, einen Tag später die von Alfano ergänzte Version.

Institut Chirurgical, Brüssel.
Lieber Adamino,
Vorläufig ist die Kur nicht arg. Äußerlich angewandte Mittel. Aber Montag, Gott weiß, was sie da machen werden, um innen unter den Kehldeckel zu kommen. Sie versichern mir, ich werde nicht leiden – und sagen auch, ich werde wieder gesund. Jetzt beginne ich es zu hoffen. Vor einigen Tagen hatte ich jede Hoffnung auf Genesung verloren. Was waren das für Stunden und Tage! Ich bin zu allem bereit.
Schreiben Sie mir öfters.
Herzlichst Ihr ...

PAUL KAMMERER
17. August 1880 – 23. September 1926
Der Wiener Biologe vertrat im Gegensatz zu den damals die Wissenschaft dominierenden Anhängern Darwins noch die Theorie Lamarcks, dass einmal erworbene Eigenschaften durch Generationen hindurch vererbt werden könnten. Um dies zu beweisen, fälschte er seit 1909 Experimente und führte die angeblichen Beweisstücke bei zahlreichen Vorträgen im In- und Ausland vor. Er wurde durch einen jungen Kollegen des Betrugs überführt und erschoss sich auf dem Schneeberg bei Wien.

Brief an den, der ihn findet:

Dr. Paul Kammerer ersucht, ihn nicht nach Hause zu überführen, da seiner Familie der Anblick erspart bleiben soll. Am einfachsten und wohlfeilsten wäre vielleicht die Verwertung im Seziersaal eines der akademischen Universitätsinstitute. Mir auch am sympathischsten, weil ich der Wissenschaft wenigstens auf solche Weise einen kleinen Dienst erweise. Vielleicht finden die werten Kollegen in meinem Gehirn eine Spur dessen, was sie an den lebendigen Äußerungen meiner geistigen Tätigkeit vermißten. Was immer mit dem Kadaver geschieht: eingegraben, verbrannt oder seziert – sein Träger ist konfessionslos gewesen und wünscht, von religiösen Zeremonien verschont zu bleiben, die ihm wahrscheinlich ohnedies verweigert worden wären. Das ist keine Feindseligkeit gegen den individuellen Priester, der ebenso ein Mensch ist wie alle andern, und oft ein sehr guter und edler Mensch.

RAINER MARIA RILKE

4. Dezember 1875 – 29. Dezember 1926

»Er war ein Dichter und haßte das Ungefähre« – präziser als mit diesen Worten aus den *Aufzeichnungen des Malte Laurids Brigge* lässt sich Rilkes Lebenshaltung kaum umschreiben. Seine Versenkung in die Genauigkeit des Ausdrucks brachte Gedichte hervor, die der deutschen Sprache eine vorher ungekannte Musikalität schenkten. Um seine Satzperioden zu lesen, braucht man einen eigenen Atem,

231

der das Pathos tonlos werden lässt. Ganz anders der Briefschreiber Rilke, der sich vor lauten Tönen nicht scheute; an seinen ersten Verleger Axel Juncker polemisierte er beispielsweise gegen die »Literatur sich befreiender Frauen«: »Was für ein Frauen-Proletariat kommt mit dieser Bewegung von unten herauf (und von oben herunter!), was für eine laute, geschwätzige, eingebildete Gesellschaft, die das eigene nichtswürdig verpfuschte Leben wie eine Heldentat allen Vorübergehenden in die Ohren schreit!« Er blieb taktvoll bis zuletzt, als er, unter größten Schmerzen leidend, eine Vertraute in seinen eigenen Tod einweiht. Seine Leukämie war erst im letzten Stadium erkannt worden.

An Mme. Nimet Eloui Bey

Madame, ja, elend, schrecklich krank und voller Schmerzen bis zu einem Punkt, den ich mir niemals vorzustellen gewagt hatte. Es ist dieses schon namenlose Leiden, wie es die Ärzte getauft haben, das sich aber nicht damit begnügt, uns drei oder vier Schreie zu lehren, bei denen unsere Stimme gar nicht mehr wiederzuerkennen ist. Sie die sie zur Feinheit erzogen wurden! Keine Blumen, Madame, ich bitte Sie inständig darum, ihre Anwesenheit ruft die Dämonen hervor, von denen das Zimmer schon voll ist. Aber das, was mit den Blumen für mich kam, wird die Gnade des Unsichtbaren noch größer machen. Oh danke!

11. September 1885 – 2. März 1930

Zeitlebens litt er an Minderwertigkeitsgefühlen wegen seiner Herkunft aus einer englischen Bergarbeiterfamilie. In seinem Roman *Sons and Lovers* hat er das Milieu seiner Kindheit geschildert und der Mutter, die seine Begabung gefördert hatte, ein Denkmal gesetzt. Zugleich hasste er ihre puritanische Erziehung und schrieb vehement gegen die Überbewertung des Intellekts an. Von seinem umfangreichen schriftstellerischen Werk ist heute nur noch der lange Zeit als skandalös empfundene Roman *Lady Chatterley's Lover* (1928) in Erinnerung, der erst 1960 unzensiert veröffentlicht werden konnte. Als Kind hatte Lawrence eine schwere Lungenentzündung, die ihn bleibend schädigte. Im Februar 1930 wurde er in ein Lungensanatorium mit dem bedeutungsvollen Namen »Ad Astra« (»zu den Sternen«) bei Nizza gebracht, dann in eine angemietete Villa, in der er kurz darauf starb.

An Maria Huxley

Ad Astra, Vence.
Freitag

Liebe Maria,

Die beiden Pakete kamen gerade an – sehr üppig. Frieda probiert alles – sehr verschwenderisch von Dir, so viel zu schicken. Und noch dazu Coréine und das Browning-Buch. Er ist interessant, der Browning, und doch auch irgendwie – demütigend – bourgeois. Das Spießbürgertum auf seiner höchsten Stufe setzt einen etwas in Verlegenheit.

Mir geht es hier ziemlich schlecht – so schlimme Nächte und Husten, und das Herz und die Schmerzen sind hier entschieden schlimmer – elend. Scheint mir eine Grippe zu sein, aber sie sagen nein. Es ist nicht gut hier – werde nicht lange bleiben – in einer Wohnung geht's mir besser – bin unglücklich.

Frieda hat Barbey bei sich – und Ida Rauh. Wann gedenkt Ihr herzukommen?

Es ist nicht gut hier.

D.H.L.

JULES PASCIN
31. März 1885 – 2. Juni 1930

Der als Julius Mordecai Pincas in Bulgarien geborene Zeichner und Maler, das achte von elf Kindern, kam mit zwanzig Jahren nach Paris und hatte mit seiner leichten Hand rasch sensationellen Erfolg. Da er die respektablen Summen, die er mit seinen kleinen Pastellen und Aquarellen von schönen Frauen verdiente, sofort mit seinen immer zahlreicher werdenden Freunden wieder ausgab, nannte man ihn den »Prinz vom Montparnasse«. Die Jahre vergingen in einem einzigen Rausch; Ernest Hemingway hat diese Atmosphäre in seinem Buch *A Moveable Feast* sehr genau festgehalten und Pascin darin ein eigenes Kapitel gewidmet. Pascin wusste, dass er sich als Künstler in einer Sackgasse befand, die zwar mit Geld gepflastert war, ihn jedoch als seriösen Maler nicht weiterbrachte. Depressionen und Alkoholismus machten das Leben auch für seine langjährige Geliebte Lucy, die Ehefrau des norwegischen Malerkollegen Per Krohg, immer schwieriger. Nach vernichtenden Kritiken einer Ausstellung in New York sah er sich 1930 am Ende. Auf die Rückseite einer Einladungskarte schrieb er einen Abschiedsbrief an Lucy, dann schnitt er sich in seinem Atelier die Pulsadern auf und hielt die Hände zur Linderung des Schmerzes in eine Schüssel mit zu kaltem Wasser, sodass das Blut stockte. Mit einem breiten Pinsel schrieb er »Adieu Lucy« mit seinem Blut auf eine Schranktür, dann erhängte er sich. Am 7. Juni, dem Tag seines Begräbnisses, blieben alle Galerien in Paris geschlossen; nicht nur die Künstlerkollegen, sondern auch hunderte Kellner und Barkeeper aus den von ihm frequentierten Lokalen folgten seinem Sarg. Mit ihm ging eine Ära unwiderruflich zu Ende.

Geschrieben auf die Rückseite einer Einladungskarte der Berliner Galerie Flechtheim

Für Lucy Krohg
Lucy, sei mir nicht böse für das, was ich tue. Dank für die Pakete. Du bist zu gut, ich muß gehen, damit Du glücklich werden kannst! ADIEU! ADIEU!

FIETE SCHULZE

21. Oktober 1894 – 6. Juni 1935

Er arbeitete als Nieter auf einer Hamburger Werft und trat 1913 in die SPD ein, wechselte aber 1918 zur USPD, deren Mehrheit sich 1920 der KPD anschloss. An der Seite Ernst Thälmanns leitete Schulze den blutigen, von Moskau gesteuerten Hamburger Oktoberaufstand, dem zahlreiche Genossen zum Opfer fielen. Nach seiner Flucht nach Moskau kehrte er 1932 nach Deutschland zurück und organisierte mit seinen Genossen Aktionen gegen die Nazis. Im April 1933 wurde er festgenommen und nach Folter und Einzelhaft im März 1935 dreimal zum Tode und zu 280 Jahren Zuchthaus verurteilt. Im Hof des Hamburger Untersuchungsgefängnisses wurde er mit dem Handbeil enthauptet. Seit 1970 befindet sich sein Grab im Ehrenhain Hamburger Widerstandskämpfer auf dem Ohlsdorfer Friedhof; das Urteil gegen ihn wurde 1981 vom Hanseatischen Oberlandesgericht aufgehoben. Aus seinem letzten Brief hört man die Stimme eines strammen KP-Funktionärs.

Schwesterlein!
Dank für Deine Zeilen. Warum aber so kleinmütig? Du haderst mit den Verhältnissen, die Dir den Bruder nehmen. Warum willst Du nicht verstehen, daß ich dafür sterbe, daß viele nicht mehr einen frühen und gewaltsamen Tod sterben brauchen? Noch ist es nicht so, doch hilft mein Leben und Sterben es bessern. Es kann und darf nicht Eure Aufgabe sein, mein Sterben zu bejammern, denn nur dann – wenn Ihr es bejammert – ist es nutzlos und verfehlt. Voll erfüllt es seinen Zweck, wenn Ihr es ganz verstehen lernt. Darin kann sich all Eure Liebe und Achtung zu mir zeigen: im Verstehen und Bemühen, gleich mir zu denken und zu handeln. Je besser und je tiefer Ihr das vermögt, um so eher werden Angehörige aufhören können, die Ihren zu beweinen,

die gestern und heute fielen und die morgen in noch größeren Massen fallen werden. Denn dann wird dieses Fallen aufhören, aber auch nur dann! Es muß dieses Begreifen nicht mit neuen Strömen von Blut erkauft werden. Es wird es aber, wenn dieses Begreifen nicht sehr bald eintritt. Mein Bemühen war, eine solche Katastrophe zu verhindern. Ich wurde gehindert, es fortzusetzen. Damit kann und wird jedoch die Vollendung nicht gehindert werden. Zurück läßt sich das Rad der Entwicklung nicht drehen. Die Menschen werden in kurzem begreifen lernen, daß es sich nicht einmal ungestraft aufhalten läßt.

Herzliche Grüße Euch allen.

Fiete

KURT TUCHOLSKY
9. Januar 1890 – 21. Dezember 1935

Er lag krank in der Schweiz, als die SA am Abend des 30. Januar 1933 mit brennenden Fackeln durch das Brandenburger Tor zog, um dem neuernannten Reichskanzler Hitler zu huldigen. So blieb er am Leben. Am Tag nach dem Reichstagsbrand schrieb er an den Freund Walter Hasenclever: »nach den sehr bösen Monaten, die nun kommen werden [...], wird Totenstille eintreten [...] Und dann wird sich die Klammer im Laufe der Jahre langsam lockern, und dann wird das schlimmste vom Schlimmen kommen! ›Ich weiß gar nicht was Sie wollen, so schlimm ist es doch gar nicht!‹« So ist es gekommen. Tucholsky sah weiter und dachte nüchterner als die meisten seiner Kollegen. Er war ein Mann mit vielen Masken. Seine für die »Weltbühne«

geschriebenen Arbeiten, seine privaten »Sudelbücher«, die zahllosen Briefe – sie alle zeigen einen europäischen Intellektuellen seiner Zeit, als Intellekt nicht mehr gefragt war. Er wurde ausgebürgert, seine Bücher verboten und verbrannt; da lebte er schon jahrelang in seiner eigenen Emigration in Schweden. »Er ging leise aus dem Leben, fast wie einer, der eine langweilige Filmvorführung verlässt, um die anderen nicht zu stören« – das war eine der letzten Eintragungen im *Sudelbuch*. Am 19. Dezember nahm er eine Überdosis Veronal und legte einen Zettel auf den Nachttisch, man möge keinen Arzt bemühen. Man tat es doch, aber vergebens.

An Mary Gerold-Tucholsky

(Hindås)   (den 19. Dezember 1935)
Sollte Er verheiratet oder ernsthaft gebunden sein, so bitte ich Ihn, diesen Brief ungelesen zu vernichten. Ich mag mich nicht in ein fremdes Glück drängen – ich will ja nichts. Ich habe nichts zu enthüllen, nichts zu sagen, was Er nicht besser wüßte als ich. Ich habe Ihn nur um Verzeihung bitten wollen. Versprich also zu verbrennen, wenn das so ist – es soll nichts mehr aufgerührt werden.

Wünscht Ihm das Glück
N.

Liebe Mala,
will Ihm zum Abschied die Hand geben und Ihn um Verzeihung bitten für das, was Ihm einmal angetan hat.

Hat einen Goldklumpen in der Hand gehabt und sich

nach Rechenpfennigen gebückt; hat nicht verstanden und hat Dummheiten gemacht, hat zwar nicht verraten, aber betrogen, und hat nicht verstanden.

Ich weiß, daß Er nicht rachsüchtig ist. Was er damals auf der Rückfahrt nach Berlin durchgemacht hat; was späterhin gewesen ist – : ich habe es reichlich abgebüßt. Ganz klar, so klar wie das Abbild in einem geschliffenen Spiegel, ist mir das ganz zum Schluß geworden. Nun kommt alles wieder, Bilder, Worte (...) und wie ich Ihn habe gehen lassen – jetzt, wo alles vorüber ist, weiß ich: ich trage die ganze, die ganze Schuld.

(...) Und jetzt sind es beinah auf den Tag sieben Jahre, daß weggegangen ist, nein, daß hat weggehn lassen – und nun stürzen die Erinnerungen nur so herunter, alle zusammen. Ich weiß, was ich in Ihm und an Ihm beklage: unser ungelebtes Leben.

Wäre die Zeit normal (und ich auch), so hätten wir jetzt ein Kind von, sagen wir, 12 Jahren haben können, und, was mehr ist, die Gemeinsamkeit der Erinnerungen.

Hat nicht mehr zu rufen gewagt. Hofft, daß Er meiner Bitte auf dem Umschlag entsprochen hat – das andere wäre nicht schön. Ich darf also annehmen, daß, wenn Er dies liest, er nicht ein Glück stört, das ich mir nicht habe verdienen können.

Nein, zu rufen hat nicht mehr gewagt. Ich habe aus leicht begreiflichen Gründen niemals irgendwelche »Nachforschungen« angestellt; ob Er verheiratet ist, hätte man mir sagen können – das andere nicht. Und hat vor allem nicht gewagt, weil Ihn nun noch ein zweites Mal aus der Arbeit und allem nicht hat herausreißen dürfen – : ist krank und kann sich nicht mehr verteidigen, geschweige denn einen andern. Mir fehlt nichts Wichtiges und nichts Schweres – es sind eine Reihe kleiner Störungen, die mir die Arbeit unmöglich machen. Ins Elend, das sicher gewesen wäre, konnte Ihn nicht herausrufen – ganz abgesehen davon, daß ich niemals gehofft habe, ob gekommen wäre. Doch. Hat gewußt.

Wäre Er jetzt gekommen, Er hätte nicht einen andern, aber einen verwandelten, gereifteren gefunden. Ich habe über das, was da geschehen ist, nicht eine Zeile veröffentlicht – auf alle Bitten hin nicht. Es geht mich nichts mehr an. Es ist nicht Feigheit – was dazu schon gehört, in diesen Käseblättern zu schreiben! Aber ich bin au dessus de la mêlée, es geht mich nichts mehr an. Ich bin damit fertig.

Und so viel ist nun frei geworden, jetzt, jetzt weiß ich – aber nun nützt es nichts mehr. Hat anfangs Dummheiten gemacht, den üblichen coup de foudre für 2,50 francs, halbnötige Sachen und hat auch gute Freundschaften gehabt. Aber ich sehe mich noch nach Seiner Abfahrt im Parc Monceau sitzen, da, wo ich mein Paris angefangen habe – da war ich nun »frei« – und ich war ganz dumpf und leer und gar nicht glücklich. Und so ist es denn auch geblieben.

Seine liebevolle Geduld, diesen Wahnwitz damals mitzumachen, die Unruhe, die Geduld, neben einem Menschen zu leben, der wie ewig gejagt war, der immerzu Furcht, nein, Angst gehabt hat, jene Angst, die keinen Grund hat, keinen anzugeben weiß – heute wäre sie nicht mehr nötig. Heute weiß. Wenn Liebe das ist, was einen ganz und gar umkehrt, was jede Faser verrückt, so kann man das hier und da empfinden. Wenn aber zur echten Liebe dazu kommen muß, daß sie währt, daß sie immer wieder kommt, immer und immer wieder –: dann hat nur ein Mal in seinem Leben geliebt. Ihn.

(...) Hat eine lächerliche »Freiheit« auf der andern Seite vermutet, wo ja in Wahrheit gar nichts ist. Hat immer stiller und stiller gelebt, jetzt ist wie an den Strand gespült, das Fahrzeug sitzt fest, will nicht mehr.

Will Ihn nur noch um Verzeihung bitten.

Ich bin einmal ein Schriftsteller gewesen und habe von S. J. geerbt, gern zu zitieren. Wenn Er wissen will, wie sich das bei den Klassikern ausnimmt, so lies den Abschiedsbrief nach, den Heinrich von Kleist an seine Schwester geschrieben, in Wannsee, 1811. Und vielleicht auch blättere ein bißchen im ›Peer Gynt‹ herum, ich weiß nicht, ob wir das Stück zusammen gesehen haben, es ist nicht recht aufführbar. Da kraucht der Held gegen den Schluß hin im Wald herum, kommt an die Hütte, in der dieses Schokoladenbild, die Solveig, sitzt, und sie singt da irgend etwas Süßliches. Aber dann steht da: »Er erhebt sich – totenbleich« – und dann sagt er vier Zeilen. Und die meine ich.

»O – Angst« ... nicht vor dem Ende. Das ist mir gleichgültig, wie alles, was um mich noch vorgeht, und zu dem ich keine Beziehung mehr habe. Der Grund zu kämpfen, die Brücke, das innere Glied, die raison d'être fehlt. Hat nicht verstanden.

Wünscht Ihm alles, alles Gute –
und soll verzeihen.

Nungo

GERHARD STEINIG

3. Januar 1913 – 2. Januar 1937

Der überzeugte Sozialist schloss sich als einer der Ersten den Internationalen Brigaden an, um die junge spanische Demokratie gegen die von Deutschland unterstützten Francofaschisten zu verteidigen. Er kämpfte auf verlorenem Posten.

Liebe Mutter!

Du nanntest mich einmal Deinen Stolz, ich aber war es nicht. Du sahst es nur mit den gütigen Augen einer lieben Mutter, denn auch meine Brüder müssen Dein Stolz sein, sonst bin ich es nicht, verstehst Du wohl, Herzblut tränkt die Erde, für wen – für Euch! Junges Leben bricht zusammen, weshalb – weil es für eine gerechte Sache kämpft. Ich auch, und deshalb bin ich bei ihnen.

Freiheit für den Menschen, Friede in der Welt, Brot für alle, und dafür gehe ich in den Tod.

Mutter, laß Dich küssen.

Dein Junge

Grüße die Freunde von mir.

ERNST BARLACH

2. Januar 1870 – 24. Oktober 1938

Die Entschiedenheit, mit der er in seinem letzten Brief einen Besuch seines Bruders verhinderte, lässt entweder auf ein gestörtes Verhältnis oder auf eine gestörte Selbst-wahrnehmung schließen. Jedenfalls hatte der Chefarzt den Bruder als nächsten Angehörigen verständigt, weil er einen raschen Verfall der Kräfte diagnostizierte und sich damit über ein Verdikt des Patienten hinweggesetzt, was gewiss nicht ohne Bedenken geschah. Der Arzt behielt recht.

An Hans Barlach

Rostock,
Privat-Klinik St. Georg, 4. 10. 1938
Lieber Hans, ich hatte Böhmer streng verboten, Dich zu beunruhigen. Es ist kein Fall mit mir, der gemeldet werden müßte. Du würdest nur einen sehr unbehag-lichen Aufenthalt haben, da ich freilich für Unterhal-tung kaum in Frage komme.

Das Wetter scheint nun wirklich schlecht zu werden, und mit halbgeheilter Grippe hast Du nur geringe Aus-sichten auf irgend freundlichen Verlauf des Tages. Ich bin hier gut aufgehoben und in mancher Beziehung recht gebessert.

Ich danke Dir herzlich für Deine Teilnahme und grü-ße Dich und Elsa in der Hoffnung auf baldige und völ-lig Genesung.

Dein Bruder Ernst

VIRGINIA WOOLF

25. Januar 1882 – 28. März 1941

Die hochbegabte und übersensible Tochter des Schriftstellers Sir Leslie Stephen, in dessen reicher Bibliothek sie ihre Kindheit und Jugend verbracht hatte, verübte bereits kurz nach ihrer Heirat mit dem Literaturkritiker Leonard Woolf einen ersten Selbstmordversuch (1913). Sie blieb stets gefährdet durch depressive Phasen, in denen sie fürchtete, wahnsinnig zu werden. Dennoch entwickelte sie sich mit ihren subtilen Seelenschilderungen zur bedeutendsten britischen Autorin, deren Tagebücher, Essays und Literaturkritiken zugleich von einem hohen analytischen Verständnis zeugen. Ihre formal kühnsten Romane *Orlando* und *Die Wellen* entstanden rasch nacheinander; in *Die Wellen* schrieb sie: »Der Tod ist der Feind ... Unbesiegt und unnachgiebig will ich mich dir entgegenwerfen, Tod!« Im Frühjahr 1941 durchlitt sie eine schwere depressive Phase: »Ich spüre mit Gewißheit, daß ich wieder wahnsinnig werde.« Sie hatte Angst, nicht wieder gesund zu werden, und wollte als Kranke niemandem zur Last fallen. Am 28. März füllte sie ihre Taschen mit Steinen und warf sich in dem Fluss Ouse bei Lewes/Sussex ihrem Feind entgegen. Ihrem letzten Wunsch nach der Vernichtung aller ihrer Papiere entsprach ihr Mann vernünftigerweise nicht.

An Leonard Woolf

Liebster,
ich möchte Dir sagen, daß Du mir vollkommenes Glück geschenkt hast. Niemand hätte mehr tun können als Du getan hast. Bitte glaub das.

Aber ich weiß, daß ich das hier nie überwinden werde: und ich vergeude Dein Leben. Es ist dieser Wahnsinn. Nichts, was irgend jemand sagt, könnte mich überzeugen. Du kannst arbeiten, und es wird Dir ohne mich viel besser gehen. Siehst Du, ich kann nicht einmal das hier schreiben, was beweist, daß ich recht habe. Ich will nur sagen, daß wir, bis diese Krankheit kam, vollkommen glücklich waren. Alles war allein Dir zu verdanken. Niemand hätte so gut sein können, wie Du es gewesen bist, vom allerersten Tag bis heute. Jeder weiß das.

V.

Rogers Briefe an die Maurons findest Du in der Schreibtischschublade in der Lodge. Würdest Du bitte all meine Papiere vernichten.

MAURICE GARDETTE
hingerichtet am 22. Oktober 1941

Am 20. Oktober 1941 wurde der Kommandant der deutschen Besatzungstruppen in Nantes auf offener Straße von unbekannten Tätern erschossen. Der Militärbefehlshaber der deutschen Truppen in Frankreich ordnete danach als

Vergeltung auf Befehl Hitlers die Massenerschießung von politischen Häftlingen an. Es wurden achtundvierzig Geiseln ermordet. Eine von ihnen war der Kommunist Maurice Gardette.

An seine Frau Marguerite Gardette

22. Oktober 1941

Meine liebe Frau, meine lieben Kinder, meine liebe Mutter, meine lieben Brüder, meine ganze Familie und alle Freunde,

dies ist ein letzter Gruß, den ich Euch allen sende. In wenigen Augenblicken werde ich erschossen, nach bald 23 Monaten des Leidens. Als deutscher Agent am 19. Dezember 1939 verhaftet, bin ich als guter Franzose bereit, für die Freiheit zu sterben. Dir, meine liebe Marguerite, die ich mit allen meinen Kräften geliebt habe, Dir, meine Tochter Raymonde, Dir, mein kleiner Maurice wird mein Tod Schmerz bedeuten. Aber ich sterbe für Euch, damit ihr frei seid, mutig und aufrecht. Ich umarme Euch. Adieu Maurice.

Maurice Gardette

Weil es hier keinen Tisch gibt, schreibe ich sehr schlecht. Ich sage das noch, damit Du nicht denkst, daß meine Hand zittert. Es lebe ein starkes, freies und glückliches Vaterland. Ich sterbe, wie es sich für einen Repräsentanten des Volkes gehört. Anliegend 426 Francs.

STEFAN ZWEIG

28. November 1881 – 22. Februar 1942

Er fürchtete, den Sieg über den Nationalsozialismus nicht mehr zu erleben. Zwar hatte er sich nach Petropolis in Brasilien zurückgezogen und überarbeitete seine Autobiographie *Die Welt von Gestern*, schrieb die *Schachnovelle* und plante einen großen Essay über Montaigne, dessen Gesamtausgabe zu seinem Reisegepäck gehörte – aber auch in Brasilien erreichten ihn Nachrichten. »Es wird ein Winter des Schreckens werden, wie ihn die Welt noch nicht gesehen hat«, schrieb er an seine geschiedene Frau Friderike, die trotz der Annexion in Österreich geblieben war. Er behielt recht: Mit dem japanischen Angriff auf Pearl Harbour ging der anfänglich nur kontinental geführte Krieg in den Weltkrieg über. Er hatte das in einem Brief an Thomas Mann (29. Juli 1940) vorhergesehen. Als am 17. Februar, dem Karnevalsdienstag, die britische Kolonie Singapur fiel, fühlte er sich auch in seinem Exil nicht mehr sicher. »Für uns kommt kein Morgenrot mehr, diese Nacht wird unendlich lang dauern«, hatte er im März 1938, nach der von ihm längst vorhergesagten Annexion Österreichs, an einen Freund geschrieben. Diese Formulierung wiederholte er nun in seinem offiziellen Abschiedsbrief, dem er einen privaten, nur an Friderike gerichteten Brief hinzufügte. Dann nahm er, zusammen mit seiner zweiten Frau Lotte, das Gift.

Liebe Friderike, wenn Dich diese Zeilen erreichen, wird es mir bedeutend besser gehen als bisher. Du hast mich ja in Ossining gesehen, und nach einer erfreulichen und unbeschwerten Phase wurde meine Depression merklich akuter – ich war so deprimiert, daß ich mich einfach nicht mehr auf meine Arbeit konzentrieren konnte. Zudem die Gewißheit – die einzige, die wir je hatten –, daß der Krieg noch Jahre dauern wird, daß schier endlose Zeit vergehen wird, bevor wir – in unserer besonderen Lage – in unser Haus zurückkehren können, war einfach zu bedrückend. Ich habe mich in Petropolis durchaus wohlgefühlt, aber mir fehlten hier die Bücher, die ich brauche, und die Einsamkeit, die zunächst ja eine deutliche Linderung bewirkte, schlug in Bedrückung um – die Vorstellung, daß mein Hauptwerk, der Balzac nicht fertig werden könnte, wenn ich nicht noch zwei ungestörte Jahre darauf verwendete, und dann waren alle Bücher so ungemein schwer zu beschaffen, und dann dieser Krieg, dieser nicht enden wollende Krieg, der seinen Höhepunkt noch längst nicht erreicht hat. Ich war all dessen so leid und müde (und die arme Lotte hatte es sicher nicht leicht mit mir, vor allem weil es mit ihrer Gesundheit nicht zum besten stand). Du hast Deine Kinder und damit eine Aufgabe, Deine Interessen sind vielseitig und Deine Tatkraft ist ungebrochen. Ich bin der festen Überzeugung, daß Du einst bessere Zeiten erleben wirst und daß Du verstehen wirst, daß ich mit meiner »schwarzen Leber« nicht länger gewartet habe. Ich schreibe Dir diese Zeilen in meinen letzten Stunden, und Du kannst Dir nicht vorstellen, wie leicht mir ums Herz ist, seit ich diese Entscheidung getroffen habe. Grüße Deine Kinder recht lieb von mir und hadere nicht – denke immer an den guten Joseph Roth und an Rieger, wie ich sie beneidet habe, daß sie all diese Qualen nicht haben erleiden müssen.

In Liebe und Freundschaft, und bleib guten Mutes, weißt Du mich doch jetzt ruhig und glücklich.

Stefan

Erklärung

Ehe ich aus freiem Willen und mit klaren Sinnen aus dem Leben scheide, drängt es mich eine letzte Pflicht zu erfüllen: diesem wundervollen Lande Brasilien innig zu danken, das mir und meiner Arbeit so gute und gastliche Rast gewährt. Mit jedem Tage habe ich dieses Land mehr lieben gelernt und nirgends hätte ich mir lieber mein Leben vom Grunde aus neu aufgebaut, nachdem die Welt meiner eigenen Sprache für mich untergegangen ist und meine geistige Heimat Europa sich selbst vernichtet.

Aber nach dem sechzigsten Jahr bedurfte es besonderer Kräfte, um noch einmal völlig neu zu beginnen. Und die meinen sind durch die langen Jahre heimatlosen Wanderns erschöpft. So halte ich es für besser, rechtzeitig und in aufrechter Haltung ein Leben abzuschließen, dem geistige Arbeit die lauterste Freude und persönliche Freiheit das höchste Gut dieser Erde gewesen.

Ich grüße alle meine Freunde! Mögen sie die Morgenröte noch sehen nach der langen Nacht. Ich, allzu Ungeduldiger, gehe ihnen voraus!

Stefan Zweig
Petropolis 22. II. 1942

EDITH STEIN
12. Oktober 1891 – 9. August 1942

Ihre wissenschaftliche Karriere hatte glänzend begonnen: Das Philosophiestudium bei Edmund Husserl schloss sie 1916 mit der Promotion ab und folgte dem Dozenten von Göttingen nach Freiburg, wo sie als erste Frau des Fachs seine Assistentin wurde – ihr Nachfolger war Martin Heidegger. Nach der Lektüre der Autobiographie Teresas von Avila (1515 – 1582) konvertierte sie vom Judentum zum Katholizismus (1922) und beschloss, Karmeliterin zu werden, was sie erst 1933, nach dem Verlust ihrer Dozentenstelle in Münster, in die Tat umsetzte. Nach eigenem Bekunden wollte sie dem deutschen Volk in Gebet und Kontemplation dienen. Nach einer öffentlichen Erklärung der katholischen Bischöfe der Niederlande gegen die Judenverfolgung wurde sie 1942 aus dem Kloster Echt (Niederlande), in das sie 1938 aus Deutschland geflohen war, von der SS abgeholt und in das Vernichtungslager Auschwitz deportiert. Diese Vergeltungsaktion traf alle ehemals jüdischen Katholiken. Ihr Brief zeigt, dass sie über den Zweck des Transports ahnungslos war.

An: Ehrw. Mutter Priorin M. A. Antonia a Spir(itu) S(an)cto

Drenthe-Westerbork,

J + M Baracke 36, 6. 8. 1942

Pax Xi!

Liebe Mutter,

eine Klostermutter ist gestern abend mit Koffern für ihr Kind angekommen und will jetzt Briefchen mitnehmen. Morgen früh geht 1 Transport (Schlesien oder Tschechoslowakei??).

Das Notwendigste ist 2 wollene Strümpfe, Decken. Für Rosa alles warme Unterzeug u(nd) was in der Wäsche war, für beide Handtücher u. Waschlappen. Rosa hat auch keine Zahnbürste, kein Kreuz u. Rosenkranz. Ich hätte auch gern den nächsten Brevierband (konnte bisher herrlich beten). Unsere Identitätskarte, Stamm- und Brotkarten.

1000 Dank, Grüße an alle, E(uer) E(hrwürden) dank- bares Kind   B.

1 Habit u. Schürzen
1 kleinen Schleier

ESTHER SRUL UND GINA ATLAS
ermordet am 15. September 1942
Diese letzten Zeilen fand man an den Wänden der Synagoge von Kovel in der Ukraine.

Die Tore öffnen sich. Da sind unsere Mörder. Schwarz- gekleidet. An ihren schmutzigen Händen tragen sie weiße Handschuhe. Paarweise jagen sie uns aus der Synagoge. Liebe Schwestern und Brüder, wie schwer ist es, vom schönen Leben Abschied zu nehmen. Die Ihr am Leben bleibt, vergesst nie unsere unschuldige, kleine jüdische Straße. Schwestern und Brüder, rächt uns an unsern Mördern.

Esther Srul, ermordet am 15. 09. 1942

Reuwen Atlas, wisse, dass Deine Frau und Dein Sohn Imus ermordet wurden. Unser Sohn weinte bitterlich. Er wollte nicht sterben. Zieh in den Krieg und räche Deine Frau und Deinen einzigen Sohn. Man führt uns in den Tod, und wir sind unschuldig.

Gina Atlas

Drei Zettel, die von nicht identifizierten Opfern aus einem Zug mit einem Transport ins Todeslager Auschwitz geworfen wurden.

Plonsk,
den 16. Dezember 1942
Bitte diesen Zettel in den nächsten Briefkasten werfen. Jetzt ist es frühmorgens. Wir sind in einem Waggon, mit der ganzen Familie. Wir fahren mit dem letzten Transport. Plonsk ist judenrein. Bitte bei der Familie Bem, Niska 6, anklopfen und Grüße ausrichten.

Euer

Mit der höflichen Bitte, einzuwerfen.
Heute sind wir aus Plonsk fort, unsere gesamte Familie, und alle Juden sind gefahren. Ihr sollt wissen, dass wir zur Hochzeit (das heißt, zur Vernichtung) fahren.

Auf Wiedersehen,
David

Mit der höflichen Bitte, einzuwerfen.

Ich befinde mich am Bahnhof von Praga und ich schreibe Euch einige Worte. Keiner weiß, wohin wir fahren.

Bleib gesund, Leah

HARRO SCHULZE-BOYSEN
2. September 1909 – 22. Dezember 1942

Der im Reichsluftamt beschäftigte Fliegeroffizier gründete und leitete mit Arvid Harnack die kommunistische Widerstandsgruppe »Rote Kapelle«. Am 30. August 1942 wurde er zusammen mit seiner Frau in seinem Büro von der Gestapo verhaftet und mit ihr, Arvid Harnack und acht anderen Mitgliedern der Gruppe am Galgen hingerichtet.

Berlin-Plötzensee
den 22. Dezember 1942

Geliebte Eltern!

Es ist nun soweit. In wenigen Stunden werde ich aus diesem Ich aussteigen. Ich bin vollkommen ruhig, und bitte Euch, es auch zu sein und es gefaßt aufzunehmen. Es geht auf der ganzen Welt um so wichtige Dinge, da ist ein Menschenleben, das erlischt, nicht mehr sehr viel. Was gewesen ist, was ich getan – davon will ich nicht mehr schreiben. Alles, was ich tat, tat ich aus meinem Kopf, meinem Herzen und meiner Überzeugung heraus, und in diesem Rahmen müßt Ihr als meine Eltern das Beste annehmen. Darum bitte ich Euch.

Dieser Tod paßt zu mir, irgendwie habe ich immer

um ihn gewußt. Es ist sozusagen mein eigener Tod, wie es einmal bei Rilke heißt. Es wird mir sehr schwer, wenn ich an Euch Lieben denke. Libertas ist mir nahe und teilt mein Schicksal zur Stunde. Ich hoffe nicht nur, ich glaube, daß die Zeit Euer Leid lindern wird. Ich bin nur ein Vorläufer gewesen in meinem teilweise noch unklaren Drängen und Wollen. Glaubt mir an die gerechte Zeit, die alles reifen läßt.

Ich denke an Vaters letzten Blick bis zuletzt. Ich denke an die Weihnachtsträume meiner lieben kleinen Mutter. Es bedurfte dieser letzten Monate, um Euch so nahe zu kommen. Ich habe ganz heimgefunden nach so viel Sturm und Drang, nach so viel Euch fremd anmutenden Wegen.

Ich denke an manches zurück, an ein reiches und schönes Leben, von dem ich so vieles Euch verdanke, so vieles, das nie gelohnt wurde.

Wenn Ihr hier wäret, unsichtbar seid Ihrs, Ihr würdet mich lachen sehen angesichts des Todes. Ich habe ihn längst überwunden. In Europa ist es nun einmal üblich, daß geistig gesät wird mit Blut. Mag sein, daß wir nur ein paar Narren waren, aber so kurz vor Torschluß hat man wohl das Recht auf ein bißchen ganz persönliche Illusion.

Ja, und nun gebe ich Euch allen die Hand und setze nachher eine (einzige) Träne hierher als Siegel und Pfand meiner Liebe.

Euer Harro

LETTE BRIEFE
AUS STALINGRAD

Sieben Postsäcke beförderte im Januar 1943 die letzte Frachtmaschine aus dem Kessel von Stalingrad. Als sie in Nowotscherkassk landete, wurden die Säcke auf Befehl aus dem Führerhauptquartier beschlagnahmt: Man wollte aus diesen Briefen die Stimmung in der Festung Stalingrad ablesen. Die Säcke wurden an die Heeresfeld-Prüfstelle weitergeleitet; dort wurden die Briefe geöffnet, Anschriften und Absender unkenntlich gemacht und nach Inhalt und Tendenz geordnet dem Oberkommando der Wehrmacht übergeben. Der Propagandaminister Goebbels hatte geplant, mit diesen Briefen eine Sammlung des heroischen Durchhaltewillens und heldenhaften Soldatentums zu veröffentlichen. Die statistische Auswertung ergab aber, dass nur 2,1 Prozent der Briefschreiber positiv zur Kriegsführung standen und 57,1 Prozent sie völlig ablehnten. Daraufhin entschied Goebbels, dass eine Veröffentlichung »untragbar für das deutsche Volk« wäre. Die Briefe wurden im Heeresarchiv Potsdam gelagert und so gerettet.

1

... Dieses ist für lange Zeit, vielleicht für immer, mein letzter Brief, und von einem Kameraden, der zum Flugplatz muß, wird er mitgenommen, denn morgen soll die letzte Maschine aus dem Kessel fliegen. Die Lage ist unhaltbar geworden, der Russe steht drei Kilometer vor der letzten Flugbasis, und wenn diese verloren ist, kommt keine Maus mehr heraus und ich auch nicht. Gewiß, Hunderttausende andere auch nicht, aber es ist ein schwacher Trost, den eigenen Untergang mit anderen geteilt zu haben.

Wenn es einen Gott gibt. Drüben auf der anderen Seite sagen es auch viele, in England und in Frankreich sicherlich Millionen. Ich glaube nicht mehr, daß Gott gütig sein kann, denn sonst würde er ein so großes Unrecht nicht mehr zulassen. Ich glaube nicht mehr daran, denn sonst hätte Gott die Hirne der Menschen erleuchtet, die diesen Krieg begannen und immer vom Frieden und vom Allmächtigen in drei Sprachen redeten. Ich glaube nicht mehr an Gott, weil er uns verraten hat. Ich glaube nicht mehr, und Du mußt sehen, wie Du mit Deinem Glauben fertig wirst.

2

... Am Morgen wurde gesagt, daß wir schreiben können. Nur noch einmal, sage ich, denn ich weiß es genau, daß es das letzte Mal sein wird. Du weißt, daß ich immer an zwei Menschen, an zwei Frauen geschrieben habe, an die »Andere« und Dich. Am wenigsten aber an Dich. Ich war weit entfernt von Dir, und Carola stand mir näher als Du in den letzten Jahren. Wir wollen das nicht alles wiederholen, wie es kam und warum es so kommen mußte. Heute jedoch, wo ich vom Schicksal vor die Wahl gestellt werde, nur noch an einen Menschen schreiben zu dürfen, geht mein Brief an Dich, die seit sechs Jahren meine Frau ist.

Es wird Dir wohltun, wenn Du erfährst, daß der letzte Brief des Mannes, den Du liebtest, an Dich gerichtet ist, und ich habe es nicht fertiggebracht, an Carola zu schreiben und sie zu bitten, Dir Grüße von mir auszurichten. So bitte ich Dich denn, liebe Erna, in dieser Stunde, die meinen letzten Willen enthält, sei großmütig und verzeih, was ich Dir im Leben Unrechtes tat, und gehe zu ihr (sie wohnt bei ihren Eltern) und sage ihr, daß ich ihr viel verdanke und sie durch Dich, also durch meine Frau, grüßen lasse. Sage ihr, daß sie mir viel in dieser letzten Zeit gewesen, und ich hätte oft daran gedacht, was einmal werden sollte, wenn ich heimkehrte. Aber sage ihr auch, daß Du mir mehr gewesen seiest und daß ich eigentlich, obwohl tieftraurig, daß es nun keine Heimkehr mehr geben wird, froh bin, diesen Weg diktiert bekommen zu haben, der uns zu dreien eine entsetzliche Quälerei erspart hat.

Ob Gott wohl größer als das Schicksal ist? Ich bin ganz ruhig, aber Du weißt nicht, wie schwer das ist, in einer Stunde alles, was man noch zu sagen hat, auszusprechen. So viel wäre noch zu schreiben, so unendlich viel, aber weil es so viel ist, darum muß man verstehen, die Feder nicht zu lange auf dem Papier zu lassen und den richtigen Zeitpunkt zu finden, sie aus der Hand zu legen. So wie ich mein Leben jetzt aus der Hand lege.

Von meiner Kompanie sind noch fünf Mann dabei. Wilmsen auch noch. Die anderen sind schon alle ..., alle zu müde geworden. Ist das nicht ein schöner Ausdruck für das Grauen? Aber was interessiert das alles jetzt und was nützt es, wenn Du es weißt! So behalte mich denn als den Menschen in der Erinnerung, der sich fast ganz am Ende darauf besonnen hat, Dein Mann zu sein und Dich um Verzeihung zu bitten, und noch mehr, Dich zu

bitten, allen, die Du kennst, auch Carola, zu sagen, daß
ich zu Dir in dem Augenblick zurückgefunden habe,
der Dich mir für immer nimmt.

3

... So nun weißt Du es, daß ich nicht wiederkomme.
Bringe es unseren Eltern schonend bei. Ich bin schwer
erschüttert und zweifle sehr an allem. Einst war ich
gläubig und stark, jetzt bin ich klein und ungläubig.
Vieles, was hier vor sich geht, werde ich nicht erfahren;
aber das wenige, das ich mitmache, ist schon so viel,
daß ich es nicht schlucken kann. Mir kann man nicht
einreden, daß die Kameraden mit dem Worte »Deutschland« oder »Heil Hitler« auf den Lippen starben. Gestorben wird, das läßt sich nicht leugnen; aber das letzte
Wort gilt der Mutter oder dem Menschen, den man am
liebsten hat, oder nur dem Ruf nach Hilfe. Ich habe
schon Hunderte fallen und sterben gesehen und viele
gehörten wie ich der HJ an, aber sie haben alle, wenn
sie noch konnten, um Hilfe gerufen oder nach einem
Namen, der ihnen doch nicht helfen konnte.

Der Führer hat fest versprochen, uns hier herauszu-
hauen, das ist uns vorgelesen worden, und wir glaubten
auch fest daran. Ich glaube es heute noch, weil ich doch
an etwas glauben muß. Wenn das nicht wahr ist, woran
sollte ich dann noch glauben? Dann brauchte ich keinen
Frühling und keinen Sommer mehr und nichts mehr,
was Freude macht. Laß mir diesen Glauben, liebe Greta,
ich habe mein ganzes Leben oder wenigstens acht Jahre
davon immer an den Führer und sein Wort geglaubt.

Es ist entsetzlich, wie sie hier am Zweifeln sind, und beschämend, die Worte zu hören, gegen die man nichts sagen kann, denn die Tatsachen sprechen für sie.

Wenn es nicht wahr ist, was man uns versprach, dann wird Deutschland verloren sein, denn in diesem Fall kann kein Wort mehr gehalten werden. Oh, diese Zweifel, diese furchtbaren Zweifel, wenn sie doch bald behoben wären!

4

... Sechsundzwanzigmal habe ich Dir schon aus dieser verfluchten Stadt geschrieben, und Du hast mir mit siebzehn Briefen geantwortet. Nun schreibe ich noch einmal, und dann nicht mehr. So, da steht es, ich habe lange darüber nachgedacht, wie ich diesen inhaltsschweren Satz formulieren sollte, um alles in ihm zu sagen und doch nicht so weh zu tun.

Ich nehme Abschied von Dir, weil die Entscheidung seit heute morgen gefallen ist. Ich will in meinem Brief die militärische Seite gänzlich unberücksichtigt lassen, sie ist eine eindeutige Angelegenheit der Russen, und die Frage geht nur dahin, wie lange wir noch dabei sind. Es kann noch ein paar Tage dauern oder ein paar Stunden. Unser persönliches Leben liegt vor uns. Wir haben uns geachtet und geliebt und zwei Jahre gewartet. Es ist schon richtig gewesen, daß die Zeit dazwischen liegt, sie hat zwar die Spannung auf das Wiedersehen erhöht, aber auch in starkem Maße die Entfremdung gefördert. Die Zeit ist es, die auch die Wunden meiner Nichtwiederkehr schließen muß.

Du wirst im Januar 28 Jahre alt, das ist noch sehr

jung für eine so hübsche Frau, und ich freue mich, daß ich Dir dieses Kompliment immer wieder machen durfte. Du wirst mich sehr vermissen, aber schließe Dich trotzdem nicht ab von den Menschen. Laß ein paar Monate dazwischen liegen, aber nicht länger. Denn Gertrud und Claus brauchen einen Vater. Vergiß nicht, daß Du für die Kinder leben mußt, und mach um ihren Vater nicht viel Wesens. Kinder vergessen sehr schnell und in dem Alter noch leichter. Sieh Dir den Mann, auf den Deine Wahl fällt, genau an und achte auf seine Augen und seinen Händedruck, so wie das bei uns der Fall gewesen ist, und Du wirst Dich nicht täuschen. Vor allem eins, erzieh die Kinder zu aufrechten Menschen, die den Kopf hoch tragen und jedem frei ins Angesicht blicken können. Ich schreibe mit schwerem Herzen diese Zeilen, Du würdest es mir auch nicht glauben, wenn ich schrieb, daß es mir leicht fiele, aber mach Dir keine Sorgen, ich habe keine Angst vor dem, was kommt. Sage es Dir immer wieder, und den Kindern auch, wenn sie älter geworden sind, daß ihr Vater nie feige gewesen ist und daß sie es nie sein sollen.

5

... Ich habe Deine Antwort in Händen. Einen Dank wirst Du wohl nicht erwarten. Dieser Brief wird kurz sein. Ich hätte es mir denken können, als ich Dich bat, mir zu helfen. Du warst und bleibst ein ewig »Gerechter«. Mama und mir war das nicht unbekannt. Aber man konnte ja nicht annehmen, daß Du Deinen Sohn der »Gerechtigkeit« zum Opfer bringen würdest. Ich bat

Dich, mich herauszuholen, weil dieser strategische Unsinn nicht Wert ist, für ihn ins Gras zu beißen. Es wäre Dir ein leichtes gewesen, ein Wort für mich einzulegen, und ein entsprechender Befehl hätte mich erreicht. Du bist über die Lage nicht im klaren. In Ordnung, Vater.

Dieser Brief ist nicht nur kurz, sondern auch der letzte, den ich Dir schreibe. Ich werde keine Gelegenheit mehr zum Briefschreiben haben, selbst dann nicht, wenn ich wollte. Es wäre auch nicht auszudenken, daß ich Dir noch einmal gegenüberstehen sollte und Dir sagen müßte, was ich denke. Und weil weder ich noch ein weiterer Brief zu Dir sprechen werden, rufe ich Dir Deine Worte vom 26. Dezember noch einmal ins Gedächtnis zurück: »Du wurdest freiwillig Soldat, es war leicht, im Frieden unter der Fahne zu stehen, aber schwer, sie im Kriege hochzuhalten. Du wirst dieser Fahne treu bleiben und mit ihr siegen.« Diese Worte haben klarer gesprochen als Deine Gesamthaltung der letzten Jahre. Du wirst Dich an sie noch erinnern müssen, denn es kommt für jeden einsichtigen Menschen in Deutschland die Zeit, in der er den Wahnsinn dieses Krieges verflucht, und Du wirst einsehen, wie hohl die Worte von der Fahne sind, mit der ich siegen sollte.

Es gibt keinen Sieg, Herr General, es gibt nur noch Fahnen und Männer, die fallen, und am Ende wird es weder Fahnen noch Männer geben. Stalingrad ist keine militärische Notwendigkeit, sondern ein politisches Wagnis. Und dieses Experiment macht Ihr Sohn nicht mit, Herr General! Sie versperrten ihm den Weg ins Leben, er wird den zweiten Weg in der entgegengesetzten Richtung wählen, der auch ins Leben führt, aber auf der anderen Seite der Front. Denken Sie an Ihre Worte und hoffentlich werden Sie, wenn der Kram zusammenbricht, sich der Fahne erinnern und zu ihr stehen.

ILIAS KANARIS
1911 – 24. Februar 1943

Der Unteroffizier der königlichen griechischen Marine organisierte an der Küste von Euböa den Widerstand gegen die deutschen Besatzer, versteckte Flüchtlinge und verhalf ihnen mit einem eigens beschafften Schiff zur Flucht nach Ägypten. Nach einer Denunziation wurde er von der Gestapo gefasst und gefoltert, vom deutschen Kriegsgericht in Athen verurteilt und mit fünf Kameraden hingerichtet.

Dienstag, 6. Januar 1943

Mein lieber Sohn Kosta!

Wenn Du diese wenigen Zeilen liest, bin ich, mein Sohn, nicht mehr am Leben, weil mich die Deutschen getötet haben werden. Sie haben mich dreifach zum Tode verurteilt und zu drei Jahren Kerker. Mein Sohn, mein Bübchen, ich lasse Dich zurück als eine Waise von zwei Jahren, mein starker Bub, Du, den ich so sehr liebte, aber ich hatte nicht das Glück, mich Deiner zu freuen und mit Dir Verstecken zu spielen, wie ich sonst mit Dir gespielt hatte. Wenn Du ein großer Junge bist, wirst Du diesen letzten Brief lesen, ich möchte, Du sollst Dich Deines Vaters erinnern und der Ratschläge, die ich Dir geben werde, mein tüchtiges Kerlchen, mein kleiner Palikari, mein geliebter Sohn. Ich will, daß Du mehr als mich Deinen Paten liebst, denn er liebt Dich sehr und er nimmt sich Deiner an. Achte ihn und höre auf ihn, er ist Dein Vater und der Vater von uns allen und das Haupt unserer Familie. Liebe Deine Mutter, Deine Tante Lulu, Deine Tante Andro und Deinen Onkel Cristoforos. Mein Sohn, spiele nie Karten, betrage Dich gegen keine Frau schlecht in Deinem Leben und sei ehrlich, aufrichtig und wahrheitsliebend. Liebe unser Vaterland und sei ein guter Christ. Mein Kosta, mein Söhnchen, ich hinterlasse Dir nichts, weil ich nichts habe. Ich lasse Dich in guten Händen, die Dich lieben und für Dich sorgen werden. Mein Kosta, Du mußt mir verzeihen, daß ich Dich klein und als Waise verlassen habe. Ich will, daß Du immer für mich betest, mein Knäbchen, denn sie haben mich verurteilt, weil ich zwei Radios hatte und Sendungen durchgab und einer Organisation angehörte und den Engländern zur Flucht verholfen habe und einen Revolver hatte und versuchte, ihren Dolmetscher zu erwürgen, und viele andere Dinge, und ich trieb Spionage.

Mein Knäbchen, ich sterbe als Palikari mit Deinem Namen auf den Lippen und sterbend rufe ich: es lebe England, es lebe Griechenland, es leben unsere Alliierten. Mein Söhnchen, mein Bübchen, mein Palikari, verzeihe mir, daß ich Dich als Waise zurücklasse. Ich sterbe als Palikari.

Leb wohl, leb wohl, leb wohl, mein Bravchen. Ich küsse Dich zärtlich. Dein Vater

Ilias Kanaris

1916 – 23. August 1943

Der Student war von März bis Juni 1942 Mitglied des Blockrats des Warschauer Ghettos, von November 1942 bis August 1943 einer der Organisatoren des Widerstands im Ghetto von Bialystok. Der Brief wurde von einem Agenten ins Ausland geschmuggelt; eine eigenhändige Kopie wurde unter den Trümmern des Ghettos gefunden.

Auf dem Territorium der Republik Polen sind zu Beginn des Krieges kaum 200 000 Juden am Leben geblieben. Die Deportationen gehen unaufhörlich weiter in die Todeslager Belzec, Sobibor, Oswiecim und Treblinka. Am 18. Januar begann die zweite Evakuation des Warschauer Ghettos und die heldenhafte Verteidigung dieses Ghettos.

Alle Mitglieder des Jüdischen Nationalkomitees sind den Heldentod gestorben. In Warschau und Umgebung sind noch 16 000 Juden. Im Gebiet von Bialystok gibt es keine Juden mehr. Nur in der Stadt Bialystok ist jetzt noch eine gewisse Anzahl Juden. In den Bezirken Wolhynien, Podolia, Weißrußland, Schlesien, Pommern und Lodz ist mit Ausnahme einiger kleiner Ghettos im Gebiet von Vila und Lodz kein einziger Jude mehr.

Vor kurzem ist das Ghetto von Krakau liquidiert worden. Die Totalliquidierung der Juden in Ostgalizien ist im Gang. Ein Jude, der in einem Versteck oder im Wald entdeckt wird, wird ohne weiteres erschossen. Elektrischer Strom, Gas, Erstickung durch Dampf, Maschinengewehre, Verbrennung – das ist das Golgatha der

Millionen Juden in Polen und in den besetzten Ländern. Das Schicksal eines jeden Deportierten ist der Tod.

Diese Aktion wird pausenlos fortgesetzt. Die Synagogen werden verbrannt, die jüdischen Friedhöfe umgepflügt. In den nächsten Monaten müssen sämtliche Gebiete östlich der deutschen Grenze auf einmal vollkommen »judenrein« werden.

Nach diesem Termin wird es zwischen Oder und Dnjepr keinen einzigen Juden mehr geben. Jeder Tag bedeutet Tausende von neuen Märtyrern. Ein Tag, der vergeht, will neue Nahrung für die Folter- und Todeslager heißen.

Hilfe SOS!

Wenn Ihr die Zeugen der furchtbarsten Tragödie, die die Geschichte kennt, nicht retten könnt, beschwören wir Euch: Für das von unseren Kindern vergossene Blut, für unsere gemarterten Mütter, für unsere entehrten Heiligtümer – rächet uns! Verflucht sei, der Mitleid predigt!

Rache! Die Sterbenden grüßen Dich!

Mordechaj Tamarof

LARS BAGER SVANE
26. April 1919 – 29. April 1944
Nach seinem Militärdienst bei der dänischen Marine schloss er sich im Kampf gegen die deutsche Besatzung einer Gruppe an, die für die britische Armee Spionagedienste leistete.

Geliebte Mutter!

Sie sind also gekommen. Es ist jetzt drei Uhr, ich habe noch zwei Stunden zu leben. Ich bin noch so jung, daß ich dachte, ich hätte noch ein langes Leben vor mir. Aber ich habe keine Angst vor dem Tod; ich wußte, in welche Gefahr ich mich begab, als ich mit der Arbeit anfing. Dänemark wird mich bald vergessen; doch ich bereue nicht, was ich für mein geliebtes Vaterland getan habe. Viele werden mir sicher nachfolgen, aber eines schönen Tages ist Dänemark wieder frei, und dann ist es doch nicht vergebens gewesen. Die Garde kann sterben, aber sie kann nie vergehen.

Liebe Mutter, Du liest jeden Tag mit größter Gemütsruhe von Tausenden, die gestorben sind – versuch meinen Tod mit derselben Gemütsruhe hinzunehmen, ich bin nur einer von vielen. Grüß Vater von mir. Er kommt bald heim, das wirst Du sehen, und Ihr werdet noch viele gute Jahre zusammen haben. Dank für meine schöne Kindheit und alles seither. Versprich mir nun, Mutter, daß Du meinetwegen nicht trauern wirst, das bin ich nicht wert. Ich habe den Feldprediger bei mir, das macht mich heiter und ruhig. Ich möchte gern kirchlich begraben werden, und man soll singen: »Immer freudig, wenn du gehst«; ich habe mich vor allem bemüht, dem letzten Vers nachzuleben. Ich dachte, ich hätte Dir noch so viel zu sagen, Mutter, aber jetzt ist mein Kopf wie leer; vielleicht gibt es nichts mehr zu sagen. Dank für all Deine Güte in der Zeit, die ich hier war.

Lebet wohl, alle meine Lieben.

Euer Lars

IVAN VLADKO

1. Januar 1915 – 22. November 1943

Er arbeitete im Untergrund für die kommunistische Partei Bulgariens.

Zentralgefängnis Sofia

Lieber Rumjanco!

In den letzten Minuten meines Lebens bemühe ich mich, mich an Dein lachendes Gesichtchen zu erinnern und Dir einen herzhaften Kuß zu geben.

Lieber, morgen wird mein Todesurteil vollstreckt, ich werde füsiliert. Du darfst vom Feind kein Mitleid erwarten. Ich habe in Armut gelebt, ich erinnere mich an keine Freuden. In meiner Familie hörte man keine Freudengesänge und morgen wird der Schmerz nochmals meine Mutter, meine Schwester, meinen Bruder heimsuchen.

Mit Tränen und ersticktem Weinen wird Dich Deine Mama umarmen ...

Ich liebe das Leben, die ruhige Arbeit, Deine Mama. Aber Kampf ist Kampf, der Feind ist Feind.

Meine letzte Freude, Rumjanco und Marusja, ist dies, daß ich die vollständige Niederlage des Faschismus sehe.

Ich weiß, daß es für Dich schwer sein wird, ohne Vater zu leben und daß Du Dich wirst quälen müssen. Aber der Sozialismus, in dessen Namen ich sterbe, wird kommen und wird Euch in beste Lebensverhältnisse versetzen.

Sei auch Du ein Kämpfer und liebe die Gerechtigkeit. Liebe Deine Mutter, lieber Sohn, sie wird Dir im Leben eine Beschützerin sein.

Ich küsse Dich, Deine Mama, die Brüder, die Schwestern und den Großvater.

Dein Vater   Vanio

21. November 1943

Der einzige Wunsch, den ich habe, ist: zu leben.

Etwas verschlägt dir den Atem, etwas trägt dich davon, raubt dir langsam das Bewußtsein; der Raum der Zelle wird eng, die Zelle immer ohne Luft. Und gleichwohl, ein so starkes Verlangen haben nach dem Leben!

Und das Kind! Mein lieber Sohn, der von jetzt an das Fehlen seines Vaters spürt. Ich bin noch bewegt über seine Worte: »Papa, wenn du kommst, kaufst Du mir eine Straßenbahn, den kleinen Zug und die Schuhe.«

Mein Sohn empfindet meine Abwesenheit, er hat Heimweh nach mir, nach der Zärtlichkeit und dem Gedanken seines Vaters. Als ich ihm erwiderte, daß sie mich nicht zu ihm gehen lassen, hat er mir gesagt: »Aber wenn Du nicht kommen willst, willst Du damit sagen, daß Du mich nicht gerne magst, Papa.« Welche reine kindliche Liebe, welch große Liebe schließt seine Seele ein!

Aber diese, die uns zum Tode verurteilt haben, haben sie vielleicht keine Kinder? Verstehen sie ihre Irrtümer nicht, kennen sie das Mitleid nicht? Gewiß finden sie für sich immer eine Rechtfertigung, aber dann, wenn sie, und sei es nur um unserer Söhne willen, das Verdammungsurteil mildern sollten, sagen sie, daß das Gesetz es nicht erlaubt. Welche Dummheiten! Aber vielleicht fühlen sie keine ebenso starke Liebe für ihre eigenen Kinder? Denn, wenn sie sie fühlten, würden sie anders handeln. Ich erinnere mich an die Worte des Generals Koco Stojanov, der mir gesagt hat: »Die Richter denken an die Kinder.« Und jetzt kann ich nicht verstehen, vielleicht werde ich es nie verstehen; wie kann man sagen, sie denken an die Kinder, wenn sie solche Urteile fällen?

»Die Regierung ist stark und kann allem trotzen.« Aber wenn das wahr ist, warum erschießen sie mich?

21. November 1943
Eine unruhige, scheußliche Nacht, und wie kann sie ruhig sein, wenn du darauf wartest, daß sie mitten in der Stille kommen, um dich zu holen? Oh, diese blutigen Erschießungen, sie nehmen nie ein Ende. Die anderen Gefangenen sehen mich mit einem Lächeln an, sie geben sich Mühe, mich zu beruhigen, mich zu trösten, was anders können sie tun? Die Ungewißheit vor allem macht einen so unruhig, aber der Lebenswunsch ist so groß. Ich möchte wieder bei meiner Arbeit sein, ich habe das Verlangen nach Arbeit, nach körperlicher Müdigkeit, nach neuem Nachdenken am Abend, ausgestreckt auf dem sauberen Bett, nach getaner Arbeit. Wie gut fühlst du dich, wenn du siehst, daß die Arbeit dir gut glückt. Mir steigt die Arbeit in den Kopf wie der Wohlgeruch der Lilien.

21. November 1943

Marusja, Rumjanco, Onkel Kolo, Mama, Stefano, Vladko, Papa, auf Wiedersehn, heute erschießen sie mich.
Ich liebe Euch, seid stark. Ich küsse Euch, Euer

Vanio

ELFRIEDE SCHOLZ, GEB. REMARK

25. März 1903 – 19. Dezember 1943

Zwei Dinge wurden ihr zum Verhängnis: Ihr Mut zur
Wahrheit und die Tatsache, dass sie die Schwester des wegen seines illusionslosen Frontromans *Im Westen nichts
Neues* von den Nazis gehassten Erich Maria Remarque
war. Als seine Bücher im Mai 1933 auf dem Scheiter-
haufen vor der Berliner Universität landeten, lebte er
schon nicht mehr in Deutschland. Zehn Jahre später war
die Gelegenheit zur Rache gekommen, als der berühmte
Name in einem Polizeiprotokoll auftauchte. »Ihr Bruder
ist uns leider entwischt, Sie aber werden uns nicht ent-
wischen«, sagte Roland Freissler, der Präsident des Volks-
gerichtshofes zu Elfriede Scholz, die wegen »Wehrkraft-
zersetzung« angeklagt war. Sie hatte angeblich gesagt,
dass Hitler den Krieg nicht gewinnen kann und sie ihn
am liebsten selbst erschießen würde, um das deutsche
Volk von ihm zu befreien. In dem einstündigen Prozess
gab sie zu, Hitler kritisiert zu haben, leugnete aber die
Mordabsicht. Sie wurde zum Tode verurteilt »als scham-
lose Verräterin an ihrem eigenen, unserem deutschen
Blut, an unserer Front, an unserem Leben als Volk«. Im
Nachsatz des Urteils hieß es: »Weil Frau Elfriede Scholz
verurteilt ist, muß sie auch die Kosten tragen.« Die Ge-

bühr für die durch das Beil vollstreckte Todesstrafe belief sich auf 422,18 Mark, das ebenfalls in Rechnung gestellte Porto für die Übersendung der Kostenrechnung betrug 12 Pfennige.

Elfriede Scholz an ihre Schwester Erna

den 16. 12. 43

Liebe Erna!
Jetzt bin ich zum 2ten Mal in Plötzensee und heute Mittag um 1 Uhr bin ich nicht mehr. Alles was ich hinterlasse gehört Dir. Auch die Lebensversicherung. Heinz hat es wohl doch nicht verdient daß ich noch lieb an ihn denke. Aber ich verzeihe ihm alles ihm und allen anderen. Dir und Ludwig und den Eltern einen letzten lieben Gruß. Eure Elfriede.

GUY JACQUES

21. Mai 1924 – 29. Februar 1944

Der Belgier wurde von den Deutschen erschossen, weil er Deserteuren Hilfe leistete.

Lieber Papa und liebe Mamy!
Hier ein zweiter Brief, in dem ich Euch erzähle, wie sich alles zugetragen hat. Wir wurden verraten. Als ich auf die Place Vieuxtemps kam, sah ich mich von Feldgendarmen umringt. Von diesem Augenblick an wußte ich, daß alles zu Ende sei. Auf der Kommandantur hat man

mich verhört, man wollte mich zum Sprechen bringen. Ich wurde geschlagen, an einen Tisch angebunden und die Hiebe mit dem Gummiknüppel sausten nieder. Aber nie, wahrhaftig gar nie habe ich jemand angezeigt. Ich hätte meinen Kopf retten können, aber ich zog es vor, nichts zu tun und nichts zu sagen, was mein Vaterland verraten könnte.

Du siehst, daß ich, nach all dem, den Mut besitze, der notwendig ist, um sich füsilieren zu lassen. Denn das ist eine Kleinigkeit im Vergleich zu allem, was ich erduldet habe.

Mehrere Personen danken es mir, daß ich ihre Namen nicht genannt habe. Und jetzt bin ich stolz auf mich, denn ich habe allem widerstanden und mehrere Leben gerettet.

Ich wäre Euch dankbar, wenn Ihr Gilberte von dieser Schilderung Kenntnis gäbet, und auch den Vereinen, denen ich angehörte.

Meine Leiche wird auf dem Militärfriedhof in Lüttich bleiben und ich sterbe als echter Belgier. Es lebe Belgien!

Guy Jacques
Immer Belgier! Gestorben für das Vaterland!

(Ein Zettel, heimlich durchgeschmuggelt und nach dem Tode in den Kleidern des Toten gefunden)
Ein letztes Wort an Euch, um Euch zu sagen, daß ich, von meiner Seite, nie jemand verraten oder beschuldigt habe, trotz der zahlreichen Schläge mit dem Gummiknüppel, die ich erhielt, um mich zum Reden zu bringen.

Ich hätte meinen Kopf auf mehrere Arten retten können. Aber ich habe den Erschießungstod dem Verrat
vorgezogen, so sterbe ich mit Anstand, und stolz auf
mich.

Guy Jacques

JOSEF HUFNAGEL
9. Oktober 1903 – 5. Juni 1944

Er wurde zum Tode verurteilt und hingerichtet, weil er aus-
ländische Radiosender gehört, ihren Inhalt mit Freunden
diskutiert und die deutsche Niederlage prophezeit hatte.

Meine Lieben!
Mein letzter Brief, den ich Euch schreibe. Das Gnadengesuch ist abgelehnt worden. Ich werde um 15 Uhr
hingerichtet. Also lebt wohl, und in der Ewigkeit sehen
wir uns wieder.

Haltet den Kopf hoch. Mein Leben ist nun zu Ende.
Es sind heute wieder viele, die sterben müssen. Die
schwarzen Wagen kommen, die holen uns als Leichen
ab. Wir werden verbrannt hier.

In einer Stunde bin ich tot. Trauert nicht zuviel um
mich.

Nochmals viele herzliche Grüße sendet Euch allen

Josef

ANTOINE DE SAINT-EXUPÉRY
29. Juni 1900 – 31. Juli 1944

Die Schriftstellerei, für die er mehrere bedeutende Literaturpreise erhielt, war für den adligen Grandseigneur eher ein Hobby; seine Leidenschaft galt dem Fliegen. Er flog die Linie Toulouse–Casablanca–Dakar, war Flughafendirektor und leitete eine argentinische Fluglinie, bevor er 1934 in die Air France eintrat. Seit Beginn des Krieges flog er in einer Aufklärungsstaffel. Bis heute ist ungeklärt, was an jenem Tag, an dem er nicht mehr zu seinem Stützpunkt auf Korsika zurückkehrte, wirklich passierte: Hat er Selbstmord begangen, oder ist er, verfolgt von feindlichen Jägern, in der Nähe von Marseille ins Meer gestürzt? Aber warum konnte seine anhand ihrer Nummer eindeutig identifizierbare Lockheed Lightning P 38 nicht gefunden werden? Hatten offizielle französische Stellen kein Interesse an einer Suche? Sicher ist, dass die Ungewissheit über das Ende des Poeten im Cockpit die Legende weiter nährt. Der letzte Brief war an seinen Freund Pierre Dalloz gerichtet und wurde wahrscheinlich am Tag des Absturzes geschrieben.

Feldpost-Nr. 99 027

Lieber, lieber Dalloz,

wie sehr sehne ich mich nach ein paar Zeilen von Ihnen! Zweifellos sind Sie der einzige Mensch, den ich auf diesem Kontinent als solchen anerkenne. Gern hätte ich erfahren, was Sie über die gegenwärtigen Zeiten denken. Denn ich selbst verzweifle.

Mir kommt es vor, Sie denken, daß ich in jeder Beziehung und auf allen Gebieten recht habe. Mit welchem Nimbus umgeben Sie mich! Wolle der Himmel, Sie gäben mir unrecht. Wie glücklich wäre ich über Ihr Zeugnis!

Ich führe so gründlich Krieg, wie es nur eben geht. Sicherlich bin ich der älteste Hase unter den Kampffliegern der Welt. Die Altersgrenze bei dem einsitzigen Jagdflugzeug, das ich steuere, beträgt dreißig Jahre. Und kürzlich hatte ich in zehntausend Metern Höhe über Annecy eine Motorenpanne, gerade an dem Tage, da ich – vierzig Jahre alt wurde! Während ich mit der Geschwindigkeit einer Schildkröte über die Alpen gondelte, jedem deutschen Jäger wehrlos preisgegeben, vergnügte ich mich insgeheim bei dem Gedanken an die Oberpatrioten, die in Nordafrika meine Bücher verbieten. Wie komisch ist doch die Welt!

Seit meiner Rückkehr zur Gruppe (diese Rückkehr ist ein Wunder) blieb mir nichts erspart. Ich hatte einen Motorendefekt, ich wurde ohnmächtig, weil die Sauerstoffzufuhr versagte, wurde von Jägern verfolgt, und schließlich geriet die Maschine während des Fluges in Brand. So zahle ich wohl an das Schicksal. Ich glaube, dabei geize ich nicht allzusehr, und ich fühle mich unverwüstlich. Das ist meine einzige Befriedigung. Und auch, wenn ich, allein mit meiner Maschine und ganz allein an Bord, stundenlang über Frankreich fliege, um Aufnahmen zu machen. Gerade das ist ein seltsames Gefühl.

Hier kennt man nicht die Fluten von Haß; aber so reizend man bei der Gruppe auch ist, so bleibt noch genug übrig von der menschlichen Misere. Niemals habe ich auch nur einen einzigen Menschen, mit dem ich meine Gedanken austauschen könnte. Es ist schon etwas, wenn man jemanden hat, mit dem man zusammen ist. Aber welch geistige Vereinsamung!

Sollte ich abgeschossen werden, werde ich nicht das mindeste bedauern. Mir graut nämlich vor dem künftigen Termitenstaat, und ich hasse ihre Robotertugend. Denn ich war dazu geschaffen, Gärtner zu sein.

Ich umarme Sie.

St.-Ex.

HUGUETTE PRUNIER
19. Oktober 1913 – 5. August 1944
Ihr Ehemann war Redakteur der kommunistischen Zeitung *L'Humanité*. Über einen geheimen Radiosender erhielten sie Informationen und Anweisungen aus Moskau. Mit ihrem Mann wurde sie im Juli 1943 verhaftet, im Gefängnis von Fresnes gefoltert, verurteilt und hingerichtet.

Paris, den 5. August 1944
10 Uhr morgens

Mein kleiner Schatz!

Lieber, leb wohl, mein Kind, Deine Mama wird mit Deinem Papa, Fernand, dem Papa von Mireille, und anderen in anderthalb Stunden füsiliert.

Es ist 10 Uhr morgens, in kurzer Zeit wird Deine kleine Mama tot sein, indem sie noch einmal an ihren kleinen Jungen denkt. Ich habe Dich so geliebt, mein Lieber!

Ich wünsche, daß Du ein tapferer Mann wirst, frei, loyal, großherzig, daß Du Dein Land und Dein Volk

liebst, wie ich sie geliebt habe. Liebe Rose, die so viel
für Dich getan hat, und Jacques und Albert.

Liebe Deine arme kleine Großmama, die so viel leiden wird, so viel. Verlaß sie nie, vergiß nicht Deinen
Papa und wie er Dich geliebt hat.

Lebe wohl, kleines liebes Kind: ich küsse Dich in
Gedanken ein letztes Mal auf Deine kleinen runden
Wangen, die ich liebte. ICH BIN TAPFER, FÜRCHTE
NICHTS, ICH LIEBE DICH.

Deine Mama Huguette

5. August 1944
10 Uhr morgens

Meine vielgeliebte Mama!
Lebe wohl und verzeihe mir das Leid, das ich Dir an-
tue: in einer Stunde sterbe ich für die Freiheit und ich
bereue nichts.

Ich habe viel an Dich gedacht während dieses
schrecklichen Jahres: ich habe Robert nicht mehr gesehen, und er muß auch sterben; das ist ein Trost, ihn
nicht zu überleben, aber das Leben wäre für mich süß
gewesen wegen Serge und wegen Dir.

So sei es, Mut, alles geht einmal zu Ende, meine liebe
Mutter; niemand wird dich verlassen, meine Freundin-
nen werden sich Deiner immer annehmen und auch
Serges.

Lebe wohl, liebste Mama, ich liebe Dich, Deine kleine
Huguette

RUDOLF SEIFFERT

11. Juli 1908 – 29. Januar 1945

Er gründete und leitete nach Kriegsausbruch 1939 eine von vier Widerstandsgruppen unter den Arbeitern der Berliner Siemens-Werke. Zusammen mit den meisten Mitgliedern seiner Gruppe wurde er im Juli 1944 von der Gestapo verhaftet und mit dem Beil enthauptet.

Brandenburg,
im Zuchthaus, im Januar 1945

In der Todeszelle! Tag und Nacht sind die Hände übereinander gefesselt, nur zu den Mahlzeiten frei. Durch das einfache Fenster weht die eiskalte Winterluft. Der Heizkörper in der Zelle wird nur stundenweise erwärmt. Temperatur am Tage höchstens 10 Grad Wärme. Der Körper sträubt sich mit aller Gewalt gegen die Kälte, doch ist es zwecklos, da die innere Wärme fehlt, der Hunger an den Därmen nagt. Ständig hungern, ständig frieren. Nachts mit einer Decke auf dem Strohsack ist es noch schlimmer. Du kriechst zusammen wie ein Embryo, die Decke über dem Kopf, und versuchst, Dir mit Deinem eigenen Atem Wärme zu spenden. Wenn Du dann morgens durchgefroren aufstehst und hoffst, daß Du Dich mit dem Kaffee etwas erwärmen könntest, dann stellst Du fest, daß er meistens kalt ist. Die trockene Kruste Brot ist für den hohlen Zahn, das Mittagessen sowie das Abendbrot viel zu wenig. Der Hunger wird von Tag zu Tag größer. Auf einem kleinen Nachttopf mußt Du die Bedürfnisse verrichten. Das ist Kultur im Dritten Reich. Von menschlicher Behandlung keine Spur.

So vergeht ein Tag wie der andere. Du sitzt hier und wartest, Woche um Woche, bis sie Dich holen zum Totmachen. Du bekommst keinen Bescheid, ob Dein Gnadengesuch abgelehnt ist, wann Deine Hinrichtung ist. Nichts, nichts. Du wartest und wartest wie auf einem Schlachthof das Vieh, das zur Schlachtbank geführt wird. Das Schlachten von Menschen geschieht in folgender Weise:

Eines Tages, meist ist es ein Montag, geht die Zellentür auf, Dein Name wird gerufen. Der Beamte fragt: »Haben Sie ein Testament gemacht?« Und wenige Zeit später lebst Du nicht mehr. So rein geschäftsmäßig geht man mit Menschenleben um. Ist das noch Kultur? Und so geht es Montag für Montag, Woche für Woche, Monat für Monat, jeden Montag 25 Stück – ja Stück! Das ist die Amtssprache für Menschenleben.

Ein Stamm von zweihundert zum Tode Verurteilten füllt hier das Brandenburger Zuchthaus. Ein dauerndes Kommen und Gehen ins Nichts. Aber alle, einer wie der andere, aufrecht und entschlossen, gehen sie zum Schafott, denn sie wissen, ihr Opfer war nicht umsonst. Die neue Zeit bahnt sich an.

Liebe Hilla, so mancher gute Kamerad ist vor mir aus der Zelle gegangen, genau in der geschilderten Weise. Kameraden, an die man sich gewöhnt hatte, Kameraden, mit denen man hätte die Welt umkrempeln können. Ja, liebe Hilla, so warte nun auch ich, bis mein Name gerufen wird, aufrecht und entschlossen.

So lebt denn alle wohl, die Ihr mir lieb gewesen seid.

Rudolf

KIM MALTHE BRUUN
8. Juli 1923 – 6. April 1945
Der dänische Matrose hatte sich dem Kampf gegen die deutsche Besatzung angeschlossen und wurde mit seinen Kameraden der Untergrundgruppe »Jörgen Winther« von den Deutschen verhaftet und erschossen.

Zelle 411, den 4. April 1945

Liebe Mutter!

Heute wurde ich zusammen mit Jörgen, Niels und Ludwig vor ein Kriegsgericht gestellt. Wir wurden zum Tode verurteilt. Ich weiß, Du bist eine starke Frau und wirst es hinnehmen; aber hörst Du, es genügt nicht, daß Du es hinnimmst, Du mußt es auch verstehen. Ich bin ein kleines Ding, und meine Person wird bald vergessen sein; aber die Idee, die Inspiration, die mich erfüllte, wird weiterleben. Du wirst ihr überall begegnen. Im Frühling in den Bäumen, in den Menschen, die Du auf Deinem Wege triffst, in einem lieben kleinen Lächeln; Du wirst dem begegnen, was vielleicht das Wertvollste in mir war, Du wirst es lieben, und Du wirst mich nicht vergessen. Ich werde reif und mutig werden, ich werde bei Euch leben, deren Herz ich einmal erfüllte, und ich werde weiterleben, denn ich weiß, daß ich voran bin und nicht, wie Du vielleicht zuerst meinen wirst, außerhalb.

Ich bin einen Weg gegangen, den ich nicht bereut habe; ich habe nie geschwankt, was in meinem Herzen stand, und es scheint mir jetzt, daß ich einen Zusammenhang sehen kann. Ich bin nicht alt, ich sollte noch nicht sterben, und doch kommt es mir so natürlich, so einfach vor. Es ist nur die brüske Art, die uns im ersten Augenblick erschreckt. Die Zeit ist knapp, der Gedanken sind viele. Ich kann es nicht richtig erklären, aber mein Gemüt ist vollkommen ruhig. Ich wäre gern ein Sokrates gewesen, aber das Publikum fehlte. Ich fühle dieselbe Ruhe wie er, und ich hätte gern, daß Ihr das ganz versteht.

Wie seltsam ist es doch im Grunde, dieses Lebensdokument zu schreiben. Jedes Wort bleibt stehen, es kann nie wiedergutgemacht, nie ausgelöscht, nie verändert werden.

Jörgen sitzt vor mir und schreibt auch. Wir haben zusammen gelebt, nun sterben wir zusammen, zwei Kameraden. Ich habe mit Poul zusammengesessen, wir hatten viele Meinungsverschiedenheiten, aber er weiß, was in mir war, und was ich geben kann.

Du fühlst einen Stich in der Seele, das ist der Kummer, sagt man, aber schau weiter, wir werden sterben, und ob ich etwas früher oder später einschlafe, kann keiner von uns sagen, und ob es gut oder schlecht war. Denke daran, und ich schwöre, das ist wahr, daß aller Schmerz zu Glück wird, aber nur die wenigsten wollen es sich später selbst zugeben. Sie hüllten sich in Schmerz, und die Gewohnheit ließ sie glauben, daß es immerzu Schmerz war, und sie hüllten sich immerzu hinein. Die Wahrheit ist, daß nach dem Schmerz die Tiefe kommt, und nach der Tiefe kommt die Frucht.

Mir tut nichts in der Seele weh, so ist es nun einmal, und das sollst du begreifen. Ich habe etwas, das in mir lebt und brennt, eine Liebe, eine Inspiration, nenne es, wie Du willst, aber etwas, für das ich gar keinen Ausdruck habe. Nun sterbe ich, und ich weiß nicht, ob ich in einer anderen Seele eine kleine Flamme angezündet habe, eine Flamme, die mich überleben wird; aber trotzdem bin ich ruhig, denn ich habe erkannt und weiß, daß die Natur reich ist; niemand merkt, wenn einige kleine Keime zertreten werden und dadurch absterben; warum sollte ich da verzweifeln, wenn ich all den Reichtum sehe, der trotzdem lebt.

Dann sind auch die Kinder da, die mir in der letzten Zeit so nahe standen. Ich hatte mich darauf gefreut, sie zu sehen und wieder mit ihnen zusammen zu leben. Mein Herz klopft vor Freude im Gedanken an sie, und ich hoffe, daß sie zu Männern heranwachsen werden, die anderes und tieferes sehen als den Weg. Ich hoffe, daß sich ihre Seele frei entwickeln kann und nie unter einseitigem Einfluß stehen wird. Grüße sie von mir, meinen Patenjungen und seinen Bruder.

Ich sehe, wohin es mit unserem Land geht; aber denk daran, und daran sollt Ihr alle denken, nicht davon zu träumen, daß die Zeit vor dem Kriege wiederkehren soll, sondern träumt davon, Junge und Alte, ein nicht einseitiges, sondern rein menschliches Land für uns alle zu schaffen. Das ist das große Geschenk, nach dem unser Land dürstet, etwas, das jeder kleine Bauernjunge erkennen und mit Freude fühlen kann, woran er teilhat, und wofür er arbeiten und kämpfen kann.

Und dann ist da die Meine. Laß sie erkennen, daß die Sterne immer noch glänzen, und daß ich nur ein Mei-

lenstein war. Hilf ihr weiter, sie kann nun sehr glücklich werden.

In Eile – Dein Ältester, Dein einziger Sohn.

Kim

KLAUS BONHOEFFER
5. Januar 1901 – 23. April 1945

Kurz vor Kriegsende wurde der wegen seiner Verbindungen
zur Widerstandsbewegung Inhaftierte aus dem Gefängnis
Lehrter Strasse in den Berliner Lunapark verschleppt und
dort mit einem Genickschuss umgebracht.

Liebe Eltern!
Ich richte diesen Brief zu Papas Geburtstag an Euch bei-
de. Die Wünsche, die nie so brennend waren wie in die-
sem Jahr, gelten Euch gemeinsam. Es sind die Wünsche
der ganzen Familie. Die Hoffnung, daß sie wie durch ein
Wunder ganz unversehrt aus dem großen allgemeinen
Unglück hervorgeht, wage ich fast nicht auszusprechen.
Es geht ja längst wie eine Naturkatastrophe über die
Menschen hinweg, und die Natur ist verschwenderisch.
Ich glaube aber, daß das Ungewitter über unserem
Hause bald vorübergeht. Die Verfolgungen werden ein
Ende haben, und den Überlebenden wird es sein wie den
Träumenden. Daß dieser Frieden Euch noch lange nach
Eurem Kummer wohltut und daß Ihr ihn noch recht
genießt, ist mein Wunsch und meine Bitte.

Die Gewißheit, daß Euch allen ein neues Leben wieder beginnt, ist so schön. Auch mein Schicksal kann

sich wohl noch plötzlich wenden. Ich bin aber darauf gefaßt, daß mein Leben bald abläuft, diese beiden Möglichkeiten scheinen so denkbar weit auseinanderzuliegen, daß ich als Mensch von Fleisch und Blut mich doch immer wieder umstelle und unter dem Eindruck dieser ersten Frühlingstage auch in schwachen Stunden schwanke.

Aber ich will ja nicht nur leben, sondern mich eigentlich erst einmal auswirken. Da dies nun wohl durch meinen Tod geschehen soll, habe ich mich auch mit ihm befreundet.

Bei diesem Ritt zwischen Tod und Teufel ist der Tod ja ein edler Genosse. Der Teufel paßt sich den Zeiten an und hat wohl auch den Kavaliersdegen getragen. So hat ihn dann die Aufklärung idealisiert. Das Mittelalter, das auch von seinem Gestank erzählte, hat ihn besser gekannt.

Es ist jedenfalls eine sehr viel klarere Aufgabe, zu sterben, als in verworrenen Zeiten zu leben, weshalb seit je die glücklich gepriesen wurden, denen der Tod als Aufgabe bestimmt war ... Wie es nun auch kommen mag, ein gemeines Schicksal ist mir erspart. Ich wünschte sehr, daß die Kinder, die ja inzwischen wieder größer geworden sind, Euch recht nahekämen. Aber ich will in die unübersehbare Zukunft nicht mehr eingreifen, um keine Bindungen zurückzulassen.

Nun lebt wohl, lieber Papa, liebe Mama. Wir wollen aus diesen Ostertagen neue Hoffnung schöpfen, daß dieses Jahr den äußeren und seelischen Frieden bringt. Euch umarmt Euer dankbarer und glücklicher

Klaus

GIOVANNI BATTISTA VIGHENZI
14. Februar 1909 – 27. April 1945

Kurz vor der Befreiung Italiens wurde der Partisanen-
kämpfer bei einem Gefecht von deutschen SS-Soldaten
gefangen genommen und mit drei anderen Widerstands-
kämpfern erschossen.

Meine geliebte Liana, meine Freude, mein Leben!
In meinem Herzen ist in diesem Augenblick großer
Durst und große Leichtigkeit. Ich werde Dich nie mehr
sehen, Liana, sie haben mich gefangen genommen, sie
werden mich erschießen.

Ich schreibe diese Worte mit heiterer Seele, und
gleichzeitig zerreißt es mir das Herz, weil ich Schmerzen bereiten muß.

Ich sagte es Dir schon heute abend vor dem Fort-
gehen: Liana, ich möchte so gern bei Dir ruhen, ich
werde bei Dir ruhen, an Deiner Schulter, in Deiner Seele, jede Nacht in alle Ewigkeit.

Mein Gutes, Liebes, ich muß Dich tausendmal um
Entschuldigung bitten, daß ich Dir nicht mehr zuliebe
getan habe, so sehr hättest Du es für alles verdient.

Pino wurde ebenfalls gefangen und schon vor mir
erschossen. Bete für uns zwei Freunde, die auch im Tode
vereint sind.

Er ist mit Würde gestorben und hat mit einem Blick
von mir Abschied genommen, in dem sein ganzes Leben lag. Hoffentlich sterbe ich auch so, hoffentlich trete
ich die große Reise gelassen an. Mein letztes Wort wird
Dein Name sein, der Name, der in dem Ring steht, den

ich Dir schicke. Du wirst mit meiner Mutter sprechen, Du wirst sie trösten, wenn es möglich ist, die arme Alte, die arme liebe Mutter!

Und die Tante und meinen Bruder Luigino. Marietta sag bitte, daß meine Bruderliebe in diesem Augenblick mächtig aufwallt. Tröstet Euch: Das Leben hat solche unvorhergesehenen Einbrüche. Die Deinen in Modena, die Mutter, der Vater, insbesondere Cesira, Tonino, Margherita, alle sind sie mir gegenwärtig. Sag Tommaso, daß es sein wird, als wäre ich bei der Taufe seines Kleinen dabei. Empfiehl mich dem lieben Rino.

Komm nur manchmal zu meinem Grab und bring mir einen der Feldblumensträuße, die Du immer so hübsch zusammenstellst. Leb wohl, ich muß mich von Dir verabschieden, mein Liebes, meine Geliebte. Es macht mir nichts aus, das Leben zu verlieren, weil ich Deine Liebe fast drei Jahre lang gehabt habe, und das war ein großes Geschenk. Ich sterbe zufrieden, da ich mich für die Idee der Freiheit opfere, die ich immer gefördert habe.

Ich drücke auf meine Unterschrift und auf den Ring meine letzten Küsse.

Für immer Dein

Giovanni

THOMAS MANN
6. Juni 1875 – 12. August 1955
»Es wird turbulent«, hatte er im Januar geschrieben: »Im Mai kommen die rednerischen Schillerfeiern in Stuttgart, München, Weimar, auch in der Schweiz, und gleich danach

geht es los mit meinem Achtzigsten, zu welchem, wie es schon aussieht, alles geschehen wird, damit ich ja nicht viel älter werde.« Er sollte recht behalten. Nach dem überwältigenden Erfolg der Schiller-Reden, nach den triumphalen Ehrungen zu seinem Geburtstag hatte er sich in Noordwijk erholten wollen, doch er erkrankte und wurde ins Züricher Kantonsspital geflogen. Über die Art der Krankheit täuschten ihn seine Frau und die Ärzte; während er an eine leichte Durchblutungsstörung infolge einer Venenentzündung glaubte und seine rasche Genesung erwartete, kämpften die Ärzte gegen eine tödliche Thrombose. Die Arterien waren vollkommen verkalkt, wurden schließlich brüchig und gaben Blut ins Gewebe ab. Thomas Mann hat davon nichts bemerkt. Nach mehreren Morphiuminjektionen scherzte er noch mit dem Arzt, den er auf Englisch und Französisch ansprach, dann entschlief er.

An Lavinia Mazzucchetti

Kantonsspital Zürich
10. Aug. 55

Liebe Freundin,

meine gegenwärtige Misere war nötig, um mich zu genauerer Beschäftigung mit dem Ponte-Heft kommen zu lassen, das Ihren schönen Geburtstagsaufsatz brachte, und lebhaft fühle ich, wie sehr ich Ihnen noch Dank schulde für diese warmherzige Äußerung über meine persönliche Existenz und unseren langjährigen freundschaftlichen Austausch. Ach, ein Brief, der des Lobes wert wäre, das Sie meinen schriftlichen Grüßen in dem Festartikel spenden, wird diese Danksagung nicht!

Mein Kopf ist leer, mein Magen schwer, als ob ich viel zu viel gegessen hätte, wo es doch beinahe nichts ist, was ich esse. Aber diese Schwächen sowie die juckenden Ekzeme, die ich mir durch die ewige Bettwärme zuziehe, sind nur Nebenerscheinungen des Haupt-Übels, der Stauung im Bein, die in steter *Besserung* begriffen ist, sodaß die Hoffnung auf Rückkehr zu einem normalen Dasein näher rückt. Nachmittags darf ich schon eine Stunde aufrecht im Lehnstuhl sitzen, man verspricht mir, daß ich in ein paar Tagen schon ein bißchen auf dem Korridor werde lustwandeln dürfen, und wenn ich gar erst hinunter in den Garten darf, so bin ich schon so gut wie zu Hause. Freie Bewegung in frischer Luft, man weiß nicht, was man daran hat, solange es selbstverständlich ist. Aber wenn wirklich dies trübe Intermezzo mich im Ganzen, dank den modernen Injektionen, nur 4 – 5 Wochen kostet, so werde ich sehr glimpflich davon gekommen sein. Langwierigkeit gehört eigentlich zum Wesen solcher Umlaufstörung, und früher konnte man damit ein halbes Jahr unbeweglich liegen.

Sie glauben nicht, wie leid es mir tat, vor der Zeit von Noordwijk abzureisen oder vielmehr abgereist zu werden – per Ambulanz. Es ist ein so schöner Aufenthalt, der prächtigste Strand, den ich kenne, und in meiner Hütte dort habe ich mit Hilfe der belebenden Luft sogar ein paar Kleinigkeiten geschrieben, obgleich viel Sand mir aufs Papier stäubte. Ich fühlte mich besonders wohl, und gerade da mußte mir dies passieren! Aber das kommt davon, wenn Schiller seinen 150. Todestag und man selbst seinen 80. Geburtstag begeht! Ich hatte es einfach zu bunt getrieben oder mit mir treiben lassen, und Roma und Paris und Oslo – all solche Pläne muß ich vorläufig auf sich beruhen lassen.

Leben Sie recht wohl und nochmals Dank für Il Ponte! Medi Borgese hat ja auch recht rührend und drollig geschrieben, und ferner waren noch so gute, freundliche Dinge darin. Bitte, drücken Sie doch der Redaktion meine wärmste Erkenntlichkeit aus!

Ihr Thomas Mann

GOTTFRIED BENN
2. Mai 1886 – 7. Juli 1956

Er war als Dichter schon berühmt, als er 1926 resümierte, er habe in den vergangenen fünfzehn Jahren »im Monat durchschnittlich vier Mark fünfzig« mit seinen Arbeiten verdient. Auch seine Tätigkeit als Facharzt für Haut- und Geschlechtskrankheiten brachte oft nicht genug Geld: »Bin heute wieder von der Steuer mit Pfändung bedroht, wenn ich nicht sofort 500 Mark zahle«, schrieb er 1931 wütend an Thea von Sternheim; »Die Leute sind irre, der Staat muß zertrümmert werden. Die freien Berufe, die kein festes Einkommen, keine Pension, keine Ferien und keine Bürostunden nach der Uhr kennen, die müssen wieder ran, den verkrachten und verlumpten Staat zu finanzieren.« Solche Ressentiments trieben ihn zu den Nazis, die ihn bald enttäuschten. Nach dem Krieg konnte er als beliebter Dekorateur der Melancholie von seinen Werken leben. Er starb an Krebs.

16. Juni 1956

Herrn Oelze

Jene Stunde .. wird keine Schrecken haben, seien Sie beruhigt, wir werden nicht fallen wir werden steigen –

Ihr B.

ALFRED DÖBLIN
10. August 1878 – 26. Juni 1957

Ludwig Marcuse und seine Frau Sascha waren die letzten Freunde, die ihm geblieben waren. Alle anderen waren entweder gestorben, oder er hatte sich mit ihnen zerstritten. Mit seinem Namen verknüpft blieb sein einziger erfolgreicher Roman *Berlin Alexanderplatz. Die Geschichte vom Franz Biberkopf* (1929). Die Hoffnung auf einen Neuanfang nach der Rückkehr aus dem Exil zerschlug sich; die neuen Bücher verkauften sich nicht. Er blieb auf private Spendenfonds angewiesen, zumal er in den letzten Jahren zum Pflegefall wurde.

An Sascha und Ludwig Marcuse
(Diktat)   Sanatorium Wiesneck
25. 5. 57

Liebe Marcuses,

Deinen kurzen Brief habe ich erhalten, und es freut mich zu lesen, daß Ihr nächstes Jahr, in dem ich achtzig werde, wieder hier im Lande sein wollt. Vom »Hamlet« ist in der Ostzone eine schöne Quantität verkauft und auch leidlich bezahlt worden.

Hier in der Westzone plant der Münchener Verlag

Georg Müller für den Herbst eine kleine Lizenzausgabe, zum Sterben zuviel, zum Leben zu wenig. Vom 1. Juni ab bin ich im Landeskrankenhaus Emmendingen bei Freiburg i.B., die Anthroposophen hier im Sanatorium haben nicht viel Platz und setzen mich hier raus, um das Zimmer für eine Angehörige ihrer Sekte frei zu machen.

Laßt es Euch beiden recht gut gehen, liebste Marcuses, die Gesellschaft bringt mich noch lange nicht um. Seid sehr herzlich gegrüßt von Eurem nicht alten, sondern immer jüngeren Freund

Dr. Alfred Döblin.

LION FEUCHTWANGER
7. Juli 1884 – 21. Dezember 1958

Unter Kollegen galt er, nicht ohne Neid und Häme, als Personifizierung des Erfolgreichen bei scheinbar geringstem Einsatz der Mittel. Er ließ nie erkennen, wie hart dieser Erfolg erarbeitet war und welches Detailwissen seine historischen Romane fundierte. »Das höchste Lob, das einer ernten konnte, war: ›It's nearly like Feuchtwanger.‹!«, schrieb Thomas Mann. Doch nach dem Krieg wurde er in der Bundesrepublik boykottiert, weil er mit dem Sozialismus sympathisierte. In der DDR mit höchsten Auszeichnungen und Auflagen geehrt, verschwand Feuchtwanger im Westen als Opfer des Kalten Krieges aus dem kulturellen Gedächtnis. Erst zu seinem 100. Geburtstag erinnerte man sich wieder an den großen Aufklärer. Sein letzter Brief zeigt, dass ihm die Ärzte den tödlichen Krebs verheimlicht hatten. Er starb, wie er gelebt hatte – ohne langes Leiden.

An Arnold Zweig

Pacific Palisades, Calif.,
1. Dezember 1958

Liebster Zweig,

wenn dieser Brief Sie erreicht, sind Sie ja wohl wieder zurück von Moskau, nach vielen Mühen und sehr vielen Ehrungen, etwas müde und zufrieden. Ich hoffe, Sie ruhen sich nun einmal gründlich aus und bezahlen den Traum nicht zu teuer.

Was meine Gesundheit anlangt, so sah es in der letzten Zeit wieder ein bißchen bedrohlich aus. Meine Milz war sehr geschwollen, die Milz ist ein völlig unnötiges Organ, von dem man überdies recht wenig weiß; sie ist der Friedhof der roten Blutkörperchen, erklärte mir einer der Ärzte, was englisch recht gut klingt, man sprach hin und her von einer sehr zeitraubenden, andauernden Radiumbehandlung, auch von einer Operation. Aber die Blutuntersuchungen fielen nun in der letzten Zeit immer günstiger aus, und heute erklärte mir der entscheidende Arzt, auch die Röntgenbilder der Milz seien so, daß ich für die nächsten Monate wenigstens nichts zu befürchten hätte. Er halte sowohl die umständliche Radiumbehandlung wie die Operation für unnötig. Das war natürlich sehr tröstlich. Geistig fühle ich mich frisch, ich kann gut arbeiten und brauche Sie nicht länger mit medizinischen Erörterungen zu behelligen.

Dafür, hoffe ich, können wir uns in diesem Winter wieder mehr über unsere Arbeit unterhalten.

Alles Herzliche
Ihr alter Feuchtwanger

GEORG EHRENFRIED GROSS,
GEN. GEORGE GROSZ
26. Juli 1893 – 6. Juli 1959

Berühmt wurde er als kritischer Zeichner der Weimarer Republik und veristischer Porträtist mit einer oft schockierenden psychologischen Tiefenschärfe. In Deutschland wurde er als »entarteter Künstler« verfemt und ausgebürgert. Seine in Amerika entstandenen Bilder zeigen einen völlig anderen Stil. Sein letzter Brief ist an den damaligen Generalsekretär der Westberliner Akademie der Künste gerichtet, die Grosz ein Jahr zuvor zum außerordentlichen Mitglied gewählt und ihn zur Rückkehr nach Westberlin eingeladen hatte – eine in jener Zeit außerordentlich seltene Geste an einen Ausgebürgerten.

1. 5. 1959

Sehr geehrter Herr von Butlar!

Ich danke Ihnen sehr für Ihren Brief, wollte viel eher schreiben, aber hier ist soviel Unruhe und Packarbeit, so antworte ich erst heute. Habe mich sehr gefreut, daß man dort eventuell ein Atelier für mich hat.

Bitte meine Empfehlungen an Herrn Scharoun, an die Herren von der Fakultät, auch besonders an den Herrn Präsidenten der Akademie; meine Frau und ich, wir waren bei ihm zu Gast. Leider ist mir der Name entfallen, und ich wäre Ihnen verbunden, wenn Sie mir Namen und Adresse mitteilen würden, vielleicht: Die Namen der Fakultät überhaupt.

In Berlin wohnen wir vorerst bei der Schwester meiner Frau: Frau Lotte Schmalhausen, Savignyplatz 5, Berlin-Charlottenburg.

Mit den besten Grüßen
Ihr George Grosz

ERICH MARIA REMARQUE
22. Juni 1898 – 25. September 1970

Er war der untypischste aller deutschen Schriftsteller: weltläufig, kunstbesessen, elegant und vor allem: erfolgreich. Seine vierzehn Romane sind in mindestens 55 Sprachen übersetzt und häufig verfilmt worden. Für diese Erfolge musste er in seinem Heimatland mit abfälligen Kritiken büßen. Hinter der glänzenden Fassade seines öffentlichen Lebens an der Seite so berühmter Frauen wie Marlene Dietrich, mit der er einen jahrelangen Liebeskrieg führte, lauerten Depressionen und Ängste, die er ohne großen Erfolg mit Alkohol zu bekämpfen suchte.

Die Erfahrungen seines Lebens, Krieg, Exil, Einsamkeit und Verfolgung, verarbeitete er in packenden, meist tragisch endenden Romanen. Er verbrauchte sich in der skrupulösen Textarbeit ebenso sehr wie in seinem teilweise exzessiven Leben und starb, seit Jahren herzkrank, nach mehreren Infarkten in einer Klinik in Locarno. Zu seinem Begräbnis erschien kein offizieller deutscher Vertreter. Der bisher bekannte letzte von ihm geschriebene Brief galt seiner langjährigen Haushälterin Rosa Kramer in Porto Ronco.

21. 7. 70

Liebes Röschen,

dieses ist leider ein kurzer Brief. Aber Schreiben fällt mir noch schwer. Ich wünsche Ihnen alles Gute zum Geburtstag und hoffe, daß es Ihnen gut geht.

Beste Wünsche von Madame
und Ihrem alten Freunde
Erich Maria Remarque

OSKAR BRÜSEWITZ
30. Mai 1929 – 22. August 1976

Der evangelische Pfarrer wollte mit seiner öffentlichen Selbstverbrennung gegen die Unterdrückung der christlichen Erziehung in der DDR protestieren, zugleich aber auch ein Zeichen setzen gegen die zu staatskonforme Haltung seiner eigenen Kirchenleitung. Je mehr er sich von ihr im Stich gelassen fühlte, desto drastischer fielen seine Aktionen aus, die zuletzt bei den meisten Mitgliedern seiner Gemeinde auf Unverständnis stießen. Insbesondere die Art der Selbsttötung löste heftige Kontroversen aus.

An die Schwestern und Brüder des
Kirchenkreises Zeitz

Liebe Brüder! u. Schwestern!
Es ist mir sehr schmerzlich Euch allen die Schande zu-

zumuten. Ich habe mich zu dieser Tat langsam durchgerungen. Nach meinem Leben habe ich es nicht verdient, zu den Auserwählten zu gehören. Meine Vergangenheit ist des Ruhmes nicht wert. Um so mehr freue ich mich, daß mein Herr u. König u. General mich zu den Geliebten Zeugen berufen hat.

Obwohl der scheinbare tiefe Friede, der auch in die Christenheit eingedrungen ist, u. zukunftsversprechend ist, tobt zwischen Licht u. Finsternis ein mächtiger Krieg. Wahrheit u. Lüge stehen nebeneinander.

Ich grüße Euch alle sehr. Ich liebte Euch, auch Bruder Hildebrand.

Euer Oskar

In wenigen Stunden will ich erfahren, soll ich erfahren, daß mein Erlöser lebt.

HARTMUT GRÜNDLER
11. Januar 1930 – 21. November 1977

Der Tübinger Lehrer, Sohn eines evangelischen Pfarrers, setzte sich am Buß- und Bettag in der Hamburger Fußgängerzone, an der Rückseite der St. Petri-Kirche, in Brand und starb fünf Tage später. Er wollte damit gegen die Atompolitik der Bundesregierung protestieren. Jahrelang hatte er erfolglos offene Briefe an Politiker und unzählige Flugblätter zu diesem Thema verfasst und verteilt. Auch zu seinem Selbstmord hatte er eine Presseerklärung vorbereitet, in der es hieß, er »habe sich in Hamburg zur lebenden Fackel des Protestes gemacht«. Seine verzweifelte Aktion blieb ohne Wirkung; wenige Tage später fand in

Hamburg wie geplant der Energie-Parteitag der SPD statt, der die Regierungspolitik unterstützte. Der hier gekürzt wiedergegebene offene Brief hat den Bundeskanzler nie erreicht.

Hartmut Gründler, 14. 11. 1977

Sehr geehrter Herr Bundeskanzler,
seit rund drei Wochen versuche ich, für die Fortsetzung eines Hungerstreiks gegen Ihre Selbstwidersprüche die letzten organisatorischen Voraussetzungen zu schaffen. Es gelingt mir nicht. Seit dem 30. August durfte ich mit Sicherheit annehmen, es werde mir persönlich möglich sein, noch vor dem Energieparteitag der SPD einen granitenen Leuchtturm des Protestes zu errichten. Elf Wochen später, am Vorabend dieses offensichtlich verhängnisvollen Parteitages, sehe ich mich beim Bau einer Sandburg, die mir stets aufs neue von der Brandung fortgespült wird. Unter den 60 Millionen Menschen in der Bundesrepublik finde ich nicht die Handvoll Helfer, die unentbehrlich sind. Es muß sie geben, irgendwo, geistig sind sie mir nahe, aber hier an Ort und Stelle finde ich sie nicht, auch nirgendwo anders in ausreichender Zahl beisammen. Ich bin überfordert, nachgerade chronisch, und meine Freunde überfordere ich fast noch mehr. Ich sehe darin jetzt kein Schicksal, das mir, teilweise von mir selbst verschuldet, zugeschickt wird. Ich muß auf den Hungerstreik in der geplanten und angekündigten Form verzichten.

Es bleiben mir drei Möglichkeiten.

1. Ich kehre aus einem unbezahlten Sonderurlaub zurück in meine ungekündigte Arbeitsstelle und von dort, wohl im Laufe des Frühjahrs, zurück an die Volkshochschule Schorndorf. Das hieße, in eine erträgliche und in mancher Hinsicht sogar angenehme private Existenz zurückzukehren – und mit hoher Wahrscheinlichkeit nach meinen bisherigen öffentlichen Wortmeldungen mich nunmehr derart unglaubwürdig gemacht zu haben, daß mir keine solche Wortmeldung mehr möglich sein würde.

2. Ich beginne den Hungerstreik trotz den nicht ausreichenden Vorbedingungen. Dann werde ich vermutlich nach kurzer Zeit obdachlos, hilflos und wehrlos in eine Klinik eingeliefert, zwangsernährt, entlassen. Fortsetzung, wenn ich Glück habe, wie oben.

3. Ich wähle die letzte und äußerste Form des Protestes und nutze anstelle des Leuchtturmes doch wenigstens noch die Sandburg zu einem Feuerzeichen, ehe auch die Sandburg noch vollends mir unter den Füßen fortgespült wird.

Was ich auch tue oder lasse: ich werde nicht das wahrmachen können, was ich Ihnen und vielen anderen Beteiligten nach bestem Wissen und Gewissen in Aussicht gestellt habe. Diese Lage, so peinigend sie ist, hat ein Gutes: sie erleichtert mir, Ihrer eigenen Lage in der Atompolitik besser gerecht zu werden als bisher. Wie ich Ihnen Vorwürfe nicht ersparen kann, so auch mir selber nicht. Und umgekehrt: wie ich für mich guten Glauben in Anspruch nehmen darf, so muß auch ich Ihnen vielleicht weit mehr guten Glauben zugestehen, als ich noch vor drei Wochen dachte.

Ich habe z.B. noch vor einigen Tagen gefragt, ob Sie einer Bürgerkriegs-Demokratie dienen. Ich muß bei dieser zornigen Frage ergänzen, daß Sie es möglicherweise nicht mit Wissen und Willen tun, zumindest teilweise nicht, sondern allenfalls wie der Zauberlehrling infolge einer Selbstverstrickung, die in anderen Formen und mit anderen harmloseren Folgen auch mir nicht fremd ist. Das nimmt mir viel, zeitweise alles von meinem Zorn.

Was immer ich jetzt tue, ich werde schuldig werden, an mir selber, an meinen Freunden, in gewissem Sinne auch an meinen Gegnern (von Feinden weiß ich nichts). Vielleicht ist das typisch für unser aller Lage. Welchen Dienst könnten Sie uns allen leisten, wenn Sie das sich selber und uns allen zu Bewußtsein brächten, Sie, der Wundertäter von Mogadischu, der Abgott der Nation, der starke Mann der Atompolitik!

Ich besinne mich auf jenen Antrieb meines Handelns, der anscheinend nahezu allen meinen Zeitgenossen fremd bis zur Unverständlichkeit ist: ich weiß mich herausgefordert und zugleich getröstet durch die Sprache. Der Mensch ist, soweit er auch denke, angewiesen auf die Sprache. Gibt er die Sprache preis, so gibt er sich selber preis.

Atompolitik ist das Verderben der Sprache und kann allem Anschein nach nie etwas anderes sein – also kann sie über kurz oder lang nichts anderes sein als das Verderben des Menschen (...) Darum wähle ich die dritte Möglichkeit. So halte ich inmitten all meiner Schuld doch noch der Sprache die Treue, soweit es irgend in meinen Kräften steht. Ich nehme an, jene unbekannten

Mächte, die dem Menschen die Sprache anvertrauen, werden auch mir die Treue halten und mich trotz allem nicht verderben lassen.

Sie haben am 2. November 1964 gesagt und zu Ostern 1976 wiederholt: »Die Pflicht jedes einzelnen von uns ist, laut zu rufen, wenn Ungerechtigkeit sich ausbreiten sollte und spätestens jedenfalls dann handelnd einzugreifen, wenn die Regierenden Gebot und Gesetz verletzen sollten.« (Als Christ in der politischen Entscheidung. Erschienen Sommer 1976. S. 59) Hier stehe ich, Herr Bundeskanzler, und rufe, so laut und deutlich ich kann, etwa in der Mitte zwischen Bundeskanzleramt und Bundestag, dort also, wo der Bundeskanzler Helmut Schmidt und der Abgeordnete Helmut Schmidt unter dem Vorzeichen der Gewaltenteilung einander auf halbem Wege begegnen.

»In nie endender Freude haben alle Dinge ihren Ursprung« (Novalis). Alle Dinge? Auch Plutonium? Gesamtvorrat des Erdballs um 1940 nach sorgfältig begründeter wissenschaftlicher Schätzung: weniger als 1 Gramm.

»Wir wissen aber, daß denen, die Gott lieben, alle Dinge zum Besten dienen.« Alle Dinge? Auch Plutonium? Gesamtvorrat, allein an PU 239, allein in der Bundesrepublik, und dort wiederum allein in den Brennstäben, allein bis zum 9. Juni 1976, allein von den Fachleuten der Atomlobby selber damals vor dem Bundestags-Innenausschuß eingestanden: 14 Tonnen, gleich 14000 Kilogramm, gleich 14000000 Gramm, davon nach Eingeständnis der gleichen Fachleute 1%

= 140 000 Gramm unkontrollierbar. Haben Sie, Herr Bundeskanzler, auf Pflicht und Gewissen vereidigt, veranlaßt, daß die 40 000 Demonstranten von Dortmund von der Bundesregierung beizeiten pflichtgemäß und gewissenhaft unterrichtet wurden, was es mit Plutonium auf sich hat?

»Freude, schöner Götterfunken ... Brüder, einen milden Spruch aus des Totenrichters Munde.« So lauten Anfang und Ende von Schillers Lied an die Freude, von dem ertaubten Sonderling Beethoven im Schlußsatz der von ihm nie gehörten 9. Sinfonie verwandt, allen Gewalten zum Trotz; eine fast übermenschliche Form des Humors, an die zu denken im Beethovenjahr 1977 und in der Beethovenstadt Bonn tröstlich ist.

Woher kommt den Menschen das Wort Freude? Wer hat dieses Wort vor Menschengedenken gestiftet? Ich wünsche niemandem etwas Böses, ich weiß auch gar nicht, wie man das macht, durfte Janusz Korczak im Warschauer Getto in sein Tagebuch eintragen.

Wenn ich bitte, mir auf meinen Sarg Ihr Buch »Als Christ in der politischen Entscheidung« aufzunageln, wenn ich Sie und drei andere Hauptverantwortliche der Atompolitik als Erben meiner persönlichen Habe einsetze, so ist das zwar polemisch gemeint, aber nicht böse. Polemos ist der Streit. Ja, wir streiten, Herr Bundeskanzler. Wir streiten um Worte. Ich falle in diesem Streit.

Sie und ich, auch jeder andere in seiner Weise; wir stehen im Wort.

Ich wünsche jedem Menschen, allen Freunden, allen

Gegnern, und so auch mir selber Freude, im Streit, zum Streit, dem Streit zum Trotz, dem Streit enthoben – und nach dem Streit »einen milden Spruch aus des Totenrichters Munde«.

GLENN GOULD

25. September 1932 – 4. Oktober 1982

Der kanadische Pianist war bekannt für seine Tierliebe. In seinem Testament benannte er eine Tierschutzorganisation in Toronto zu seinem Haupterben. Die Antwort an die New Yorker Dokumentarfilmerin Teresa Ximenes ist der letzte bekannte datierte Brief in der Gould Collection der National Library of Canada.

14. August 1982

Sehr geehrte Miss Ximenes,

vielen Dank für Ihr Schreiben vom 29. Juli. Ich würde mich freuen, wenn Sie Bachs Präludium und die C-Dur-Fuge in Ihrem Film verwenden. Zufällig ist der Tierschutz eine der großen Leidenschaften meines Lebens, und wenn Sie darum gebeten hätten, mein gesamtes Plattenœuvre zu verwenden, um eine solche Sache zu unterstützen, hätte ich es Ihnen unmöglich ablehnen können.

Viel Glück mit Ihrem Film und alles Gute.

Mit freundlichen Grüßen

Glenn Gould

N. N.

Die *Medical Tribune* (18/2002) veröffentlichte den vermutlich ersten Abschiedsgruß eines Selbstmörders, der per SMS verschickt wurde.

Sachen für (Kai-Uwe) in Deinem Auto Jetzt schaffe ich es Liebe Dich aber mein Leben ist jetzt vorbei. Danke für Deine seltsame Liebe verstehe das nicht machs gut.

HUNTER S. THOMPSON
18. Juli 1937 – 20. Februar 2005

Sein erstes Buch über die berüchtigte Motorradgang »Hells Angels« (1967) machte ihn bekannt und legte ihn fest auf die Rolle des literarischen Provokateurs, der von den Rändern des American Way of Life berichtet. Das neu gegründete Magazin *Rolling Stone* fand in ihm einen Autor, der in seinen Reportagen Realität und Fiktion zum sogenannten »Gonzo-Journalismus« verwob. An den Erfolg seines Buches *Fear and Loathing in Las Vegas* (1971) konnte er nicht mehr anknüpfen. Seine letzten Jahre verbrachte er mit dem publizistischen Kampf für die Drogenfreigabe und gegen die Bush-Regierung. Am 20. Februar tötete er sich nach mehreren Ankündigungen durch einen Schuss in den Kopf, während er mit seiner Frau telefonierte. Das Magazin *Rolling Stone* veröffentlichte im September 2005 die letzte, auf den 16. Februar datierte Notiz Thompsons, die er »Football Season is over« überschrieben hatte – ein Zeugnis der Resignation eines

Mannes, der den amerikanischen Traum der individuellen Freiheit im Alkohol- und Drogenrausch, zuletzt im Selbstmord verwirklichte.

Die Football-Saison ist vorbei
Keine Spiele mehr. Keine Bomben mehr. Nicht mehr rennen. Kein Spaß mehr. Nicht mehr schwimmen. 67. Das ist 17 Jahre mehr als 50. 17 mehr, als ich brauchte oder wollte. Langweilig. Ich bin nur noch gehässig. Kein Vergnügen – für niemanden. 67. Benimm dich deinem Alter entsprechend. Entspann dich – es wird schon nicht wehtun.

MARTIN TOLER

1955 – 3. Januar 2006

Das schwerste Grubenunglück in den USA seit November 1968 (78 Tote) forderte zwölf Todesopfer; nur ein Bergarbeiter konnte schwer verletzt geborgen werden. Die Umstände waren besonders tragisch, weil nach 24-stündiger Suche nach den Verschütteten plötzlich ein Mann den in einer Kirche versammelten Angehörigen mitteilte, ihre Väter, Söhne und Gatten wären noch am Leben, nur ein Arbeiter wäre tot. Offenbar hatte jemand den Funk der Rettungsdienste abgehört und deren Meldung missverstanden, es seien zwölf Männer in der Grube geortet worden. Bei der Suche hatten Luftmessungen einen tödlichen Gehalt an Kohlenmonoxid angezeigt. Der Bergmann Martin Toler konnte noch eine letzte, tröstende Botschaft an seine Familie auf einen Zettel schreiben.

Sagt allen, ich sehe sie auf der anderen Seite wieder. Es war nicht schlimm. Ich bin einfach eingeschlafen. Ich liebe euch.

Autoren

Lucrezia Borgia, 1480 – 1519

Thomas Morus 1748 – 1535

Katharina von England 1485 – 1536

Martin Luther 1483 – 1546

Michelangelo Buonarroti 1475 – 1564

Jean Calvin 1509 – 1564

Lamoral Graf von Egmont 1522 – 1568

Maria Stuart 1542 – 1587

Francis Bacon 1561 – 1626

Paul Fleming 1609 – 1640

Karl Kaspar Reichsfreiherr von der Leyen-Hohengeroldseck 1618 – 1676

Marie Madeleine Marquise de Brinvilliers, geb.
d'Aubray 1630 – 1676

Baruch de Spinoza 1632 – 1677

Philipp Christoph Graf von Königsmarck 1665 – 1694

John Locke 1632 – 1704

Liselotte von der Pfalz 1652 – 1722

Friedrich Wilhelm I. von Preußen 1688 – 1740

Luise Gottsched 1713 – 1762

Viktor von Medulla †1774

Julie de Lespinasse 1732 – 1776

Voltaire (François Marie Arouet) 1694 – 1778

Maria Theresia, Kaiserin von Österreich 1717 – 1780

Friedrich II. von Preußen 1712 – 1786

Joseph II., Kaiser von Österreich 1741 – 1790

Wolfgang Amadeus Mozart 1756 – 1791
Charlotte de Corday 1768 – 1793
Marie Antoinette, Königin von Frankreich 1755 – 1793
Jeanne Marie Roland de la Platière 1754 – 1793
Jean-Marie Roland de la Platière 1734 – 1793
François Nicolas Léonard Buzot 1760 – 1794
Jerôme Pétion de Villeneuve 1756 – 1794
Camille Desmoulins 1760 – 1794
Sebastian Roch-Nicolas Chamfort 1740 – 1794
Antoine Laurent de Lavoisier 1743 – 1794
Gottfried August Bürger 1747 – 1794
Françoise-Thérèse Choiseul-Stainville, Fürstin von
    Monaco 1766 – 1794
Giacomo Chevalier de Seingalt, gen. Casanova
    1725 – 1798
Friedrich von Hardenberg, gen. Novalis 1772 – 1801
Johann Wilhelm Ludwig Gleim 1719 – 1803
Friedrich Gottlieb Klopstock 1724 – 1803
Johann Gottfried Herder 1744 – 1803
Friedrich Schiller 1759 – 1805
Horatio Nelson 1758 – 1805
Johann Philipp Palm 1768 – 1806
Unbekannter preußischer Offizier †1806
Joseph Haydn 1732 – 1809
Carl von Keffenbrink †1809
Constantin von Gabein †1809
Carl und Albert von Wedell †1809
Andreas Hofer 1767 – 1810
Luise von Mecklenburg-Strelitz, Königin von Preußen
    1776 – 1810
Philipp Otto Runge 1777 – 1810

Heinrich von Kleist 1777 – 1811
Henriette Vogel †1811
Theodor Körner 1791 – 1813
Joachim Murat 1767 – 1815
Michel Ney, Herzog von Elchingen 1769 – 1815
Christiane von Goethe 1765 – 1816
Fanny Imlay Godwin 1794 – 1816
Anne Louise Germaine Baronin de Staël 1766 – 1817
John Keats 1795 – 1821
Napoleon I. 1769 – 1821
E. T. A. Hoffmann 1776 – 1822
George Gordon Noel, Lord Byron 1788 – 1824
Johann Paul Friedrich Richter, gen. Jean Paul
    1763 – 1825
Ludwig van Beethoven 1770 – 1827
Franz Schubert 1797 – 1828
Ludwig Achim von Arnim 1781 – 1831
Georg Wilhelm Friedrich Hegel 1770 – 1831
Johann Wolfgang von Goethe 1749 – 1832
Rahel Varnhagen von Ense 1771 – 1833
Charlotte Stieglitz 1806 – 1834
Wilhelm von Humboldt 1767 – 1835
Christian Dietrich Grabbe 1801 – 1836
Georg Büchner 1813 – 1837
Nicolò Paganini 1782 – 1840
Friedrich Hölderlin 1770 – 1843
Robert Blum 1807 – 1848
Frédéric Chopin 1810 – 1849
Nikolaus Lenau 1802 – 1850
Heinrich Heine 1797 – 1856
Robert Schumann 1810 – 1856

Elisa Rachel Félix 1820 – 1858
Arthur Schopenhauer 1788 – 1860
Eugène Delacroix 1798 – 1863
Friedrich Hebbel 1813 – 1863
Charles Baudelaire 1821 – 1867
Maximilian von Österreich, Kaiser von Mexiko
    1832 – 1867
Adalbert Stifter 1805 – 1868
Fürst Hermann von Pückler-Muskau 1785 – 1871
Justus von Liebig 1803 – 1873
Hans Christian Andersen 1805 – 1875
Aurore Dupin, gen. George Sand 1804 – 1876
Anastasius Grün 1806 – 1876
Gustave Flaubert 1821 – 1880
Fjodor Dostojewskij 1821 – 1881
Charles Darwin 1809 – 1882
Iwan Sergejewitsch Turgenjew 1818 – 1883
Bedřich Smetana 1824 – 1884
Franz Liszt 1811 – 1886
Theodor Storm 1817 – 1888
Rudolf, Kronprinz von Österreich-Ungarn 1858 – 1889
Mary Vetsera 1871 – 1889
Gottfried Keller 1819 – 1890
Vincent van Gogh 1853 – 1890
Heinrich Schliemann 1822 – 1890
Jean Arthur Rimbaud 1854 – 1891
Henriette Feuerbach 1812 – 1892
Gustav Freytag 1816 – 1895
Clara Schumann 1819 – 1896
Johannes Brahms 1833 – 1897
Theodor Fontane 1819 – 1898

Friedrich Nietzsche 1844 – 1900
Giuseppe Verdi 1813 – 1901
Paul Gauguin 1848 – 1903
Anton Tschechow 1860 – 1904
Adolph von Menzel 1815 – 1905
Hermann Nothnagel 1841 – 1905
Paul Cézanne 1839 – 1906
Henri Dunant 1828 – 1910
Wilhelm Raabe 1831 – 1910
Gustav Mahler 1860 – 1911
Robert Falcon Scott 1868 – 1912
Georges Leballe 1893 – 1914
Willi Böhme 1895 – 1914
Georg Trakl 1887 – 1914
Franz Marc 1880 – 1916
Jack London 1876 – 1916
Walther Rathenau 1867 – 1922
Marcel Proust 1871 – 1922
Katherine Mansfield 1888 – 1923
Franz Kafka 1883 – 1924
Giacomo Puccini 1858 – 1924
Paul Kammerer 1880 – 1926
Rainer Maria Rilke 1875 – 1926
David Herbert Lawrence 1885 – 1930
Jules Pascin 1885 – 1930
Fiete Schulze 1894 – 1935
Kurt Tucholsky 1890 – 1935
Gerhard Steinig 1913 – 1937
Ernst Barlach 1870 – 1938
Virginia Woolf 1882 – 1941
Maurice Gardette †1941

Stefan Zweig 1881 – 1942
Edith Stein 1891 – 1942
Esther Srul und Gina Atlas †1942
Drei nicht näher identifizierte Opfer, vermutl. †1942
Harro Schulze-Boysen 1909 – 1942
Letzte Briefe aus Stalingrad 1943
Ilias Kanaris 1911 – 1943
Mordechaj Tamarof Tenenbaum 1916 – 1943
Lars Bager Svane 1919 – 1944
Ivan Vladko 1915 – 1943
Elfriede Scholz, geb. Remark 1903 – 1943
Guy Jacques 1924 – 1944
Josef Hufnagel 1903 – 1944
Antoine de Saint-Exupéry 1900 – 1944
Huguette Prunier 1913 – 1944
Rudolf Seiffert 1908 – 1945
Kim Malthe Bruun 1923 – 1945
Klaus Bonhoeffer 1901 – 1945
Giovanni Battista Vighenzi 1909 – 1945
Thomas Mann 1875 – 1955
Gottfried Benn 1886 – 1956
Alfred Döblin 1878 – 1957
Lion Feuchtwanger 1884 – 1858
George Grosz 1893 – 1959
Erich Maria Remarque 1898 – 1970
Oskar Brüsewitz 1929 – 1976
Hartmut Gründler 1930 – 1977
Glenn Gould 1932 – 1982
N. N. †2002
Hunter S. Thompson 1937 – 2005
Martin Toler 1955 – 2006

Quellennachweis

Barlach, Ernst: Brief an Hans Barlach vom 04. 10. 1938
© Ernst Barlach Lizenzverwaltung Ratzeburg

Benn, Gottfried: *Briefe*. Band II/2: Briefe an F. W. Oelze.
1950–1956. Hrsg. Harald Steinhagen/Jürgen Schrö-
der. Nachw. V. Harald Steinhagen. Klett-Cotta, Stuttgart 1980

Boysen, Elsa: *Harro Schulze-Boysen* – Das Bild eines
Freiheitskämpfers. 3. Auflage, Koblenz 1992 (Verlag
Dietmar Fölbach)

Cechov, Anton: *Briefe 1877–1904*. Aus dem Russischen von Peter Urban. Copyright © 1998 Diogenes
Verlag AG Zürich

Cézanne, Paul: *Briefe*. Aus dem Französischen von
John Rewald. Copyright © 1988 Diogenes Verlag AG
Zürich

Döblin, Alfred: *Briefe* © Patmos Verlag GmbH & Co KG,
Düsseldorf

Feuchtwanger, Lion: *Briefwechsel 1933–1958*. (2 Bände) Hrsg. Harold von Hofe, Band 2. © Aufbau Ver-
lagsgruppe GmbH, Berlin 1984

Gould, Glenn: *Briefe* © 1997 Piper Verlag GmbH, München

Grosz, George: *Briefe 1913–1959* [hier: Brief vom
01. 05. 1959]. Hrsg. Herbert Knust. Copyright © 1979
by Rowohlt Verlag GmbH, Reinbek bei Hamburg

Lawrence, D. H.: *Briefe*. Aus dem Englischen von Elisabeth Schnack. Copyright © 1982 Diogenes Verlag AG Zürich

Proust, Marcel: *Briefe zum Leben.* Suhrkamp, Frankfurt am Main 1969

Sand, George: *Briefe.* Aus dem Französischen übersetzt und herausgegeben von Annedore Haberl, dtv 13146, S. 423–424 © 2003 Deutscher Taschenbuchverlag, München.

Stein, Edith: *Selbstbildnis in Briefen* II (1933–1942), Hrsg. Michael Linssen, Edith Stein Gesamtausgabe Bd. 3, S. 574 f. © Verlag Herder, Freiburg im Breisgau, 2. Auflage 2006

Die S. Fischer Verlag GmbH dankt allen Verlagen und Rechtegebern für die Abdruckgenehmigungen. Da in einigen Fällen die Inhaber der Rechte nicht festzustellen oder erreichbar waren, verpflichtet sich der Verlag, rechtmäßige Ansprüche nach den üblichen Honorarsätzen zu vergüten.

Über den Autor

Werner Fuld, geboren 1947 in Heidelberg, studierte Literatur- und Kunstgeschichte und arbeitete viele Jahre als Literaturkritiker u. a. für FAZ und ZEIT. Von ihm stammt die erste Biographie Walter Benjamins (1979), zuletzt hat er das *Lexikon der letzten Worte* sowie eine Lebensgeschichte Paganinis veröffentlicht. Im Fischer Taschenbuch ist sein Titel *Die Bildungslüge* erschienen. Seine Bücher wurden in zahlreiche Sprachen übersetzt.

Ingrid Strobl
Ich hätte sie gerne
noch vieles gefragt
Töchter und der Tod der Mutter

Band 15431

Mit großem Einfühlungsvermögen beschreibt Ingrid
Strobl, wie Töchter den Tod der Mutter erleben. Sie
stellt die komplizierten und oft ambivalenten Gefühle
dar, die Töchter ihrer Mutter gegenüber haben, und
zeigt, wie diese Gefühle sich wandeln, wenn die Mutter
stirbt. Sie erzählt von Liebe und Wut, Vertrautheit und
Entfremdung, Trauer und Dankbarkeit.

Ein berührendes und bewegendes Buch.

Fischer Taschenbuch Verlag

Sogyal Rinpoche
Das tibetische Buch vom
Leben und vom Sterben
Ein Schlüssel zum tieferen Verständnis
von Leben und Tod
Aus dem Englischen von
Thomas Geist und Karin Behrendt
Band 16099

Der tibetische Meditationsmeister Sogyal Rinpoche führt
uns an eine Lebenspraxis heran, durch die der Tod seinen Schrecken verliert und der Alltag an Lebensfreude
gewinnt. Seine zeitgemäße Auslegung der buddhistischen
Lehren des berühmten »Tibetischen Totenbuchs« hat sich
als unentbehrliche Hilfe in der Krankenbetreuung und
Sterbebegleitung erwiesen. Die völlig überarbeitete Fassung seines Buches macht die gesammelten emotionalen
Erfahrungen für alle Ratsuchenden noch anschaulicher
und klarer.

Fischer Taschenbuch Verlag